Linda Lehrhaupt
Die Wellen des Lebens reiten

*Du kannst die Wellen nicht anhalten,
aber du kannst lernen, auf ihnen zu reiten.*

ZITAT VON EINEM SURF-POSTER
AUS DEN 1960ER-JAHREN

Linda Lehrhaupt

Die Wellen des Lebens reiten

Mit Achtsamkeit zu innerer Balance

Herausgegeben von Christa Spannbauer

Kösel

Verlagsgruppe Random House FSC® N001967
Das für dieses Buch verwendete FSC®-zertifizierte Papier
Hello Fat Matt 1,1 liefert Condat, Le Lardin Saint-Lazare, Frankreich.

3. Auflage 2014
Copyright © 2012 Kösel-Verlag, München,
in der Verlagsgruppe Random House GmbH
Umschlag: Fuchs Design, München
Umschlagmotiv: Getty Images/Jeff Foott
Abbildungen: Norbert Wehner
Druck und Bindung: Kösel, Krugzell
Printed in Germany
ISBN 978-3-466-30943-6

*Für meine Lehrer und Lehrerinnen und meine
Schüler und Schülerinnen in großer Dankbarkeit.
Wir brauchen einander und lernen voneinander.
Das ist ein großes Geschenk.*

Inhalt

Einleitung: Achtsamkeit – wozu, für wen und wie?   9

TEIL 1
Wellenreiten: Wo fangen wir an?   19

In Kontakt mit der Wirklichkeit   20
Die Kunst des Nicht-Tuns   28
Loslassen – sein lassen   41

TEIL 2
Auf das Surfbrett steigen: Die zentralen Übungen der Achtsamkeit   45

Heimkehr in den Körper   46
Den Atem als Anker nehmen   58
Die Sitzmeditation   64
Vom Umgang mit dem Kopfkino   82
Mit Sinneseindrücken umgehen   90
Von der Achtsamkeit auf den Atem zu offenem Gewahrsein   98
Die Gehmeditation   104

TEIL 3
In den Stürmen des Lebens: Schwierigkeiten mit Weisheit begegnen   111

Die Perspektive überprüfen   112
Über den Umgang mit Emotionen   118
Der Schmerz als Weggefährte   130
Sich selbst mit Freundlichkeit begegnen   138
Wenn alles zusammenbricht   145

TEIL 4
Wellengang auf dem Kissen: Herausforderungen in der Praxis   149

Hindernisse als Gelegenheiten erkennen   150
Den Zweifel willkommen heißen   155
Dem Begehren neue Räume öffnen   159
Es einfach tun   164

Schlussbetrachtung: Das Wunder des Lebens   167

Anhang   169

Danksagung   169
Buch- und CD-Empfehlungen   170
Adressen   173
Die Autorin / Die Herausgeberin   176

Einleitung: Achtsamkeit – wozu, für wen und wie?

Achtsamkeit ist die Bewusstheit, die entsteht, indem wir im gegenwärtigen Moment absichtlich und ohne zu urteilen aufmerksam sind.

JON KABAT-ZINN

Die Übung der Achtsamkeit trägt zur geistigen und körperlichen Gesundheit bei und bietet zahlreiche praktische Lösungen im Umgang mit den Herausforderungen des täglichen Lebens. Sie führt zu einer größeren inneren Ausgeglichenheit und Zentriertheit und verleiht uns die Fähigkeit, mit den Unwägbarkeiten des Lebens, mit seinen Höhen und Tiefen gelassener umzugehen.

Die Wellen des Lebens, die in Form von Stress, schwierigen Herausforderungen, Krankheit, Verlust oder anderen schmerzhaften Erfahrungen unweigerlich auf uns zukommen werden, können wir nicht aufhalten. Durch die Schulung der Achtsamkeit wird es aber möglich, ihnen anders zu begegnen – mit mehr Klarheit und innerer Ruhe.

Wir stellen uns nicht gegen die Wellen, sondern lernen, auf ihnen zu reiten.

Wozu Achtsamkeit?

Die Weltgesundheitsorganisation erklärte Stress zu einer der größten Gesundheitsgefahren des 21. Jahrhunderts. Wir alle sind daher auf der Suche nach Wegen, um mit den zunehmenden Stressbelastungen und Herausforderungen des täglichen Lebens umzugehen. Wir suchen nach Methoden, um in den zahllosen hektischen Situationen des Alltags den Zugang zu unseren eigenen Ressourcen und Kraftquellen zu finden und zu erhalten.

Die Praxis der Achtsamkeit zeigt uns hierfür Wege aus der täglichen Zerrissenheit. Sie lehrt uns innezuhalten und uns immer wieder die entscheidenden Fragen zu stellen: »Bin ich gerade wirklich anwesend in meinem Leben? Lebe ich diesen Augenblick?«

WAS IST ACHTSAMKEIT?

Achtsamkeit bedeutet, sich dessen bewusst zu werden, was im gegenwärtigen Moment geschieht. Sie wird durch die Kultivierung einer inneren Haltung unterstützt, die so weit als möglich frei ist von Wertung und Beurteilung, und die mit Freundlichkeit und Offenheit unsere eigene Erfahrung wahrnimmt.

In der Achtsamkeitspraxis öffnen wir uns bewusst unseren Gefühlen, Körperempfindungen, Gedanken, Reaktionen und Sinneseindrücken. Es handelt sich um eine grundlegende Haltung der Aufgeschlossenheit für das gesamte Spektrum unserer Erfahrungen – seien sie angenehm, neutral oder auch unangenehm. Es soll nicht etwas verändert oder erzeugt werden, sondern das, was ist, mit Wachheit, Neugier und Präsenz wahrgenommen werden.

Auch wenn wir gerade verschlossen, verstimmt und verärgert sind, können wir dies wahrnehmen und uns dadurch in Achtsamkeit üben. Das heißt, wir üben uns darin, alles, was uns begegnet, als Teil unseres Lebens wertzuschätzen. Deswegen müssen wir es nicht mögen. Doch selbst unsere Abneigung kann zur Übung der Achtsamkeit werden.

Indem wir üben, wird die Achtsamkeit zunehmend zu einer Realität in unserem Leben.

Präsent sein für das, was ist: Was sich im ersten Moment vielleicht unspektakulär oder gar belanglos anhört, hat enorme Auswirkungen auf unser körperliches, emotionales und mentales Wohlbefinden. Denn nur allzu oft verlieren wir in unserem Alltag das Hier und Jetzt aus den Augen – dabei ist dies die einzige Zeit, in der wir handeln und die wir tatsächlich erleben können. Wenn sich die Gedanken nur noch in der Zukunft oder der Vergangenheit befinden, ist es uns nicht mehr möglich, präsent zu sein, weder bei kleinen noch bei großen Ereignissen – das Leben rauscht förmlich an uns vorbei, ohne gelebt zu werden.

Es erfordert eine bewusste Entscheidung und die Bereitschaft zur Übung, um Achtsamkeit in unserem Leben zu entwickeln. Es ist eine Entscheidung, die wir in jedem Augenblick neu treffen können. Der Fokus auf den Augenblick bringt uns in unmittelbaren Kontakt mit unserem Leben. Denn das Leben geschieht immer und ausschließlich in der Gegenwart. Wir hingegen sind die meiste Zeit mit unseren Gedanken in der Vergangenheit, die wir sowieso nicht mehr ändern können, oder bereits in der Zukunft, die wir letztlich doch nicht kontrollieren können.

Deshalb kehren wir in der Achtsamkeitspraxis immer wieder zu der entscheidenden Frage zurück: »Was geschieht gerade jetzt?« Je mehr es uns gelingt, uns mit all unseren Sinnen für den Augenblick zu öffnen, desto intensiver und erfüllter wird unser Leben.

Zugleich eröffnet uns die Achtsamkeitspraxis neue Entscheidungsmöglichkeiten, indem sie einen Raum zwischen Reiz und Reaktion schafft. Unser Handlungsspielraum erweitert sich, so dass wir bewusst agieren können, statt bloß automatisch zu reagieren. Durch eine größere Freiheit im Handeln und eine weitere Perspektive erfahren wir neue Möglichkeiten, mit den Schwierigkeiten des täglichen Lebens umzugehen.

Indem wir behutsam und doch entschieden üben, in unserem Körper anzukommen und bei diesem zu bleiben, erlangen wir ein ganz neues Verständnis für dessen Bedürfnisse und können sorgsamer und bewusster mit diesem umgehen. Wir lernen unsere Reaktionen kennen, erhalten Einblicke in die Substanz unserer Gedanken und machen die Erfahrung, unsere Emotionen zulassen zu können, ohne von ihnen überwältigt zu werden. Wir erhalten neue Kompetenzen, um mit den wichtigen Themen und Schwierigkeiten unseres Lebens umzugehen und gewinnen tiefgreifende Einsicht in die Ursachen unseres Verhaltens, in das Verhalten anderer und letztlich in das Leben an sich. Das Leben ist voll von Möglichkeiten der Erkenntnis. Die Achtsamkeitspraxis bereitet hierfür die innere Haltung, damit wir diese Erkenntnisse in unserem täglichen Leben umsetzen können.

Was geschieht in der Achtsamkeitspraxis?

Die Grundlagen der Achtsamkeitspraxis basieren auf dem 2500 Jahre alten buddhistischen Geistestraining. Die Achtsamkeitspraxis selbst ist zwar unabhängig von allen weltanschaulichen Fragen, sie partizipiert jedoch durchaus an dem immensen Wissen, das durch die differenzierte Geistes- und Meditationsschulung des Buddhismus entstanden ist und auf das die westliche Psychologie ebenso wie Medizin und Stressforschung vermehrt zugreifen.

In der Achtsamkeitspraxis haben wir sowohl formale als auch formlose Übungen. Formale Übungen machen es erforderlich, dass wir uns innerhalb unseres Tagesablaufs eine bestimmte Zeit dafür nehmen, um Achtsamkeitsübungen zu praktizieren und deren Ablauf zu wiederholen. Man könnte es mit dem Erlernen eines Musikinstruments vergleichen:

Je eifriger wir Tonleitern, die korrekte Bogenführung oder eine saubere Anschlagtechnik üben, desto leichter fällt es uns anschließend, ein Stück zu spielen. Wir praktizieren formale Achtsamkeitsübungen, damit uns die dabei vertieften Fertigkeiten auch im Alltag zur Verfügung stehen.

WISSENSCHAFTLICH NACHGEWIESEN

Zahlreiche wissenschaftliche Studien belegen die gesundheitsfördernde und stressreduzierende Wirkung der Achtsamkeitspraxis, die weltweit im Gesundheitsbereich eingesetzt wird. Seit den 80er-Jahren und insbesondere im vergangenen Jahrzehnt wurden wichtige Forschungsergebnisse in den USA, Großbritannien, in Deutschland, der Schweiz und den Niederlanden und ebenso in anderen Ländern in der ganzen Welt zusammengetragen. Diese belegen die positiven Auswirkungen der Achtsamkeitspraxis auf die körperliche und psychische Gesundheit.

ACHTSAMKEIT

- wirkt gegen Bluthochdruck
- verbessert die Konzentration und Kreativität
- vermindert Ängste und beugt Depressionen vor
- steigert das Selbstwertgefühl
- vermindert die Schmerzintensität
- stärkt das Immunsystem
- steigert das persönliche Wohlgefühl und die Lebenszufriedenheit
- hilft bei Schlafstörungen
- unterstützt im Umgang mit chronischen Erkrankungen (z.B. Diabetes mellitus, Multiple Sklerose)
- dient der Prophylaxe allgemeiner Stresssymptome und beugt Burn-out vor

Die wichtigsten FORMALEN ÜBUNGEN der Achtsamkeitspraxis sind die folgenden:

- Achtsame Körperarbeit wie Yoga, Tai Chi oder Qi Gong. Wir praktizieren verschiedene Übungen, um tiefer in Kontakt mit unserem Körper zu kommen. Dabei arbeiten wir mit verschiedenen Lebensthemen, etwa mit der Fähigkeit, Grenzen zu spüren, zu setzen oder zu erweitern.

- Sitzmeditation. Dabei beginnen wir traditionell mit der Achtsamkeit auf den Atem, um unser streunendes und zerstreutes Tagesbewusstsein zu ankern. Später werden in der Sitzmeditation auch die Achtsamkeit auf körperliche Empfindungen, die Sinne, Gedanken und Gefühle geübt.

- Gehmeditation. Wir üben uns im achtsamen Gehen und richten unsere Aufmerksamkeit auf den Kontakt unserer Füße mit der Erde.

- Der Bodyscan, der zwischen 30 und 45 Minuten dauert. Dabei üben wir, die einzelnen Teile des Körpers nacheinander achtsam und mit einer nicht-wertenden Haltung wahrzunehmen und die dabei auftretenden Körperempfindungen zu erforschen, ohne sie verändern zu wollen.

DIE AUFMERKSAMKEIT LENKEN

Weshalb üben wir uns darin, unsere Achtsamkeit auf den Atem, unsere Körperempfindungen, Gedanken und Emotionen zu lenken? Gewöhnlich ist unser Geist ruhelos und lässt sich unentwegt von unseren Empfindungen, Emotionen und Gefühlen besetzen und gefangen nehmen, ganz egal, ob dies in der aktuellen Situation gerade angemessen und nützlich ist oder auch nicht. Wie ein Magnet ziehen uns immer die Empfindungen in den Bann, die in unserem Bewusstsein gerade am »lautesten« sind, und nicht selten reagieren wir unter deren Einfluss auf eine Art und Weise, die wir hinterher bedauern.

Achtsamkeitsübungen münden in die Erfahrung eines offenen Gewahrseins. Dies ist ein Zustand, in dem wir ganz präsent sind, wach und gegenwärtig im Hier und Jetzt. Mit einem offenen Gewahrsein können wir alles, was wir erleben (Gedanken, Emotionen, Sinnesereignisse), im Augenblick ganz bewusst wahrnehmen und zugleich seine Vergänglichkeit erfahren. Besonders in der Sitzmeditation üben wir uns darin, uns auf keines dieser Phänomene zu fokussieren, sondern alles als offenes Feld zu erleben. Gedanken, Gefühle und Körperempfindungen werden deshalb keineswegs als Störung betrachtet und wir versuchen auch nicht, sie zu verdrängen oder wegzuschieben. Wir schenken ihnen einfach nicht die Aufmerksamkeit, die sie gewöhnlich beanspruchen. Dadurch wächst in uns die Fähigkeit, bewusst zu entscheiden, wohin wir unsere Aufmerksamkeit lenken wollen. Wir erleben uns nicht mehr länger einem Kreuzfeuer von verschiedenen Impulsen, überwältigenden Gefühlszuständen und ständig wiederkehrenden Gedanken ausgeliefert.

DIE INFORMELLEN ÜBUNGEN DER ACHTSAMKEITSPRAXIS sind so zahlreich wie die Betätigungen unseres täglichen Lebens selbst. Wir üben sie in unserem Alltag. Denn alles, was wir tun, können wir achtsam verrichten – essen, Zähne putzen, Geschirr waschen, bügeln, die Fenster streichen, Windeln wechseln … Wenn wir uns entscheiden, dem, was wir gerade tun, unsere ganze Aufmerksamkeit zu widmen, bringen wir eine meditative Tiefe in unser tägliches Leben. Es ist nicht die Handlung selbst, sondern unsere Entscheidung, sie bewusst und achtsam zu verrichten, die sie zu einer Achtsamkeitsmeditation werden lässt. Dies führt dazu, dass wir das, was wir tun, mit all unseren Sinnen wahrnehmen können. Gerade durch die Anwendung im Alltag wird die Achtsamkeit zu einem stabilen Aspekt und einer inneren Haltung unseres Lebens.

Formale Achtsamkeitsübungen können übrigens ebenfalls formlos geübt werden. Wir können einen Bodyscan auch in der U-Bahn oder im Wartezimmer des Zahnarztes durchführen. Das Gleiche gilt für die Sitzmeditation. Ich selbst suche immer wieder Gelegenheiten in meinem Alltagsleben, um mich in Achtsamkeit zu üben. So entscheide ich mich oft dafür, die Stufen an meinem Arbeitsplatz so hinaufzugehen, dass ich mir jedes Schrittes bewusst bin. Und während viele meiner Kollegen ihr Mittagessen vor ihrem Computer einnehmen, gehe ich in die Kantine, suche mir einen ruhigen Tisch und esse die ersten fünf Minuten bewusst als eine Achtsamkeitsübung. Ich entscheide mich jeden Tag aufs Neue, welche Achtsamkeitsübung ich machen will. Manchmal setze ich mich zu Hause zu einer Sitzmeditation in meine Meditationsecke, manchmal ziehe ich es vor, in der Straßenbahn zu praktizieren und dabei bewusst in Kontakt mit all den Eindrücken und Geräuschen um mich herum zu kommen. Manchmal mache ich eine formale Gehmeditation in meinem Garten oder in meinem Wohnzimmer, ein anderes Mal nehme ich meinen Hund und ziehe mit ihm über die Wiesen und Felder. An den Wochenenden nehme ich mir gerne Zeit für eine Körperübung und gehe danach joggen.

Die Praxis der Achtsamkeit ist mir wichtig und ich habe mich ihr verpflichtet. Formal. Formlos. Alles ist Übung, wenn wir es mit einer achtsamen Haltung tun.

ALLTAGSPRAXIS: DIE KONKRETE ERFAHRUNG ENTSCHEIDET

Über Achtsamkeit zu lesen ist gut, doch entscheidend ist es, Achtsamkeit zu erleben. Das können Sie in jedem Moment tun. Auch jetzt, in diesem Augenblick. Halten Sie einen Moment inne. Spüren Sie, wie Ihr Gesäß auf der Stuhlfläche aufliegt. Wie fühlt sich das an? Wo spüren Sie das Gewicht? Wie nehmen Sie Ihre Knie wahr? Spüren Sie diese überhaupt?
Wo befinden sich Ihre Füße gerade? Spüren Sie Ihre Zehen? In welcher Position sind Ihre Fußgelenke?
Nichts braucht anders zu sein, als es gerade ist. Bringen Sie einfach Ihr Gewahrsein mehr und mehr in Ihren Körper. Spüren Sie ihn so, wie er jetzt gerade ist. Entspannt? Müde? Fühlt er sich leicht an oder schwer? Wo ist Ihnen warm, wo eher kühl?
Es geht nicht darum, etwas zu verändern oder »richtig zu machen«. Ich lade Sie einfach ein, Ihre Aufmerksamkeit offen und vorurteilsfrei auf Ihre Erfahrung zu richten. Durchwandern Sie Ihren Körper, solange es Ihnen angenehm ist.
Eine solche kleine Wahrnehmungsübung aus dem Bereich der Körperachtsamkeit können Sie jederzeit in Ihren Alltag einbauen. Gut eignen sich dafür Zeiten, wenn Sie warten, z.B. an der Ampel, beim Hochfahren des Computers oder bis das Teewasser kocht.

Warum kommen Menschen zur Achtsamkeitspraxis?

Die Gründe, weshalb Menschen zur Achtsamkeitspraxis kommen, sind so zahlreich wie die Menschen selbst. Viele kommen, weil sie die Notwendigkeit erkannt haben, innezuhalten und die Richtung ihres Lebens zu ändern, andere, weil sie durch den anhaltenden Stress in Beruf und Familie den Kontakt zu ihrem Inneren verloren haben und eine tiefe Sehnsucht verspüren, endlich einmal wieder durchatmen und sich selbst neu begegnen zu können. Viele befinden sich an einem entscheidenden Wendepunkt ihres Lebens, andere suchen nach einem Weg aus einer Lebenskrise. Menschen kommen zu Achtsamkeitskursen, weil sie das Gefühl haben, ihr Leben läuft an ihnen vorbei oder gar vor ihnen weg. Manche finden den Weg in einen Kurs, weil sie krank sind. Die Krankheit selbst kann ein Ruf sein. Andere kommen, weil sie einen geliebten Menschen verloren haben. Es kommen gesunde Menschen, die nach Möglichkeiten der Entspannung suchen, um stressbedingten Erkrankungen vorzubeugen. Viele haben einen anstrengenden Beruf und suchen nach neuen und effektiven Methoden, um mit dem Stress ihres täglichen Lebens umzugehen.

Die Liste der Gründe, weshalb Menschen sich auf diesen Weg machen, ist endlos. Für alle jedoch gilt das, was bereits der Buddha als das Ziel im Leben eines jeden Menschen erkannte: Wir wollen glücklich sein! In der Achtsamkeitspraxis kommen wir diesem Ziel ein Stück näher. Wir machen uns auf einen Weg, der uns nach Hause führt, zu dem, was uns wirklich wichtig ist, zu dem, der wir wirklich sind. Es ist ein Prozess der Klärung, der es uns ermöglicht, auf der Grundlage eines erweiterten Verständnisses von uns selbst, unserer Umwelt und dem Leben handeln zu können.

Für wen sind diese Anleitungen geeignet?

Dieses Praxisbuch ist ebenso für Einsteiger geeignet wie für Menschen, die sich schon länger mit Achtsamkeit beschäftigen. Es stellt wichtige Übungen der Achtsamkeitspraxis vor, beantwortet häufig gestellte Fragen und bietet eine Vielzahl von Vorschlägen für die Umsetzung im Alltag.

Besonders wichtig ist mir zu zeigen, wie wir klug mit den Stolpersteinen umgehen können, die ganz natürlicherweise auftauchen, wenn wir langjährige Gewohnheiten verändern wollen. Die Tendenz des Geistes, uns ständig aus der Gegenwart hinauszukatapultieren, sich in Sorgen, Tagträumen, To-do-Listen oder fiktiven inneren Gesprächen zu verlieren, ist nichts anderes als eine Gewohnheit. Als solche können wir sie Schritt für Schritt verändern und zu mehr Klarheit, Stabilität, Gelassenheit und innerer Balance finden. Dafür braucht es ein

STRESSBEWÄLTIGUNG DURCH ACHTSAMKEIT (MBSR)

Das vorliegende Buch basiert neben meiner jahrzehntelangen Zen-, Tai Chi- und Qi Gong-Praxis vor allem auf den Erfahrungen meiner jahrelangen Tätigkeit als Lehrerin und Ausbilderin der Achtsamkeitsmethode *Stressbewältigung durch Achtsamkeit*. Dieses Schulungsprogramm (kurz MBSR = *Mindfulness-Based Stress Reduction* genannt) wurde 1979 von dem Molekularbiologen Prof. Dr. Jon Kabat-Zinn an der Medizinischen Fakultät der Universität von Massachusetts entwickelt und gilt als die mittlerweile am besten erforschte und am meisten angewandte Methode der Achtsamkeit. Sie kombiniert bewährte Meditationsformen und Körperübungen aus der buddhistischen ebenso wie der Yoga-Tradition und verbindet diese mit modernen psychologischen und naturwissenschaftlichen Erkenntnissen. Zahlreiche internationale Forschungsergebnisse belegen ihr heilendes Potenzial. Das MBSR-Curriculum, ein achtwöchiges Schulungsprogramm, findet in der Stressprophylaxe und in der Gesundheitsvorsorge ebenso Anwendung wie in Kliniken, pädagogischen Einrichtungen und mittlerweile selbst in den Führungsetagen der Wirtschaft. Im deutschsprachigen Raum sind vielerorts ausgebildete MBSR-LehrerInnen tätig.

Das Center for Mindfulness in Worcester, Massachusetts, nennt die folgenden positiven Effekte für das MBSR-Programm:

- Verringerung körperlicher und psychologischer Symptome
- Verbesserte Fähigkeit, sich zu entspannen
- Verminderung von Schmerzen und eine verbesserte Fähigkeit, mit Schmerzen umzugehen
- Mehr Energie und Lebensfreude
- Gesteigerter Selbstwert
- Gesteigertes Vermögen, mit sowohl kurz- wie langfristigen Stresssituationen umzugehen

MBSR und ganz allgemein die Achtsamkeitsschulung sind jedoch weit mehr als nur praktische Techniken zur Stressbewältigung und Beseitigung von Krankheitssymptomen. Sie helfen uns dabei, in Kontakt mit den eigenen Ressourcen zu kommen, die in uns allen schlummern. Eine Grundüberzeugung dabei ist, dass jeder Mensch die Fähigkeiten und Kräfte in sich trägt, um mit den Wellen des Lebens konstruktiv umzugehen. Wer den Zugang zu diesen inneren Kräften verloren hat, kann mithilfe der Achtsamkeitsschulung das heilende Potenzial in sich reaktivieren. Damit stellt sie nicht nur eine Methode dar, um den eigenen Alltag mit seinen Herausforderungen besser bewältigen zu können, sondern zugleich auch eine Chance für inneres Wachstum und Steigerung der Lebensqualität. Die Achtsamkeitspraxis bietet eine Vielzahl praktischer Lösungen im Umgang mit Stress, schmerzhaften Emotionen, körperlichen Schmerzen und schwierigen Kommunikationssituationen.

Stück Disziplin, es braucht Geduld und Übung, eine Prise Humor – und vor allem innere Freundlichkeit mit uns selbst.

Der Lotus in der Schale

Die Illustration der Lotusblüte in der Schale, der Sie in diesem Buch immer wieder begegnen, stammt von meinem Mann, Norbert Wehner. Ich hatte ihn gebeten etwas zu zeichnen, um unsere Fähigkeit zu symbolisieren, inmitten unseres Alltags achtsam zu leben.

Eine der symbolischen Bedeutungen des Lotus ist Reinheit. Die traditionellen Unterweisungen lauten, dass wir uns durch Praxis, Studium und unseren ernsthaften Wunsch nach Läuterung über das trübe Wasser erheben können, in dem der Lotus wächst (unser Leben), und den »Schlamm« hinter uns lassen können, um ein erwachtes Leben zu führen.

Modernere Interpreten, mich eingeschlossen, sehen die Symbolik des Lotus eher als Hinweis auf die Fähigkeit, ein achtsames Leben in einer Balance aus Weisheit und Mitgefühl inmitten unseres Daseins zu führen. Wir müssen nicht über den fruchtbaren »Schlamm« unseres Lebens hinauswachsen, um achtsam zu sein. Vielmehr ist unser Leben, so reich an Freude und Schmerz, mal voller Leichtigkeit, mal voller Schwierigkeiten, der fruchtbarste Grund unseres Seins.

Die Symbolik für die Schale ist einer bekannten Zen-Geschichte entnommen. Ein Schüler kommt zum berühmten Lehrer Joshu, der ihn fragt: »Hast du schon gegessen?« (Joshu prüft den Erkenntnisstand des Schülers.) Der Schüler antwortet: »Ja, das habe ich.« Worauf Joshu antwortet: »Dann wasche deine Schale.« Auf einer Ebene ist das eine einfache Frage und eine einfache Antwort. Doch oft wird gesagt, dass Joshu nicht so sehr daran interessiert ist, ob sein Schüler Erleuchtung erfahren hat oder nicht, sondern was er mit seinem Verstehen anfängt. Das gilt auch für uns. Können wir unser schmutziges Geschirr mit derselben Aufmerksamkeit spülen, mit der wir ein besonderes Mahl zubereitet haben? Was ist wichtiger? Was ist ein Hinweis auf tieferes Verstehen? Ist es überhaupt notwendig, eine der beiden Tätigkeiten über die andere zu erheben?

Alles, was uns in diesem Leben begegnet, ist lebenswert und transformativ. Die Bedeutung des Bildes von Schale und Lotus ähnelt der Symbolik, die sich durch dieses Buch zieht: die Wellen des Lebens zu reiten. Indem wir sie nicht abwehren, sondern lernen, uns in Achtsamkeit mit ihnen zu bewegen, können die Wellen unseres Lebens aufsteigen und wieder sinken … wie wir auch. Dasselbe gilt, wenn wir wie der Lotus in der Schale leben. Nicht weil wir es vermeiden, sondern genau, weil wir knietief im reichen, schlammigen Wasser unseres Lebens stehen, kann unsere Blume erblühen.

TEIL 1

Wellenreiten: Wo fangen wir an?

Wollen wir lernen, uns mit mehr Flexibilität und Balance durch die Wellen zu bewegen, die auf dem Ozean unseres Lebens auf uns zukommen, ist es nützlich, die innere Haltung zu klären. Denn unsere Einstellung, mit der wir diesen Wellen begegnen, bestimmt ganz maßgeblich, wie gut es uns gelingt, von den kleineren ebenso wie den großen Herausforderungen unseres Lebens nicht mitgerissen zu werden.

Der erste Teil des Buches beschäftigt sich daher mit wichtigen Fragen zu Beginn: Welche innere Haltung hilft, um uns mit mehr Leichtigkeit und weniger Stress, mit mehr Weisheit und weniger Anspannung durch die Schwierigkeiten unseres Lebens zu bewegen? Wie steigen wir aus der ständigen Hektik und Geschäftigkeit des Alltags aus? Mit welchen Erwartungen wenden wir uns überhaupt der Übung der Achtsamkeit zu? Und können wir einfach dort beginnen, wo wir jetzt gerade sind?

In Kontakt mit der Wirklichkeit

Die Reise von 1000 Meilen beginnt mit einem ersten Schritt.

LAOTSE

Die folgenden beiden Erfahrungsberichte zeigen, warum es sich lohnen kann, Achtsamkeit zu üben.

»Ich hielt einen Brief vom Finanzamt in den Händen, in dem mir angekündigt wurde, dass ich weit mehr Steuern nachzahlen musste, als ich erwartet hatte. Mit dem Brief und meinem E-Book-Reader in der einen und dem Telefon in der anderen Hand ging ich ins Badezimmer, um mir einige Aspirin aus dem Medizinschränkchen zu nehmen, da ich bereits die ersten Anzeichen von Kopfschmerzen spürte. Von meinen früheren Erfahrungen mit Spannungskopfschmerzen wusste ich, dass ich nun eigentlich eine Pause machen und mich ausruhen müsste. Doch ich war viel zu aufgeregt und zu besorgt, um mir diese Auszeit zu gönnen.

Ohne nachzudenken, legte ich mein brandneues Lesegerät auf den Kasten der Toilettenspülung und stieß bei meiner fieberhaften Suche nach Tabletten dagegen, so dass dieses in die offene Toilettenschüssel fiel. Als ich versuchte, es herauszuholen, fiel es mir ein zweites Mal ins Wasser. Als es mir schließlich gelang, es herauszuholen, und es nass und kaputt vor mir lag, wusste ich plötzlich: ›Nun ist es genug!‹ Ich verließ das Badezimmer, nahm die Aspirin und setzte mich für eine halbe Stunde ruhig auf mein Sofa. Damit war mein Problem zwar nicht gelöst, doch ich wusste, dies war jetzt das Beste, was ich tun konnte. Danach meldete ich mich umgehend für einen MBSR-Kurs an, denn ich wollte nicht noch einen weiteren E-Book-Reader verlieren, um zu erkennen, dass meine Gesundheit oberste Priorität hat.«

»Eines Morgens wachte ich mit schrecklichen Zahnschmerzen auf, so dass ich sofort meine Zahnärztin anrief und um einen Notfalltermin bat. Nach einer sorgfältigen Untersuchung sagte sie zu mir: ›Ich habe eine gute und eine schlechte Nachricht für Sie. Die gute Nachricht ist, dass Ihre Zähne völlig in Ordnung sind. Die schlechte Nachricht ist, dass ich an Ihren Backenzähnen erkennen kann, dass Sie in der Nacht heftig mit den Zähnen knirschen. Das führt zu dieser schmerzhaften Verspannung der Kiefermuskulatur.‹ Dabei drückte sie mit dem Finger auf eine Stelle meines Kiefers, woraufhin ich vor Schmerz fast an die Decke sprang. ›Sind Sie zurzeit sehr unter Stress?‹, fragte sie mich und ich musste sofort an all die Schwierigkeiten in meiner Familie denken, an die Verschlimmerung der Alzheimer-Erkrankung meines Vaters, die Hilflosigkeit meiner Mutter, die schwierige Geschäftslage meiner eigenen Firma, die ich gemeinsam mit meiner Frau gegründet hatte.

Kurz zuvor hatte mir ein Freund von dem Achtsamkeits-Kurs erzählt, den er besucht hatte. Ich verließ die Zahnarztpraxis mit Schmerztabletten und einer Knirschschiene in der Hand und meldete mich bei meiner Heimkehr umgehend für einen Achtsamkeitskurs an.«

Es gibt keine Abkürzungen

Mein eigener Weg zur Achtsamkeit begann an einem sonnigen Tag im Jahre 1976 in den Bergen Kaliforniens. Ich arbeitete zu dieser Zeit an meiner Doktorarbeit, und meine ethnologischen Forschungen hatten mich zu einer amerikanisch-mexikanischen Theatertruppe nach Kalifornien geführt. An diesem besagten Tag war ich mit einem jungen Schauspieler zu einer Wanderung in die Berge aufgebrochen. Während einer Rast trat er auf einen Felsenvorsprung und begann damit, langsame und geschmeidige Körperbewegungen auszuführen. Ich war wie bezaubert. Dies war das erste Mal, dass ich mit Tai Chi, der aus China stammenden Bewegungsmeditation, in Berührung kam. Während ich ihm zusah, spürte ich, wie sich eine große Ruhe und Stille in mir ausbreitete.

Danach wusste ich: Das will ich auch lernen. Als ich dann selbst mit dem Üben begann, hatte ich das Gefühl, dass ich das nie schaffen würde. Wenn ich meinen Lehrern beim Tai Chi zusah und die große Stille in ihnen spürte, wurde ich umgehend unzufrieden mit meiner eigenen Übung. Sie verfügten offenbar über etwas, was ich selbst nicht zu finden schien. Heute weiß ich: Ich wollte gleich zu Anfang das haben, was sie selbst auch erst durch viele Jahre Übung gefunden hatten. Damals hatte ich die Worte noch nicht verstanden: Je mehr man etwas haben will, desto mehr entfernt man sich davon. Dennoch übte ich beharrlich weiter. Zurückblickend kann ich heute sagen: Ich habe in diesen Jahren geübt, was es heißt, zu üben.

Die Bereitschaft zu üben ist auch der Ausgangspunkt der Achtsamkeitspraxis. Wir beginnen immer wieder mit den Übungen, ob wir dies nun gerade wollen oder nicht. Wir bringen dabei all das mit, was momentan in unserem Leben präsent ist. Achtsamkeitspraxis ist die Praxis des Daseins. Wir üben mit dem zu sein, was da ist. Wir versuchen nicht, die Dinge so zu gestalten, wie wir sie haben möchten. Es gibt in der Achtsamkeitspraxis keine Abkürzungen. Der Weg ist so lang, wie er nun einmal ist.

Alles ist bereits schon da

Die Anforderung, besser sein zu müssen, perfekt sein zu müssen, begegnet uns in der modernen Gesellschaft überall. Gleichzeitig ist die Suche nach Abkürzungen charakteristisch für unsere schnelllebige Gesellschaft. Daher ist beispielsweise der Konsum hochkonzentrierter Nahrungsergänzungsmittel zur Leistungssteigerung unter Sportlern sehr hoch. Neben Sportlern und anderen sehr leistungsorientierten Menschen sind besonders Frauen und junge Leute diesem immensen Druck ausgesetzt, zu dessen Resultat auch massive Essstörungen zählen. Und wieso erzielt die Schönheits- und Fitnessindustrie derzeit Milliardengeschäfte? Weil sie uns an einem sehr empfindlichen Punkt trifft – der Vorstellung, dass wir so, wie wir sind, nicht in Ordnung wären.

Dieser verinnerlichten Befürchtung, nicht gut genug zu sein, begegne ich auch in den Achtsamkeitskursen, die ich seit vielen Jahren am Institut für Achtsamkeit anbiete. Gerade bei den Körperübungen des Yoga und des Qi Gong meinen die Teilnehmerinnen und Teilnehmer häufig, dass sie es nicht richtig machen würden und dass alle anderen es besser könnten als sie. Die Achtsamkeitspraxis bietet daher eine ideale Gelegenheit, sich der eigenen Unzufriedenheit und dem damit einhergehenden Perfektionsanspruch bewusst zu werden. Viele Menschen kommen zur Meditation, weil sie eine tiefe Sehnsucht nach Zufriedenheit und Harmonie verspüren. Zugleich sind sie davon überzeugt, dass sie etwas leisten müssten, um diesen Zustand zu erreichen. Die Achtsamkeitspraxis möchte sie damit vertraut machen, dass alles bereits schon da und in uns angelegt ist. In Wirklichkeit fehlt uns nichts. Wir alle haben die Kapazität, wach zu sein, wir alle kennen die Erfahrung, ganz zu sein – wir haben es nur vergessen. Solange wir diese Erfahrung suchen, weil wir denken, sie sei anderswo zu finden, stehen wir immer wieder mit leeren Händen da. Und dann begeben wir uns erneut in den Teufelskreis von Besser-sein-Müssen und Mehr-haben-Wollen. Die Beschäftigung mit der Selbstverbesserung ist tatsächlich verführerisch, denn sie vermittelt uns die Hoffnung, dass es etwas zu erreichen gäbe und dass wir eines Tages dort auch ankämen. Wir meinen, wir müssten uns nur noch mehr anstrengen, noch mehr lernen und üben, noch mehr Geld investieren, noch besser und erfolgreicher sein. Es ist wie mit der Möhre, die man einem Esel vor die Nase hängt und der er dann in der Hoffnung, sie zu erlangen, bis zur Erschöpfung geduldig hinterher trottet.

Es ist, was es ist

In der Achtsamkeitsschulung üben wir uns darin, die Dinge so sehen zu lernen, wie sie sind. Das ist alles andere als einfach. Denn wir sind sehr stark mit unseren negativen Einstellungen identifiziert und zugleich unablässig auf der Suche nach positiven Erlebnissen. Beständig sortieren wir aus: Was will ich sehen und was will ich keinesfalls sehen. Als ich selbst mit der Achtsamkeitspraxis begann, musste ich feststellen, dass ich mich vor allem auf die Schwierigkeiten und Probleme in meinem Leben fokussierte. All das, was gut lief, konnte ich einfach nicht wahrnehmen. Um mir dessen bewusst zu werden, habe ich mir eine eigene Meditationsfrage gegeben, die ich mir immer dann stellte, wenn ich in mein altes Verhaltensmuster zurückfiel. »Linda, was siehst du und was siehst du nicht?« Damit erinnerte ich mich immer wieder daran, meinen Blickwinkel für alles zu öffnen und nicht nur auf das zu schauen, was mir vermeintlich fehlte.

Viele andere Menschen verschließen lieber die Augen vor dem, was unangenehme Gefühle in ihnen wachruft. Selbst wenn sie sich schon auf einen Burn-out zubewegen, reden sie sich ein, dass alles in Ordnung wäre und sie die Sache schon »in den Griff kriegen«. Achtsamkeit hingegen bedeutet, das Leben nicht anders haben zu wollen, als es ist.

»Wenn man einfach alles so sein lässt, wie es ist, führt das nicht zu einer resignierten Lebenshaltung?«

Interessanterweise ist dies immer die erste Frage, die bei der Aussage »Es ist, was es ist« hochkommt. Der Satz wurde tatsächlich oft missverstanden. Er bedeutet aber alles andere, als sich einer Situation passiv zu ergeben. Er will uns vielmehr dazu ermutigen, dass wir, bevor wir handeln, zuerst einmal voll und ganz verstehen, was gerade geschieht. Die Achtsamkeitspraxis lädt uns also dazu ein, erst einmal all die Gefühle zuzulassen, die auftauchen. Wir brauchen sie weder zu verdrängen noch zu verleugnen. Ebenso wenig müssen wir uns dazu zwingen, sie zu akzeptieren. Die Achtsamkeitspraxis ist ein sanfter Weg, dem ins Auge zu blicken, was ist. In dieser Haltung kultivieren wir Freundlichkeit mit uns selbst und die Bereitschaft, es jeden Augenblick neu zu probieren. Dann stellen diese Gefühle kein Hindernis mehr dar, sondern werden zu einem Ort der Begegnung mit uns selbst. Sie werden zu Toren, die uns für eine neue Erfahrung öffnen.

Wir bleiben im gegenwärtigen Augenblick, so gut wir es eben können. Und wir erfahren, dass der Weg weder eine Abkürzung noch ein Umweg ist. Und dass es letztlich nichts gibt, was uns auf dem Wege behindern könnte. Falls Veränderungen in unserem Leben anstehen, ist es wichtig, erst einmal klar zu sehen, wie die Verhältnisse sind, damit wir kluge Entscheidungen treffen und bewusst agieren können, statt automatisch zu reagieren.

**ALLTAGSPRAXIS:
BITTE EINMAL TÄGLICH**

Achtsamkeit dann zu üben, wenn die See bereits besonders rau und stürmisch ist, ist eine Herausforderung. Daher empfiehlt es sich, sie beizeiten in unseren Alltag zu integrieren. Suchen Sie sich eine einfache, kleine Tätigkeit, die Sie jeden Tag verrichten, und entscheiden Sie sich dafür, sie für die kommende Woche in Achtsamkeit auszuführen und dabei besonders die körperlichen Empfindungen wahrzunehmen. Das könnte beispielsweise sein

- In die Hausschuhe schlüpfen
- Die Autotür aufsperren
- Die Katze streicheln
- Tee kochen

Achtsamkeit ist etwas ganz Konkretes. Wenn Sie sich also für die Hausschuhe entscheiden, dann bedeutet das, diesen kurzen Moment, der sonst keinerlei Beachtung erfährt, wirklich wahrzunehmen: Genau zu beobachten, wie Sie die Beine aus dem Bett schwingen, mit den nackten Füßen nach den Hausschuhen tasten, wie sich das Material der Schuhe an Ihren Fußsohlen anfühlt. Ist es warm? Kalt? Rau? Weich? Fühlen sich beide Füße darin gleich an? Dieses Morgenritual ist eine kurze und doch wunderbare Gelegenheit, wirklich in unserem Körper anzukommen und voll und ganz wahrzunehmen, was gerade geschieht.

Erwartungen ablegen

Für viele Menschen ist es anfangs schwierig, eine tägliche Übungspraxis zu etablieren. Besonders Anfänger haben die Vorstellung, man bräuchte z.B. einen idealen Ort, um meditieren zu können. Sie meinen, alles um sie herum müsste ruhig sein, das ideale Meditationskissen gefunden, ein stilvolles Ambiente vorhanden und möglichst auch noch frische Blumen für die Meditation bereitstehen. Kein Wunder, dass sie vor lauter Erwartungshaltungen und Vorbereitungen nicht zum Sitzen kommen. Fakt ist: Es wird niemals perfekt sein. Die Praxis besteht darin, sich ohne Wenn und Aber auf das Kissen oder den Stuhl zu setzen und damit zu beginnen. Und alles mitzubringen, was da ist, die Sorgen, die Aufregung, die Unruhe, der Lärm – alles sitzt mit uns. Und: Wir müssen das beim Meditieren nicht lösen und auch nichts damit machen.

Es ist nicht einfach, sich von seinen eigenen Vorstellungen zu verabschieden. Ich erinnere mich gut an mein erstes Zen-Retreat (Meditationsseminare werden nach dem englischen Begriff für Rückzug oder Klausur auch Retreat genannt), für den ich ein idyllisch gelegenes Zen-Kloster auf dem Land besuchte. Ich hatte mich im Vorfeld sehr auf die ruhige Zeit auf meinem Kissen gefreut, denn ich führte zu dieser Zeit ein hektisches Leben inmitten von New York. Schnell lösten sich all meine schönen Vorstellungen von Stille in Schall und Rauch auf. Denn kaum hatten wir uns zur ersten Meditation hingesetzt und der Gong ertönte zur inneren Sammlung, begannen vor dem Gebäude Schlagbohrer mit ohrenbetäubendem Krach zu dröhnen.

Der Zen-Meister lächelte nur und sagte: »Diese Woche wird unsere neue Meditationshalle gebaut, wir werden also alle eine starke Praxis haben.« Ich fand das alles andere als lustig. Schließlich war ich hierher gekommen, um Ruhe zu finden, und nun war es lauter als im lautesten New York. Doch um mich herum saßen alle Leute ganz friedlich weiter. Und so blieb auch ich inmitten des Lärms sitzen. Das gelassene Verhalten der anderen unterstützte mich darin, durchzuhalten und einfach weiterzumachen.

Heute bin ich sehr dankbar für diese Erfahrung. Ich konnte feststellen, wie unterstützend eine starke Meditationsgemeinschaft ist. Obwohl die äußeren Umstände nicht so waren, wie wir sie uns gewünscht hätten, sind wir trotzdem weitergesessen. Hindernisse sind die besten Gelegenheiten für eine intensive Praxis. Sie lehren uns, mit allem zu sitzen, mit Lärm, Zweifel, Widerstand und Schmerzen. Niemand hat behauptet, dass wir diese aus der Meditationspraxis heraushalten könnten. Der buddhistische Lehrer Trungpa Rinpoche erblickte in ihnen gar den Kompost für unseren Garten der Weisheit.

Neugierig bleiben

Mein Mann und ich hatten vor kurzem Besuch von einem Ehepaar mit ihrem zehnjährigen Sohn. Der Junge war begeistert vom Landleben. Er erkundete alles mit großem Interesse, war voller Neugier und stellte unzählige Fragen. Sein Vater lächelte etwas gequält und sagte: »Unser Sohn ist einfach sehr neugierig.« Der Junge fragte mich später: »Hört das denn irgendwann auf, dass man wissen möchte, wieso die Dinge so sind, wie sie sind?«

In der Praxis der Achtsamkeit hört das nie auf. Denn jeder Augenblick ist neu. Daher gibt es in der Achtsamkeitspraxis auch keine Langeweile. Langeweile ist ein Ausdruck fehlender Achtsamkeit. Denn Langeweile spüren wir nur dann, wenn wir meinen, dass wir etwas bereits zur Genüge kennen würden. Sobald Langeweile ins uns aufkommt, sollte eine Glocke der Achtsamkeit in uns läuten und wir sollten uns fragen: »Was hält mich davon ab, in diesem Augenblick präsent zu sein?« Langeweile kann ein Hinweis darauf sein, nach innen zu schauen und zu erkunden, ob etwas unsere Energie blockiert und am Fließen hindert. Wir sollten uns an diesem Punkt fragen: Gibt es etwas, was mich bindet? Fehlt mir etwas? Wenn wir uns dessen bewusst werden, können wir bereits einen Hauch von Befreiung spüren.

Du bekommst, was du brauchst

Wir bekommen ganz sicher nicht immer das, was wir wollen. Zu dieser Erkenntnis drangen bereits die Rolling Stones mit ihrem Hit »I Can't Get No Satisfaction« vor. Doch vielleicht bekommen wir genau das, was wir brauchen. Und das ist das immer wieder Erstaunliche an der Achtsamkeitspraxis: Wenn wir den Weg konsequent weitergehen, begegnet uns immer genau das, was wir brauchen. Das ist für jeden Menschen etwas anderes. Für manche ist es Sanftheit und Freundlichkeit, die sie in ihrem Leben bislang vermissten, für andere ist es Kraft und Selbstvertrauen, für wieder andere mag es Unbeschwertheit und Leichtigkeit sein. Es ist ganz unterschiedlich. Jeder geht seinen individuellen Weg. Auf diesem erhalten wir das, was wir brauchen, um zu wachsen und reife Menschen zu werden. Das heißt es, den Weg zu gehen und dem Prozess zu vertrauen.

Mitunter erhalten wir unmittelbare und tiefe Einsichten in unserer Meditation und meinen, nun wären wir angekommen, nur um am nächsten Tag feststellen zu müssen, dass dieser Zustand schon wieder verschwunden ist. Und doch: Wer auf dem Weg bleibt, bei dem bewegt sich unweigerlich etwas. Die Erfahrungen, die wir auf dem Weg machen, sind wie ein Anker, der es uns ermöglicht, unser Boot auch im hohen Wellengang nicht zu verlieren. Sie erlauben uns, ein Fundament zu bauen, auf dem unser Haus auch dann noch stehen bleibt, wenn ein starker Sturm über uns hereinbricht. Wir sorgen für uns in der Achtsamkeitspraxis. Wir nehmen alles, was zu uns gehört, dabei mit. Und alles, wirklich alles, was uns auf dem Weg begegnet, ist willkommen und Teil der Praxis.

Das Gasthaus

*Das menschliche Dasein
ist ein Gasthaus.
Jeden Morgen ein neuer Gast.
Freude, Depression und Niedertracht –
auch ein kurzer Moment
von Achtsamkeit
kommt als unverhoffter Besucher.
Begrüße und bewirte sie alle!
Selbst wenn es
eine Schar von Sorgen ist,
die gewaltsam dein Haus
seiner Möbel entledigt,
selbst dann behandle jeden Gast ehrenvoll.
Vielleicht bereitet er dich vor
auf ganz neue Freuden.
Dem dunklen Gedanken,
der Scham, der Bosheit –
begegne ihnen lachend an der Tür
und lade sie zu dir ein.
Sei dankbar für jeden,
der kommt,
denn alle sind zu deiner Führung
geschickt worden
aus einer anderen Welt.*

RUMI

Die Kunst des Nicht-Tuns

Wenn Sie sich zum Meditieren hinsetzen, auch wenn Sie es nur für einen kurzen Augenblick tun, so ist das eine Zeit des Nicht-Tuns. Es ist sehr wichtig, sich darüber im Klaren zu sein, dass dieses Nicht-Tun nicht gleichbedeutend mit Nichts-Tun ist. Es könnte keinen größeren Unterschied geben. Wesentlich beim Nicht-Tun ist Bewusstsein und Absicht. Sie sind sogar die Schlüssel zum Nicht-Tun. Oberflächlich betrachtet gibt es zwei Arten des Nicht-Tun. Die eine besteht darin, dass ein Mensch keine äußerlich sichtbare Arbeit tut, während die andere dies beinhaltet, was wir mühelose Aktivität nennen. Letztlich werden wir feststellen, dass beide Varianten das gleiche bedeuten. Entscheidend ist die innere Erfahrung, die ein Mensch dabei macht.

JON KABAT-ZINN:
IM ALLTAG RUHE FINDEN

Wir Aktiven

Die Grundlagen dessen, was Jon Kabat-Zinn hier als die Übung des *Nicht-Tun* bezeichnet, liegen in dem aus China stammenden Taoismus, in dem der Begriff des »Wu Wei«, das »bemühungslose Bemühen«, eine zentrale Rolle spielt. Im Westen führt der Begriff des *Nicht-Tun* häufig zu Missverständnissen, denn er wird umgehend mit Passivität assoziiert und erweckt die Sorge in uns, dass wir nicht mehr handeln oder reagieren dürften. Wir sind von unserer Kultur so konditioniert worden, dass wir meinen, wir müssten ständig aktiv sein.

Wir glauben, je mehr wir tun, desto mehr könnten wir erreichen. Immer haben wir ein Ziel vor Augen, immer streben wir danach, noch besser zu werden, indem wir noch mehr tun. Es ist uns fast unmöglich geworden, etwas einfach nur wahrzunehmen, ohne es sofort zu kategorisieren, zu bewerten und darauf zu reagieren. Der Genuss und die reine Freude des Nicht-Tuns scheinen uns in einer Gesellschaft, die so viel Wert auf Aktivität und Fortschritt legt, verloren gegangen zu sein. Selbst in unserer Freizeit laufen wir zur geschäftigen Höchstform auf und erhoffen uns dadurch ein erfülltes Leben.

Wir haben es förmlich verlernt, in einem Zustand des Nicht-Tuns einfach zu sein. Fragen Sie sich einmal selbst: Wann haben Sie zum letzten Mal auf einer Bank gesessen, ganz ohne Buch und Zeitung, und haben einfach nur in die Sonne geblinzelt? Wann waren Sie mit einem Menschen ruhig und absichtslos zusammengesessen, einfach nur, um in seiner Gegenwart zu sein? Wie wäre es, wenn wir inmitten all unserer Geschäftigkeit einmal ganz bewusst die Hände von den Kontrollknöpfen nehmen würden? Wenn wir unser rastloses Gerenne für einige Minuten einstellen und stattdessen einmal bewusst beobachten würden, was in uns geschieht? Wenn wir uns eine kurze Auszeit nehmen würden, in der wir uns auskoppeln und nicht auf ein Ziel zu bewegen? Einfach aufhören würden zu fragen, was wir als Nächstes tun werden.

> **ALLTAGSPRAXIS: INNEHALTEN**
>
> Eine solche Pause der Achtsamkeit kann inmitten jeder Aktivität stattfinden. Wir unterbrechen bewusst unser Tun, vielleicht für einen Augenblick, vielleicht auch für einige Minuten, und werden ganz und gar gegenwärtig und kommen körperlich zur Ruhe. Mit dieser Pause unterbrechen wir den Automatismus, mit dem wir auf Situationen reagieren. Sie gibt uns die Möglichkeit der Reflexion und die Gelegenheit, die Dinge auf eine neue Art und Weise wahrzunehmen. Wir halten die Beschleunigung unseres Lebens an, indem wir für einen Moment in das Nicht-Tun eintreten und in diesem ganz gegenwärtig sind. Indem wir genau an dem Punkt der Beschleunigung zurücktreten, eröffnen sich uns ganz neue Sichtweisen und damit neue Handlungsmöglichkeiten.

Zur Balance finden

Bei meinem ersten Aufenthalt in einem Zen-Kloster vor etwa 30 Jahren war ich in der Arbeitszeit für das Gemüseschneiden in der Küche eingeteilt. Ich hatte mein Messer und das Schneidebrett vor mir und begann voller Energie und Elan mit dem Schneiden der Möhren. Ich schnipselte geschäftig vor mich hin und betrachtete voller Stolz die Berge von Möhrenscheiben, die sich auf meinem Schneidebrett türmten.

Als ich von meiner Arbeit hochblickte, sah ich plötzlich den Zen-Koch vor mir stehen. Er nahm einige meiner Möhren und begann diese in großer Aufmerksamkeit zu schneiden. Nach einigen Minuten lächelte er mich an und ging schweigend weiter. Ich war wie vom Donner gerührt und innerlich so erschüttert, dass ich umgehend zu weinen begann. Sein achtsames Tun hatte mich mit meiner eigenen Geschäftigkeit konfrontiert. Plötzlich konnte ich spüren, welche Anstrengungen und Schmerzen mir mein rastloses Tun in der Vergangenheit verursacht hatten.

Seit diesem Tag versuche ich bewusst, in meinem Leben einen Ausgleich von Tun und Nicht-Tun zu schaffen und dieses in Balance zu halten. Den richtigen Punkt der Balance finden wir, indem wir immer wieder aus der Bewegung in die Ruhe gehen. Denn der Weg des Nicht-Tuns führt in unserem täglichen Leben über das Tun. Nicht-Tun hat mit Trägheit oder Passivität rein gar nichts zu tun. Im Gegenteil: Es erfordert großen Mut und Entschlossenheit, sich diesem auszuliefern. »Denn Nicht-Tun«, so Jon Kabat-Zinn, »bedeutet ganz einfach, die Dinge sein zu lassen und ihnen zu gestatten, sich auf ihre eigene Weise zu entfalten.«

Jedoch ist das alles andere als einfach. Es bedarf eines tiefen Vertrauens in das Leben, um die Dinge sich auf ihre eigene Weise entfalten zu lassen. Wenn wir ganz ehrlich mit uns selbst sind, dann werden wir feststellen, dass wir nicht nur das eigene Leben, sondern auch das der Menschen um uns herum kontrollieren und nach unseren Vorstellungen gestalten wollen. Dies wurde mir in meiner Zeit als junge Mutter besonders deutlich bewusst. Ich gehörte zu den Eltern, die glaubten, dass sie mit ihren Kindern immer aktiv sein müssten. Ich ging mit meiner Tochter ins Theater, ins Kino, ich habe sie in den Tanz- und Musikunterricht gebracht, habe sie Fechten und Aikido lernen lassen, all dies in der festen Überzeugung, dass es für Kinder wichtig ist, aktiv die vielen Möglichkeiten zu nutzen, die sich ihnen bieten. Dagegen ist auch nichts einzuwenden. Doch hinter all dieser Aktivität verbarg sich meine eigene Unfähigkeit, die Dinge sich einmal selbst entwickeln zu lassen und Zeiten des ruhigen Zusammenseins mit meiner Tochter genießen zu können. Hinter diesem ständigen Zwang zur Aktivität verbirgt sich häufig unsere Angst, das Leben nicht kontrollieren zu können und ihm passiv ausgeliefert zu sein.

Durch diese Rastlosigkeit verpassen wir einzigartige und unwiederbringliche Gelegenheiten in unserem Leben und viele wertvolle Momente mit den Menschen, die wir lieben. Das habe ich zwischenzeitlich erkannt. Und deshalb haben viele Dinge, die mir in der Vergangenheit noch so furchtbar wichtig erschienen und denen ich rastlos hinterher jagte, zwischenzeitlich an Bedeutung verloren.

> »Können wir uns Nicht-Tun in der heutigen Zeit überhaupt leisten?«

Forschungsergebnisse zum Burn-out-Syndrom haben zutage gefördert, dass insbesondere solche Berufsgruppen davon betroffen sind, bei denen die Diskrepanz von eigenen Idealen und der vorgefundenen Realität besonders groß ist. Der Drang, die Umstände zu ändern und sie den eigenen Vorstellungen anzupassen, führt Menschen oftmals an die Grenzen ihrer Belastbarkeit. Angetrieben von dem Wunsch, etwas bewirken und verändern zu wollen, vergessen engagierte Menschen immer wieder, dass es für jede Veränderung auch Zeiten des Nicht-Tuns bedarf. Wer sich darin übt, erst einmal wahrzunehmen, was ist, bekommt mit der Zeit ein besseres Verständnis für das, was in der jeweiligen Situation nötig und möglich ist. Aus diesem Verständnis heraus zu handeln ist weit effektiver als dieser rastlose Aktionismus, mit dem wir das Leben zu kontrollieren suchen. Dies beinhaltet auch, sich um sich selbst zu kümmern. Wir können uns auf Dauer nicht um andere und um die Belange der Welt kümmern, wenn wir es nicht einmal schaffen, angemessen für uns selbst zu sorgen. Nicht-Tun ist also weit davon entfernt, passiv zu sein. Diese Augenblicke des Nicht-Tuns, so sagt Jon Kabat-Zinn zu Recht, sind daher die größten Geschenke, die ein Mensch sich selbst machen kann. Sie lehren uns die Gelassenheit, sich dem Fluss des Lebens, der unablässig Neues formt, anzuvertrauen.

Ruhe in der Rastlosigkeit finden

Alice: »Das ist unmöglich ...«
Hutmacher: »Nur, wenn man nicht daran glaubt!«
LEWIS CAROLL:
ALICE IM WUNDERLAND

Sobald wir uns im Nicht-Tun üben, werden wir häufig mit unserer eigenen Rastlosigkeit konfrontiert. Und genau hier können wir üben, Ruhe zu finden. Ruhe finden in der Rastlosigkeit? Das klingt zunächst einmal paradox. Nicht von ungefähr gilt die Rastlosigkeit in der traditionellen Meditationspraxis als eines der fünf Haupthindernisse. Ich sehe in ihr jedoch eine ideale Gelegenheit, um zu üben. Eine Möglichkeit, etwas zu erfahren, das mir auf meiner Suche als Mensch behilflich ist. Doch wie so oft im Leben ist das, was uns wirklich etwas lehren kann, nicht unbedingt das, wonach wir suchen. Von Achtsamkeit und Meditation erhoffen wir uns schließlich Ruhe – und keine Rastlosigkeit. Und doch sind die lehrreichsten Erfahrungen im Leben eben oft diejenigen, die wir uns weder wünschen noch freiwillig machen würden. Das Leben hat seine eigene Art und Weise, uns genau das zu präsentieren, was wir für unsere Entwicklung und unser Wachstum brauchen, um das Leben in seinem vollen Umfang wahrnehmen und wertschätzen zu können. Die Frage, die sich uns bei allem, was uns begegnet, stellt – sei es gewollt oder auch nicht gewollt – ist doch: Wie gehen wir damit um? Unsere Reaktion darauf macht genau den Unterschied zwischen einer bereichernden und einer oberflächlichen Erfahrung, zwischen einer offenen und einer verschlossenen Tür aus. Wenn wir Rastlosigkeit als eine Gelegenheit für unsere Entwicklung betrachten, dann ist sie eine offene Tür, die uns – wie Alice im Wunderland – dazu einlädt: Bitte hier eintreten. Denn das ist es doch, was wir in der

Achtsamkeitspraxis täglich üben: Uns vorzubereiten, uns zu stützen und zu nähren, um die Einladungen des Lebens annehmen zu können.

Kein Grund zur Eile

Rastlosigkeit kann sich verselbstständigen und zu einem Handlungsmodus in unserem Leben werden. Wenn sie uns nicht bewusst ist, denken wir vielleicht, dass es eine ganz normale Art wäre, so zu leben. Ich selbst wurde vor vielen Jahren in meiner Meditationspraxis damit konfrontiert. Eines Tages hatte ich Putzdienst in der Meditationshalle. Als ich auf meine Uhr schaute, sah ich, dass es höchste Zeit war, mich für die nächste Meditation bereit zu machen, und lief hastig aus der Halle. Ich hatte jedoch nicht gesehen, dass mein Zen-Lehrer in der Ecke stand, bis ich plötzlich seine Stimme hörte: »Es gibt niemals einen Grund, in der Zen-Halle zu rennen.« Ich war wie vom Blitz getroffen. Denn damit hatte er genau meinen wunden Punkt getroffen. Ich war in dieser Zeit immerzu und überall am Rennen. Ich war alleinerziehende Mutter, ich musste arbeiten, meinen pflegebedürftigen Vater versorgen, mein Kind von der Tagesmutter abholen … Es war wirklich nicht so, dass ich nicht viele Sachen zu erledigen gehabt hätte. Doch die Art und Weise, wie ich es tat – immerzu Schaffen, immerzu Hetzen, immerzu Funktionieren – führte mich in einen Kriegszustand mit meinem täglichen Leben. Mit den Worten meines Zen-Lehrers wurde mir mit einem Schlag bewusst, dass ich einen anderen Weg wählen musste. Wir alle kennen diese entscheidenden Augenblicke im Leben, an denen uns eine Lektion erteilt und eine Lehre angeboten wird. Es ist an uns zu entscheiden, ob wir sie anzunehmen bereit sind.

ZUR RUHE KOMMEN

In Zusammenhang mit Achtsamkeit ist oft vom Zur-Ruhe-Kommen die Rede. Tatsächlich ist gerade zu Beginn Entschleunigung für eine achtsame Haltung eine günstige Voraussetzung – einfach deshalb, weil meist so viele Dinge gleichzeitig an uns zerren, dass wir häufig vergessen, dass wir uns überhaupt für Achtsamkeit *entscheiden* könnten. Dennoch bedeutet das nicht, dass wir uns erst aus dem geschäftigen Alltag zurückziehen müssten, um achtsam zu sein.

Achtsamkeit ist eine Geisteshaltung, die wir in jeder Situation einnehmen können: beim Betrachten des Sternenhimmels ebenso wie beim Joggen, beim Essen oder beim Tippen einer E-Mail. Die Folge davon ist eine wachsende innere Ruhe.

Getrieben werden

Was sind wir bereit zu lernen? Und wie gehen wir damit um? Zuerst einmal müssen wir erkennen, in welcher Situation wir uns gerade befinden. Das ist immer der erste Schritt. Beobachten Sie sich einmal, wenn Sie sich rastlos fühlen. Rastlosigkeit ist eine Art von Energie, die uns treibt. In der Meditation beispielsweise manifestiert sie sich in dem Bedürfnis, sich ständig zu bewegen, die Sitzposition zu verändern, sich zu kratzen oder auch in einer Art körperlicher Gegenwehr, die sich in Anspannung und schließlich Verspannung zeigt. Wir finden sie in unserem Alltag auch in Form von geistiger Rastlosigkeit – ständiges Planen, Organisieren, Nervosität und Sorge. Zudem fördern moderne Phänomene wie der Drang zu ständiger Erreichbarkeit, Multitasking und die Schnelllebigkeit der Technik unsere Unruhe. Ständig unterbrechen uns eingehende Mails oder SMS, sogar in wichtigen Besprechungen wird unter dem Tisch der Blackberry gecheckt, und wenn sich auf einer Webseite das neue Fenster nicht sofort aufbaut, klicken wir genervt weiter. Rastlosigkeit hat eine starke und zugleich subtile Qualität; im täglichen Leben merken wir oft gar nicht, wie sie uns umtreibt. Es braucht einen starken Impuls, um sie wahrzunehmen. Spätestens wenn wir uns zur Meditation niederlassen, werden wir uns ihrer zumeist bewusst. Die Achtsamkeitspraxis unterstützt uns darin, unsere Rastlosigkeit zu erkennen. Das ist bereits der erste Schritt, mit ihr umzugehen.

Vor der Gegenwart davonlaufen

Wir können dahin gelangen, die Rastlosigkeit als einen Teil von uns zu erkennen und anzunehmen. Es ist ganz natürlich, Rastlosigkeit zu spüren. Wenn wir gegen sie ankämpfen, wenn wir sie loswerden wollen, wird sie nur noch unruhiger. Strenge und Härte uns selbst gegenüber helfen da nicht. Damit schaffen wir zwar Kontrolle, doch erlangen keinerlei Einsicht. Man kann klar sein, ohne hart zu sein. Ich merke in mir selbst diesen Unterschied über die Jahre in der Praxis. Früher haben Leute oft zu mir gesagt: Linda, du bist sehr streng. Heute sagen die Leute zu mir: Linda, du bist sehr klar. Der Unterschied zwischen Strenge und Klarheit liegt darin, dass sich hinter Ersterer oft Unsicherheit und Unerfahrenheit verbirgt, während Klarheit bedeutet, präsent zu sein, ohne das Gefühl zu haben, sich verteidigen zu müssen. Sie ist Ausdruck von innerem Wachstum, von einer inneren Weisheit, einer Ressource, die wir alle in uns haben. Doch wie kommen wir in Kontakt mit dieser Quelle in uns?

Unsere Rastlosigkeit führt uns deutlich vor Augen, wie häufig wir versuchen, vor dem gegenwärtigen Moment wegzulaufen. Rastlosigkeit ist der Impuls, der darauf hinweist, dass wir nicht in diesem Moment

ÜBUNG: RASTLOSIGKEIT BEWUSST WAHRNEHMEN

Diese Übung kann zwischen 5 und 30 Minuten dauern. Entscheiden Sie sich vorher dafür, wie viel Zeit Sie für jede Phase einplanen wollen.

PHASE 1
- Gehen Sie langsam auf achtsame Weise.
- Gehen Sie in Ihrem üblichen Alltagstempo.
- Gehen Sie in einem hektischen Tempo, die Fäuste zusammengeballt und angespannt.
- Halten Sie plötzlich an und fühlen Sie Ihren Körper.
- Setzen Sie sich achtsam hin.

PHASE 2
Stehen Sie achtsam auf.
- Gehen Sie schneller als zuvor, doch auf eine entspannte Art und Weise.
- Gehen Sie auf entspannte Art und Weise noch schneller.
- Gehen Sie so schnell wie Sie können und lächeln Sie dabei.
- Halten Sie plötzlich an und fühlen Sie Ihren Körper.
- Setzen Sie sich achtsam hin.

PHASE 3
- Stehen Sie achtsam auf.
- Stehen Sie achtsam. Was empfinden Sie in diesem Moment in Ihrem Körper?
- Kehren Sie an Ihren Sitzplatz zurück und setzen Sie sich achtsam hin.

REFLEXION
Nutzen Sie die folgenden Möglichkeiten, um in jeder Phase Ihren Körper wahrzunehmen:
- Wie geht Ihr Atem? Schnell, langsam, tief, flach?
- Gibt es irgendwelche Verspannungen im Körper?
- Ist Ihnen warm oder kalt? Fühlen sich einige Teile Ihres Körpers wärmer oder kälter an als andere?
- Spüren Sie den Fußboden unter Ihren Füßen? Haben einige Zonen mehr Kontakt mit dem Boden als andere?

sein wollen. Es gibt unzählige Gründe dafür, nicht in diesem Augenblick sein zu wollen. Rastlosigkeit signalisiert eine innere Ausrichtung auf die Zukunft, von der wir uns etwas erhoffen. Diese Hoffnung kommt jedoch häufig aus der Unzufriedenheit mit der Gegenwart. Deshalb stärkt die Achtsamkeitspraxis unsere Kapazität, mit Aufmerksamkeit und Präsenz im gegenwärtigen Moment zu sein. Das bedeutet wie gesagt nicht, dass wir diesen gegenwärtigen Moment mögen müssen. Wir müssen ihn noch nicht einmal akzeptieren. Doch die Frage ist: Können wir das, was gerade ist, erkennen und zulassen? Denn dies macht uns die Erfahrung von Präsenz möglich, die etwas ganz anderes ist als der Wunsch, wegzulaufen oder Widerstand zu leisten. Auch Widerstand ist häufig eine Art von Rastlosigkeit. Man bringt damit zum Ausdruck, dass wir das, was in diesem Augenblick ist, keinesfalls wollen. Das soll nicht heißen, dass wir alles widerspruchslos akzeptieren müssten. Es heißt vielmehr, sich zu fragen, ob wir die Klarheit haben, uns anzuschauen, was gerade ist, und auf dieser Basis Entscheidungen zu treffen.

Ich möchte Sie darin unterstützen, mit Präsenz, Erdung und Konzentration in diesem Augenblick zu sein, sodass Sie im wirklichen Kontakt mit sich selbst sind und Entscheidungen nicht aus Rastlosigkeit heraus treffen.

Zum gegenwärtigen Moment zurückkehren

Der erste Schritt im Umgang mit der Rastlosigkeit ist die Bereitschaft, sich dem gegenwärtigen Moment zuzuwenden. Es geht darum, die Kapazität zu kultivieren, zu dem zurückzukehren, was ist. Rastlosigkeit ist immer eine Bewegung, die uns von etwas wegführen möchte. Wenn es uns gelingt, unseren Fokus von dem, was ständig um uns herum geschieht, nach innen zu richten, um zu erfahren, was wir selbst wirklich wollen, dann können wir unsere Rastlosigkeit im Außen ablegen. In der formalen Meditationspraxis besteht die Übung darin, einen Impuls zu bemerken und dann wahrzunehmen, welche Gedanken, Gefühle und körperlichen Empfindungen dieser Impuls auslöst. Und dabei eine sanfte Neugier entwickeln: *Was ist gerade jetzt?*

Achtsamkeit können wir wie einen Muskel aufbauen, indem wir konkret und immer wieder üben. Anlässe dafür können wir uns im Alltag selbst schaffen, indem wir uns selbst sogenannte »Glocken der Achtsamkeit« wählen. Sie können uns daran erinnern, einen Moment innezuhalten, uns auf unseren Atem zu besinnen, aus unserem Kopfkino in den Körper zurückzukehren und so eine Pause in der Rastlosigkeit einzulegen, die sich oft schon wie unsere zweite Natur anfühlt.

ALLTAGSPRAXIS: GLOCKEN DER ACHTSAMKEIT

Als Glocken der Achtsamkeit eignet sich alles, was uns einen Moment aufhorchen lässt oder uns aus unserer Routine holt:

- Das Läuten des Telefons (statt sofort dranzugehen, könnten Sie einmal oder sogar dreimal bewusst ein- und ausatmen).
- Die rote Ampel (statt sich zu ärgern, dass es nicht weitergeht, können Sie das Warten zu einer Mini-Pause machen oder zu einem bewussten Moment gestalten, in dem Sie neugierig wahrnehmen, wie Sie sich gerade fühlen und was in Ihrem Körper vorgeht).
- Eine schlagende Uhr – hören Sie bewusst hin.
- Mittlerweile lassen sich im Internet sogar kleine Programme herunterladen, die in regelmäßigen Abständen einen kleinen Ton erklingen lassen, um den Benutzer an die Achtsamkeitspraxis zu erinnern.

Wir sind meist sehr erfolgsorientiert, sogar in der Achtsamkeitspraxis. Ruhe wollen wir finden und unsere Probleme lösen. Genau diese Zielorientierung verhindert es aber häufig, dass wir die Lösung, die im jetzigen Augenblick zu finden ist, sehen können.

Die Kultivierung der Achtsamkeit ist so, als würden wir einen Garten anlegen.

Mein Mann ist leidenschaftlicher Gärtner, und ich habe in dieser Hinsicht viel von ihm gelernt. Er hat mich gelehrt, dass man die Wurzeln der Pflanzen pflegen muss. Denn selbst ein noch so großer Baum kann, egal, wie gesund er aussieht, im Sturm umstürzen, wenn seine Wurzeln geschwächt sind. Das ist es, was wir in der Achtsamkeitsmeditation tun: Wir bereiten das Fundament. Wir graben unsere Wurzeln in die Erde. Es braucht Zeit, Geduld, Ernsthaftigkeit und Beharrlichkeit. Es braucht die Bereitschaft, da zu sein, da zu bleiben und es einfach zu tun. Wir kümmern uns um unsere Wurzeln und kräftigen sie durch unser Üben.

»Ich kann einfach nicht stillsitzen. Die Stille macht mich total nervös. Soll ich mit dem Meditieren warten, bis ich ruhiger geworden bin?«

Das ist einer der meist genannten Gründe, der Menschen vom Meditieren abhält. Daher lohnt es sich, dem genauer auf den Grund zu gehen. Dabei können wir feststellen, dass gerade das, was als Problem im Weg zu stehen scheint, das ist, was die Lösung in sich birgt.

In der Achtsamkeitsmeditation üben wir uns darin, allem, was ist, mit Aufmerksamkeit und Wertschätzung zu begegnen. Alles, was während der Meditation auftaucht, wird somit zum Gegenstand unserer Achtsamkeitspraxis. Das schließt auch unsere Nervosität und Unruhe ein.

Wir jedoch haben die Vorstellung verinnerlicht, dass bei der Meditation alles still und ruhig in uns sein müsste. Genau diese Vorstellung macht es uns dann auch so schwer zu meditieren, wenn wir nervös sind. Und es ist auch tatsächlich nicht einfach, Achtsamkeit zu praktizieren, wenn wir unruhig oder aufgewühlt sind. Zu einem großen Teil jedoch auch deshalb, weil wir denken, diese Zustände seien es nicht wert, erforscht zu werden. Doch das stimmt nicht! Wir können uns unserer Unruhe zuwenden und sie genauso beobachten, wie wir es mit anderen Zuständen auch tun.

Übung: Sich der Unruhe zuwenden

Nervosität hat meist mit starken Empfindungen zu tun, die uns gedanklich sehr beschäftigen oder auch körperliche Reaktionen verursachen.

ÜBUNG: SICH DER UNRUHE ZUWENDEN

Nervosität hat meist mit starken Empfindungen zu tun, die uns gedanklich sehr beschäftigen oder auch körperliche Reaktionen verursachen.
- Aus was genau setzt sich diese Empfindung zusammen, die wir Nervosität nennen? Benennen Sie jede einzelne dieser Empfindungen und beginnen Sie damit, diese bewusst zu erforschen.
- Wo fühlen Sie diese Empfindungen in Ihrem Körper?
- Welchen Effekt haben diese Empfindungen? Verursachen sie viele Gedanken? Welche Emotionen lösen sie aus?
- Sind die Empfindungen immer gleich? Sind sie manchmal stärker oder schwächer? Sind sie immer da, oder sind es bestimmte Gedanken, die sie hervorbringen?

Immer dann, wenn Sie sich der Nervosität bewusst werden, bleiben Sie so nah wie möglich an dieser dran. Fühlen Sie diese in Ihrem Körper und beobachten Sie die Gedanken, die dadurch ausgelöst werden.

Falls dies alles nichts hilft und Sie weiterhin auf Ihrem Meditationskissen von Unruhe überwältigt werden, dann machen Sie stattdessen eine Gehmeditation (siehe Seite 102). In Zeiten, in denen man sich innerlich sehr rastlos fühlt, hilft die Gehmeditation, zur Ruhe zu kommen.

Zur Blüte kommen

»Weshalb sitzt du hier rum? Hast du nichts zu tun?« Das sind Fragen, die Menschen gerne stellen, die selbst nicht meditieren. Einer Gesellschaft der Macher und Aktiven ist das Nicht-Tun verständlicherweise suspekt.

Ich erinnere mich daran, wie mein Mann vor einigen Jahren Blumenzwiebeln in unserem Garten setzte. Als er mit der Arbeit fertig war, sagte er: »Es wird sicherlich ein paar Jahre dauern, bis wir die Blumen sehen werden.« Ich erinnere mich noch gut an die Ungeduld, die mich bei dem Gedanken erfüllte. Mein Mann hingegen behielt seine ruhige Zuversicht und düngte und wässerte in den kommenden Jahren geduldig die Erde. Als ich ihn einmal fragte, ob er denn wirklich glaube, dass diese Blumenzwiebeln eines Tages blühen würden, sagte er lachend: »Wissen kann ich es nicht. Doch ich vertraue darauf. Schließlich liegt es in ihrer Natur, zu blühen.«

Das ist es, was wir auch im Nicht-Tun erfahren. Wir sind wie diese Blumenzwiebeln, die in die Erde gepflanzt wurden. Sie fragen nicht danach, was ihre wahre Natur ist. Doch wenn es an der Zeit ist, dann brechen sie durch die Erde hindurch und beginnen zu blühen. Und wenn es noch nicht an der Zeit dafür ist, dann ruhen sie in der Erde. Das Potenzial zum Blühen ist aber immer da.

Indem wir Achtsamkeit praktizieren, gestatten wir es unserem inneren und bislang verborgenen Wissen zur lebendigen Erfahrung zu werden. Wir beginnen zu blühen. Manchmal erleben wir dieses Gefühl des Blühens ganz spontan: beim Anblick eines Sonnenuntergangs oder der Kraniche, die über den Himmel ziehen, in der Gegenwart eines neugeborenen Kindes oder eines jungen Hundes. Das sind die Momente, in denen wir Achtsamkeit leben. Wir sind präsent in dem Moment, so wie er ist. Es ist wie Ankommen. Ein tiefes Gefühl von Erfüllung, das unabhängig von äußeren Gegebenheiten existiert. Wir spüren:

Wie es ist, ist es.
Wie es ist, ist es genug.
Wie es ist, ist es vollkommen.

ÜBUNG: DEN GEIST RUHEN LASSEN

Manchmal praktizieren wir eine Form der Meditation und sind uns dessen nicht einmal gewahr. Solche Geisteszustände erlauben es uns, das Fernsehprogramm, das sonst 24 Stunden täglich in unserem Geist läuft, loszulassen und uns der einfachen Erfahrung des gegenwärtigen Moments zuzuwenden, in der der Geist ruhen kann.

In seinem Buch *Buddha und die Wissenschaft vom Glück* beschreibt der tibetische Meditationsmeister Yongey Mingyur Rinpoche den Geist ruhen zu lassen als eine »sehr einfache und effektive Methode, bei der es sich weniger um eine Meditationsübung als um eine Art Nichtmeditation handelt ... In der Nichtmeditation beobachten wir einfach nur, was passiert, ohne uns einzumischen. Wir sind lediglich interessierte Beobachter bei einer Art introspektivem Experiment, ohne aber daran interessiert zu sein, wie das Experiment ausgeht.«

Eine klassische Anleitung in der buddhistischen Meditationspraxis lautet, sich vorzustellen, man sitze an einem Flussufer und schaue den Booten beim Vorüberfahren zu. In der Meditation beobachtet man die durch den Geist ziehenden Gedanken in derselben Weise, wie man die Boote beobachtet. Wenn wir den Booten beim Vorüberfahren zuschauen, entsteht oft das Gefühl einer friedlichen Betrachtung, die nicht auf etwas Bestimmtes fokussiert ist. Wir können in der Meditation den Gedanken gegenüber die gleiche Haltung einnehmen. Die Gedanken fließen, doch wir sitzen still am Ufer und sehen ihnen einfach zu.

Ich möchte Sie nun einladen, eine solche »Nichtmeditation« auszuprobieren, indem Sie einem sich entfaltenden Geschehen zuschauen und der Geist darin ruht. Für manche Menschen funktioniert das gut, wenn sie einem brennenden Kaminfeuer zusehen. Andere sitzen vor einem Aquarium und beobachten die Fische. Ich habe einen Freund, der früher regelmäßig in seinem Büro im 25. Stock eines New Yorker Wolkenkratzers saß und durch das Fenster die Menschen und den Verkehr unter ihm betrachtete. Auf diese Weise »praktizierte« er vor einer anstrengenden Arbeitsperiode.

Vor einigen Jahren praktizierten wir diese Art der Meditation mit einer Gruppe auf einer Terasse oberhalb des Meeres in Teneriffa. Am Himmel standen an diesem Tag viele Wolken: große weiße Wattebauschwolken. Ich lud alle ein, sich hinzulegen und einfach den Wolken zuzusehen, wie sie über unseren Köpfen erschienen, eine Zeit blieben und dann wieder aus unserem Sichtfeld verschwanden. Ich bat die Teilnehmer, nicht den Kopf zu drehen, um den Wolken nachzuschauen. Anschließend entstand ein reger Austausch. Einige Teilnehmer waren eingeschlafen, doch die meisten erzählten davon, dass sie eine entspannte Aufmerksamkeit erlebt hatten, die klar und weich zugleich gewesen war.

Diese Art der sanften Beobachtung hat nichts damit zu tun, wegzudriften. Tritt ein Gefühl verträumter Verwirrtheit auf oder schläft man ein, so ist das ein Zeichen dafür, dass die Übung nicht angemessen ausgeführt wird. In der Übung, den Geist ruhen zu lassen, ist der oder die Meditierende präsent – so wie die Wolkenbeobachter: in einer sanften, wachen Art und Weise, die alle Aspekte der Situation in sich aufnimmt.

Mingyur Rinpoche sagt über diese Erfahrung: »Tatsächlich ist es einfacher, den natürlichen Frieden zu erfahren, als ein Glas Wasser zu trinken. Um zu trinken, müssen Sie Mühe aufwenden... Um den natürlichen Frieden zu erfahren, ist keine solche Anstrengung nötig. Sie müssen nur den Geist in seiner natürlichen Offenheit ruhen lassen. Es braucht keinen speziellen Fokus, keine spezielle Bemühung.«

Loslassen – sein lassen

Die Dinge loszulassen bedeutet nicht, sie loszuwerden.
Sie loslassen bedeutet, dass man sie sein lässt.

JACK KORNFIELD

Die Idee des »Loslassens« verstößt so ziemlich gegen alles, was unserer Welt als logisch erscheint. Denn in dieser geht es weit mehr um das Anhäufen und Festhalten als um das Loslassen. Das gilt nicht nur hinsichtlich materieller Güter, sondern auch für unsere geistigen Errungenschaften. Schließlich haben wir hart daran gearbeitet und sind nun zu Recht stolz auf das Wissen, das wir uns im Laufe unseres Lebens angeeignet haben.

Mit Loslassen ist nicht gemeint, all das nun aus dem Fenster zu werfen. In unserem Alltag ist es unabdingbar, über Wissen zu verfügen. Wie sollten wir uns sonst in einer komplexen Welt zurechtfinden? Wie sollten wir unseren Beruf kompetent ausüben? Es geht beim Loslassen vielmehr darum zu überprüfen, wie frei, unvoreingenommen und offen wir trotz all unseres Wissens noch sind. Es geht darum, sich immer wieder ehrlich zu fragen: »Wie wahr ist das, was ich für die Wahrheit halte?« Denn die Anhäufung von Wissen kann auch eine Suche nach Sicherheit sein, hinter der sich die Angst vor den Unwägbarkeiten und der Unkontrollierbarkeit des Lebens verbirgt. Das Sicherheitsdenken wird dann zu einer Art Filter, der nur noch das hereinlässt, was wir bereits wissen, und alles wegschiebt, was neu und damit tendenziell bedrohlich ist. Der Zen-Meister Genpo Roshi sagte: »In der einen oder anderen Form unterliegen wir alle der Furcht. Die Meditation löst Furcht in uns aus, weil sie alles in Frage stellt, was wir zu wissen glaubten. Sie konfrontiert uns mit der schwer auszuhaltenden Frage: Was weißt du denn schon wirklich?«

Unsicherheit zulassen

Die Begegnung und die Konfrontation mit dem Thema »Loslassen« stehen daher im Zentrum jeder Meditationspraxis und werden von allen Weisheitslehren gleichermaßen gelehrt und gefordert. Denn Loslassen bedeutet, sich von Konzepten und Vorstellungen zu verabschieden, sich selbst zu erforschen und bereit zu sein, sich in einer neuen Art und Weise kennenzulernen. Dies beinhaltet, sich immer wieder zu fragen: »Woher nehme ich die Sicherheit für dieses Urteil?« Denn wir merken es oft gar nicht, wie unreflektiert wir unsere Meinungen und Wertungen als der Wahrheit letzten Schluss betrachten.

»Für mich hört sich Loslassen immer nach Passivität und Aufgeben an. Das kann doch nicht damit gemeint sein?«

Der Weg des Loslassens hat nichts mit einer Opferhaltung oder mit Aufgeben zu tun. Er hat vielmehr damit zu tun, Neues zuzulassen und Altes hinter sich zu lassen. Loslassen eröffnet neue Perspektiven und überschreitet Grenzen. Dies führt durch die eigene Unsicherheit hin zu Verständnis und Weisheit. Loslassen heißt, sich von den Anhaftungen an Konzepte zu befreien, indem wir diese als Konzepte erkennen. Sobald wir merken, dass wir uns in etwas absolut sicher fühlen, sollte umgehend eine Glocke der Achtsamkeit in unserem Geist erklingen und uns daran erinnern, noch einmal genauer hinzusehen. Mein Zen-Lehrer sagte einmal zu mir: »Linda, listen to the universe – höre auf das Universum.« Dies ist eine Einladung, völlig offen zu bleiben und allem, was wir vorfinden, mit einem vorurteilslosen Geist und einer Haltung der liebenden Hingabe zu begegnen. In Meditationskreisen wird diese Haltung »Anfängergeist« genannt – jedem Augenblick des Lebens neu begegnen. Die größten Erkenntnisse in der Wissenschaft geschahen in diesem Zustand des Anfängergeistes und des Loslassens.

Luft in unser Leben lassen

Charles Dickens schrieb mit seinem Roman »Große Erwartungen« eine eindrückliche Geschichte von der Unfähigkeit, loszulassen: In diesem erzählt er die Geschichte einer alten Frau, die viele Jahre zuvor am Tag ihrer Hochzeit von ihrem Bräutigam sitzen gelassen wurde. Alles war bereits vorbereitet, die Braut wartete in ihrem Brautkleid, alle Gäste waren eingetroffen und die Hochzeitstafel im herrschaftlichen Hause gerichtet. Doch der Bräutigam erschien nicht zur Feier. Diese Zurückweisung war für die Braut so schrecklich, dass mit diesem Tag ihr Leben förmlich einfror. Sie ließ im Haus alles so, wie es am Tag der Hochzeit gerichtet war, der Esstisch war nach Jahrzehnten noch gedeckt, wenn auch mit Staub und Spinnweben überzogen. Nie mehr betraten Menschen diesen Raum, nie mehr wurde ein Fenster aufgemacht, um frische Luft hineinströmen zu lassen.

Was kann uns diese Erzählung aus dem 19. Jahrhundert heute lehren? Auch wir halten oft an Vergangenem fest. Es gibt Räume in uns, in die wir nie Luft hineinlassen, Räume, die von Spinnweben durchzogen sind. Wir sind in manchen Bereichen unseres Lebens nicht bereit, loszulassen und uns der Veränderung zu öffnen. Manchmal benutzen wir sogar die Meditation als Mittel dafür, um die Fenster und Türen der Räume in uns geschlossen zu halten. Wir sperren uns gegen das Leben, das im ständigen Wandel ist. Wir halten am Leid fest und machen uns damit selbst unglücklich. Unser Leben aber fordert von uns, dass wir uns dem Fluss des Lebens anvertrauen.

ÜBUNG: LUFT IN INNERE VERSCHLOSSENE RÄUME BRINGEN

Setzen Sie sich aufrecht hin und kommen Sie innerlich zur Ruhe. Atmen Sie ruhig ein und aus. Lassen Sie nun Ihre Gedanken in die Vergangenheit zurückwandern. Erforschen Sie: Gibt es in Ihrem Leben eine Situation, die Sie in sich eingeschlossen haben, die sich anfühlt wie ein Zimmer mit Spinnweben und ohne frische Luft? Erinnern Sie sich an diese Situation, ohne dass Sie diese lösen oder etwas damit tun wollen. Gehen Sie nicht in die Gefühle dazu hinein, sondern beobachten Sie den Raum, in dem Sie sich befinden. Werden Sie der Situation gewahr.

Atmen Sie nun ganz bewusst tief ein und aus, damit der Körper spürt, dass Luft und Bewegung in die Situation kommt. Sie brauchen die Situation nicht absichtlich zu verändern und auch nicht wegzuschieben. Beobachten Sie einfach nur, ob sich etwas verändert oder auch nicht, indem Sie bewusst ein- und ausatmen. Spüren Sie, wie der Raum jetzt ist, ohne etwas Bestimmtes zu erwarten.

TEIL 2

Auf das Surfbrett steigen: Die zentralen Übungen der Achtsamkeit

Nach den grundsätzlichen Überlegungen zum Wellenreiten im ersten Teil des Buches ist es nun an der Zeit, tiefer in die Erfahrung einzusteigen. Ich möchte Ihnen in diesem zweiten Teil zentrale Übungen der Achtsamkeit vermitteln: Körperwahrnehmung, Atembeobachtung, Sitzmeditation, Gehmeditation und Achtsamkeit auf Sinneseindrücke. Sie werden vielleicht überrascht feststellen, dass dabei körperliche Aspekte viel Raum einnehmen. Im Westen herrscht nicht selten das Missverständnis vor, Meditation sei eine körperferne Disziplin, in der wir uns von der Welt abwenden und in abgehobene geistige Sphären verschwinden. Wenn wir Achtsamkeit üben, machen wir jedoch immer eine geistige und eine körperliche Erfahrung zugleich. Der Körper ist unser Instrument, das uns in diesem Leben zur Verfügung gestellt wurde. Alle Erfahrungen erleben wir in unserem und vermittelt durch unseren Körper.
Ich möchte Sie bitten, die hier vorgestellten Übungen auch tatsächlich auszuprobieren und auf diese Weise zu erforschen, was Sie selbst dabei erleben. Bücher über gute Surftechnik zu lesen, ist sicher nützlich, doch wer Wellenreiten lernen möchte, kommt nicht darum herum, auf ein Surfbrett zu steigen.

Heimkehr in den Körper

Mr. Duffy lebte in einiger Entfernung von seinem Körper.
JAMES JOYCE: THE DUBLINERS

Ganz ehrlich: Geht es uns nicht ebenso wie dem unglückseligen Mr. Duffy, dem James Joyce mit dieser knappen und eindrücklichen Charakterisierung ein literarisches Denkmal setzte? Befinden nicht auch wir uns oft in einem Zustand der Zerstreutheit, sodass wir nicht in und mit, sondern neben unserem Körper leben?

Wie können wir in unseren Körper zurückkehren? Wie kann uns die Achtsamkeitspraxis dabei behilflich sein?

Der vergessene Körper

Viele Menschen, die mit sehr traditionellen Meditationsschulungen beginnen, machen ähnliche Erfahrungen wie der buddhistische Lehrer Gil Fronsdal, der in einem Text sehr eindrücklich davon berichtet, wie lange er brauchte, bis er die Bedeutung des Körpers für die Meditation entdecken konnte. All die Jahre hatte er diesen als ein Objekt wahrgenommen, das er auf das Kissen platzierte und das zu funktionieren hatte. Wenn sein Körper mit Anspannungen und Schmerzen reagierte, dann waren dies nichts als unliebsame Störungen, die es zu ignorieren galt.

In manchen Meditationsanleitungen wird dem Körper tatsächlich wenig Beachtung geschenkt. Er wird gerne als notwendiges Übel und nicht selten als ein Hindernis auf dem Weg gesehen. Meditationsunterweisungen legen die Betonung oft auf die Entwicklung des Geistes und vermitteln daher den Eindruck, dass Meditation mit körperlichen Empfindungen wenig zu tun hätte. Diese Vorstellung haben viele Menschen heute noch immer. Kein Wunder, denn schließlich huldigt auch die westliche Kultur dem Geist und erblickt in diesem den Herrscher über den Körper.

» Ich kann meinen Körper manchmal nur wenig spüren. Wie hilft mir da die Achtsamkeitspraxis? «

Nicht wenige Menschen in unserer körperfernen Zeit leben mit ihrer Aufmerksamkeit vor allem vom Hals an aufwärts. Unsere

Gedanken, die sich gerne mit dem beschäftigen, was gestern schlecht gelaufen ist und was morgen ein großes Problem sein könnte, entführen uns immer wieder von dem Ort, an dem wir gerade sind. Anders als die Gedanken kann der Körper jedoch nur an einer Stelle sein: in der Gegenwart. Viele Übungen in der Achtsamkeitspraxis stärken die Wahrnehmung des Körpers: die Atembewegungen in der Meditation spüren, gelenkte Körperwahrnehmung beim sogenannten Bodyscan oder bei Übungen aus dem Yoga und Qi Gong, Alltagspraxis wie achtsames Essen, achtsames Duschen oder Gehmeditation und vieles mehr.

Den Körper entdecken

Wie oft blicken wir selbst mit Skepsis auf unseren Körper, bringen ihm negative Gefühle entgegen und degradieren ihn zu einer Art Maschine, die zu funktionieren hat. Solange er dies reibungslos tut, ignorieren wir seine Bedürfnisse und wenn er eines Tages plötzlich nicht mehr funktioniert, gehen wir massiv gegen ihn vor, versuchen ihn zu verändern und ihn unseren Vorstellungen anzupassen.

Fragen Sie sich einmal ganz ehrlich: Bringen Sie Ihrem Körper die Wertschätzung und Fürsorge entgegen, die er verdient? Versorgen Sie ihn mit all dem, was er braucht? Lassen Sie ihm genügend Ruhezeiten und geben Sie ihm ausreichend Bewegung? Ich empfehle manchmal Kursteilnehmern, die ihrem Körper wenig Aufmerksamkeit schenken, sich jeden Morgen achtsam mit einer Körperlotion einzureiben. Wenn ich sie später danach frage, was sie dabei erlebt haben, sagen mir manche, sie hätten dafür einfach keine Zeit gefunden, andere, sie hätten sich währenddessen in Gedanken mit etwas ganz anderem beschäftigt. Vielen Menschen fällt es auffallend schwer, ihrem Körper Aufmerksamkeit zu schenken. Gil Fronsdal gelang dies erst, als er nach vielen Jahren klassischer Meditationsübung auf einen Achtsamkeitslehrer traf, der zu ihm sagte: »Tu nichts, was dich von deinem Körper wegführt.« Anfangs, so schreibt Fronsdal, hätte er diese Anweisung überhaupt nicht verstehen können. Doch zunehmend stellte er fest: Je mehr Aufmerksamkeit er seinem Körper gab, je mehr er in seinem eigenen Körper ankam und für dessen Bedürfnisse sensibel wurde, desto lebendiger fühlte er sich. Schließlich wurde er völlig davon überwältigt, wie viel Liebe und Mitgefühl ihn sein Körper lehrte. Seitdem erachtet er seinen Körper als den besten Freund für die Integration der Achtsamkeit in den Alltag. Er wurde ihm zum Ausgangspunkt und zur Grundlage der Meditationspraxis.

ÜBUNG: EINE ACHTSAMKEITSDUSCHE

Diese kurze und praktische Übung ist sehr hilfreich, um mit unserem Körper in Kontakt zu kommen.

Stellen Sie sich vor, Sie sitzen unter einer Achtsamkeitsdusche. Lassen Sie Ihre Achtsamkeit ganz sanft wie Wasser von oben nach unten über Ihren ganzen Körper fließen. Spüren Sie, wie die Wärme von Ihrem Kopf über den Hals und die Schultern strömt, spüren Sie Ihren Oberkörper und Ihren Unterkörper, Ihre Arme und die Beine. Spüren Sie Ihre Füße und Fußsohlen im Kontakt mit dem Boden.
Spüren Sie die ganze Form Ihres Körpers, seine Länge und Breite. Was nehmen Sie wahr, wenn Sie ganz offen sind für Ihren Körper? Meldet sich ein bestimmter Teil des Körpers, der Ihre Aufmerksamkeit möchte? Wie genau ist diese Empfindung? Wenn sie unangenehm ist, was genau ist daran unangenehm?
Gibt es Bereiche, in denen Sie Verspannungen spüren? Spüren Sie in diese hinein. Vielleicht melden sich Gefühle und Gedanken zu Wort.
Atmen Sie in den Oberkörper und in die Rippen hinein und lassen Sie den Atem aus dem Mund fließen. Und noch einmal tief einatmen und ausatmen.
Üben Sie sich in den kommenden Tagen darin, Empfindungen mit dieser Art der neugierigen Aufmerksamkeit und mit offenem Gewahrsein wahrzunehmen.

(Eine Vertiefung dieser Körperübung ist der sogenannte Bodyscan, der üblicherweise zwischen einer halben und einer dreiviertel Stunde dauert. Man durchwandert dabei den ganzen Körper von den Zehen bis zum Scheitel. Auf meiner Website können Sie einen kompletten Bodyscan mit entsprechender Einführung hören.

Mitgefühl mit sich selbst entwickeln

Wenn wir beginnen, unseren Körper bewusster wahrzunehmen, kommen wir nicht selten in Kontakt mit unangenehmen Körperempfindungen. Verspannungen, mit denen wir schon jahrelang leben, die wir aber längst nicht mehr richtig wahrnehmen, treten auf einmal in unser Bewusstsein. Wir merken plötzlich, wie oft wir einen unangenehmen Druck im Magen oder auf der Brust verspüren, dass wir die Schultern hochziehen oder es uns die Kehle zuschnürt. Kein Wunder, dass wir all das lieber nicht spüren würden!

Unangenehme Empfindungen in der Achtsamkeitspraxis sind eine ideale Gelegenheit, Mitgefühl und Freundlichkeit mit sich selbst zu kultivieren. Sie sind auch eine Chance zu erkennen, wie wir mit Unangenehmem in unserem Leben generell umgehen. Können wir diese Empfindungen zulassen oder sind unsere Reaktionen darauf so stark, dass wir sie umgehend ausschalten wollen? Indem wir die Reaktionen auf unsere Empfindungen erforschen, erfahren wir viel über die Gewohnheiten unseres Geistes, mit den Dingen umzugehen. Wenn Erfahrungen angenehm sind, dann wollen wir gewöhnlich mehr davon haben. Wenn wir uns wohlfühlen, dann wünschen wir uns, dass das so bleibt. Wenn wir etwas jedoch als unangenehm bewerten, dann versuchen wir, davon wegzugehen. Unsere automatische Reaktion auf unangenehme Empfindungen ist Abwehr. Wir wollen sie einfach nur weghaben.

Doch wie wäre es, wenn wir erst einmal etwas Abstand gewinnen und die Empfindungen beobachten würden, ohne gleich darauf zu reagieren? Wenn wir ihnen mit Neugier und Entdeckergeist begegnen würden, ohne sie umgehend zu bewerten? Damit nämlich unterbrechen wir automatisierte Reaktionen und eröffnen den Raum für neue Erfahrungen. Das ständige Bewerten und Aussortieren von Empfindungen, die wir nicht mögen, ist ein sehr anstrengender Prozess. Wir könnten uns ebenso dafür entscheiden, eine offene Haltung zu kultivieren. Wir könnten einen inneren Garten anlegen, der die ganze Vielfalt und bunte Palette der Empfindungen kultiviert, anstatt eine triste Monokultur zu fördern.

Achtsames Selbstmitgefühl ist die Grundlage für emotionale Heilung.
CHRISTOPHER GERMER

ÜBUNG: JUCKREIZ ERFORSCHEN

Sie können diese offene Wahrnehmung von körperlichen Empfindungen am Beispiel von Juckreiz üben.

Was geschieht, wenn Sie spüren, dass Sie etwas juckt? Vielleicht haben Sie den Impuls, sich zu bewegen, sich zu kratzen, damit dieser Reiz wieder weggeht. Wenn Sie dies das nächste Mal früh genug bemerken und nicht automatisch auf den Reiz reagieren, dann öffnen Sie sich einmal bewusst dem Impuls und der Wahrnehmung dessen, was Sie spüren. Hilfreich ist hierbei eine innere Neugier und der Entschluss: »Ich werde erst spüren, wie das ist, wenn etwas juckt, ohne dass ich jetzt kratze.« Damit treffen Sie eine bewusste Entscheidung und können nun genau wahrnehmen, welche Empfindungen Sie dabei erleben. Sie werden vielleicht spüren, dass der Reiz erst sehr stark ist und dann wieder schwächer wird, dass er kommt, eine gewisse Zeitlang bleibt und schließlich wieder geht.

Diese Übung ist einfach, doch sehr effektiv. Denn sie macht es möglich, so sagen viele meiner Kursteilnehmer, bewusst zu entscheiden, einem Impuls nicht nachzugehen und eine körperliche Erfahrung ganz bewusst zuzulassen und wahrzunehmen. Das kann eine ganze Weltreise an Erfahrung sein! Sie können die Stärke erleben, sich ganz bewusst für oder gegen etwas zu entscheiden. Oder die Erfahrung machen, dass Sie Ihren Impulsen nicht ausgeliefert sind, dass Sie bewusst mit diesen umgehen können. Wir können diese einfache Übung des Juckreizes auf alle anderen Situationen in unserem Leben übertragen, die nicht so einfach zu bewältigen sind.

Genau das macht die Achtsamkeitspraxis aus – uns die Möglichkeiten zu eröffnen, anders mit Situationen des täglichen Lebens umzugehen, uns neue Perspektiven und Handlungsspielräume zu eröffnen.

Im Fluss des Lebens sein

Der bewusste Umgang mit körperlichen Empfindungen kann uns noch weit mehr lehren: Wir tauchen ein in den Fluss des Lebens, der uns unablässigen Wandel lehrt. Alles kommt und geht. Jede Empfindung ist vergänglich. Im achtsamen Umgang mit körperlichen Empfindungen erfahren wir deren Kommen und Gehen, egal, ob sie stark oder sanft sind, angenehm oder schmerzhaft, länger oder kürzer anhalten. Empfindungen sind fließend und entwickeln nur dann einen festen und harten Charakter, wenn wir sie blockieren und manipulieren wollen.

Schließen Sie eben einmal Ihre Finger zu einer Faust und halten Sie diese für einige Zeit geschlossen. Spüren Sie das Gefühl von Festigkeit, das Ihnen diese Faust vermittelt? Öffnen Sie nun Ihre Faust und lassen Sie Ihre Finger wieder frei. Spüren Sie die Offenheit, die damit einhergeht?

Indem wir körperliche Empfindungen erforschen, öffnen wir uns für ein achtsames Leben. So können wir eine ganz neue Welt entdecken. Wir stellen fest, wie unser Geist reagiert und wie festgefahren unsere Wertungen sind. Eine der entscheidenden Fragen in der Achtsamkeitspraxis ist daher: Ist das wirklich so, wie ich es wahrnehme und beurteile? Wir üben Offenheit und bewusste Präsenz in den alltäglichen Situationen des Lebens, um damit auch auf die schwierigen Zeiten in unserem Leben vorbereitet zu sein. In der Gegenwart zu leben und zu spüren, was jetzt gerade geschieht: Allein darum geht es. Hierfür üben wir, Schritt für Schritt. Ohne zu wissen, ob es funktionieren wird oder nicht. Jede neue Gelegenheit ist ein neuer Anfang. Es ist eine große Herausforderung, doch zugleich das Tor zu einem bewussten Leben.

ÜBUNG: EINE ACHTSAME KÖRPERÜBUNG AUS DEM QI GONG

Achtsamkeit lässt sich in Stille ebenso wie in Bewegung üben, im Sitzen, im Stehen, im Gehen oder im Liegen. Die langsam ausgeführten Übungen des Qi Gong eignen sich besonders, um die Aufmerksamkeit auf die Körperempfindungen zu richten.

Teil 1 Meditation im Stehen

Diese Körperübung ist der chinesischen Meditations- und Bewegungspraxis des Qi Gong entnommen und dient zur Vorbereitung der Bewegungsform »Der Lotus und der Kranich«. Sie wird seit vielen Jahrhunderten in Asien und mittlerweile auch von immer mehr Menschen im Westen praktiziert. Es gibt verschiedene Varianten dieser Übung. Ich stelle hier die Grundhaltung vor.

Stellen Sie sich mit leicht gebeugten Knien hin. Ihre Füße stehen schulterbreit auseinander. Die Zehen zeigen nach vorne. Die Arme hängen an den Seiten Ihres Körpers herab. Die Handflächen zeigen nach innen.

Sie können die Augen entweder schließen oder geöffnet halten, je nachdem, was sich für Sie besser anfühlt. Wenn Sie Ihre Augen geöffnet lassen, dann blicken Sie auf Augenhöhe entspannt nach vorne. Wenn Sie Ihre Augen schließen, dann stellen Sie sich vor, dass Sie nach vorne blicken. Das hält Sie davon ab, während der Übung Ihren Kopf nach vorne fallen zu lassen.

Bleiben Sie nun für etwa zwei Minuten in dieser Meditationshaltung stehen. Spüren Sie Ihren gesamten Körper in dieser aufrechten Haltung. Spüren Sie bewusst den Kontakt Ihrer Füße mit dem Boden.

Stehendes Qi Gong, im Chinesischen bekannt als Zhan Zhuang, ist zugleich eine eigenständige Meditationsform. Sie kann unabhängig von der folgenden Übung »Der Lotus und der Kranich« ausgeführt werden. Wenn Sie sie ausprobieren möchten, würde ich vorschlagen, mit einer kurzen Stehdauer von etwa fünf Minuten zu beginnen. Verlängern Sie den Zeitraum wöchentlich um drei Minuten (oder weniger, wenn sich das stimmiger anfühlt). Mit der Zeit werden Sie 20 bis 30 Minuten stehen können. Wenn Sie nicht lange stehen können, ist es auch möglich, fünf Minuten oder weniger zu stehen, sich dann für denselben Zeitraum auf einen Stuhl zu setzen, dann wieder für die nächsten drei Minuten aufzustehen und sich anschließend wieder zu setzen. Wenn Sie sitzen, dann erlauben Sie Ihren Händen, auf Ihren Oberschenkeln zu ruhen. Beenden Sie die Stehübung mit der Selbstmassage (siehe unten).

Mein Wurzellehrer in Qi Gong, Meister B.P. Chan, glaubte sehr stark an die heilenden Qualitäten des stehenden Qi Gongs. Es war seine Lieblingsübung. Zweimal wöchentlich, bevor er zur Arbeit ging (er war als Angestellter in einer Lagerhalle eines Bekleidungsgeschäfts tätig), traf er sich um sechs Uhr morgens mit uns in einem Park in New York. Mr. Chan, der uns nie erlaubte, ihn in seiner Gegenwart mit Meister Chan anzusprechen, stand häufig bereits in Stehmeditation, wenn wir kamen. Wir folgten dann still seinem Beispiel und richteten uns wie er zur aufgehenden Sonne aus. In den Sommermonaten der späten 1970er-Jahre kam ich häufig mit meiner schlafenden Tochter in ihrem Kinderwagen. Zu meinen liebsten Erinnerungen gehört ein Morgen, als meine Tochter begann, in ihrer Trage zu weinen. Mr. Chan nahm sie sanft hoch. Während er sie in seinen erfahrenen Armen hielt (er hatte acht Kinder), bedeutete er mir, dass alles in Ordnung sei und ich ruhig weiter in Meditation stehen könne.

Selbst jetzt, wo ich diese Worte schreibe, erinnere ich mich an die stille Kraft meines sehr kleinen Lehrers (der fordernd und liebevoll zugleich sein konnte), wie er in den frühen Morgenstunden gemeinsam mit uns zur Sonne ausgerichtet steht, die unsere Gesichter wärmt und seines zum Leuchten bringt, während er mein kleines Baby hingebungsvoll in seinen Armen hält.

Teil 2 Der Lotus und der Kranich
Unter www.linda-lehrhaupt.com können Sie den Übungsablauf auf Video ansehen.

Aus der Stehposition mit Ihren Händen auf Ihrem Bauch [1] führen Sie die Arme auseinander, um sie anschließend an den Seiten des Körpers ruhen zu lassen. [2] Heben Sie langsam die Arme empor, [3] bis die Finger zur Decke zeigen und die Handflächen zueinander. [4]

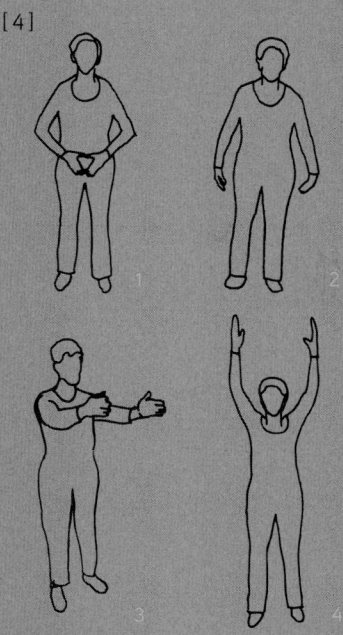

Bewegen Sie die Hände nun langsam auseinander, bis sie ca. einen Meter voneinander entfernt sind. Stellen Sie sich vor, Sie würden mit diesen einen sehr großen Ballon halten. [5]
Drehen Sie nun die Handflächen und

lassen Sie diese auf Schulterhöhe nach unten hängen. [6]

Heben Sie dann langsam Ihre Arme wie ein Kranich empor, der seine Flügel ausbreitet. Versuchen Sie dabei, Ihren Bewegungen eine fließende und elegante Qualität zu verleihen. Wie fühlt es sich an, ein majestätischer Kranich zu sein, der seine Flügel ausbreitet? Gestatten Sie es sich, mit diesen Empfindungen zu experimentieren.

Lassen Sie dann Ihre Arme langsam herabsinken, bis sie mit den Handflächen nach innen an den Seiten Ihres Körpers ruhen. [7]

Führen Sie nun Ihre Arme langsam vor den Körper, sodass diese vor Ihrem Unterbauch einen Kreis bilden – ganz so, als würden Sie einen großen Ball vor Ihrem Körper halten. Spüren Sie, wie sich das anfühlt. Stehen Sie so für einige Atemzüge. [8]

Lassen Sie dann Ihre Hände in einer fließenden Bewegung an die Seiten Ihres Körpers herabsinken. [9]

Heben Sie die Arme auf Schulterhöhe. Die Hände hängen dabei nach unten. [10]

Drehen Sie die Hände nach oben und stehen Sie so, als würden Sie einen großen Ball halten. Bleiben Sie für einige Zeit in dieser Haltung. [11]

Heben Sie dann die Hände höher über den Kopf. Die Finger zeigen nach oben und die Handflächen zueinander. [12]

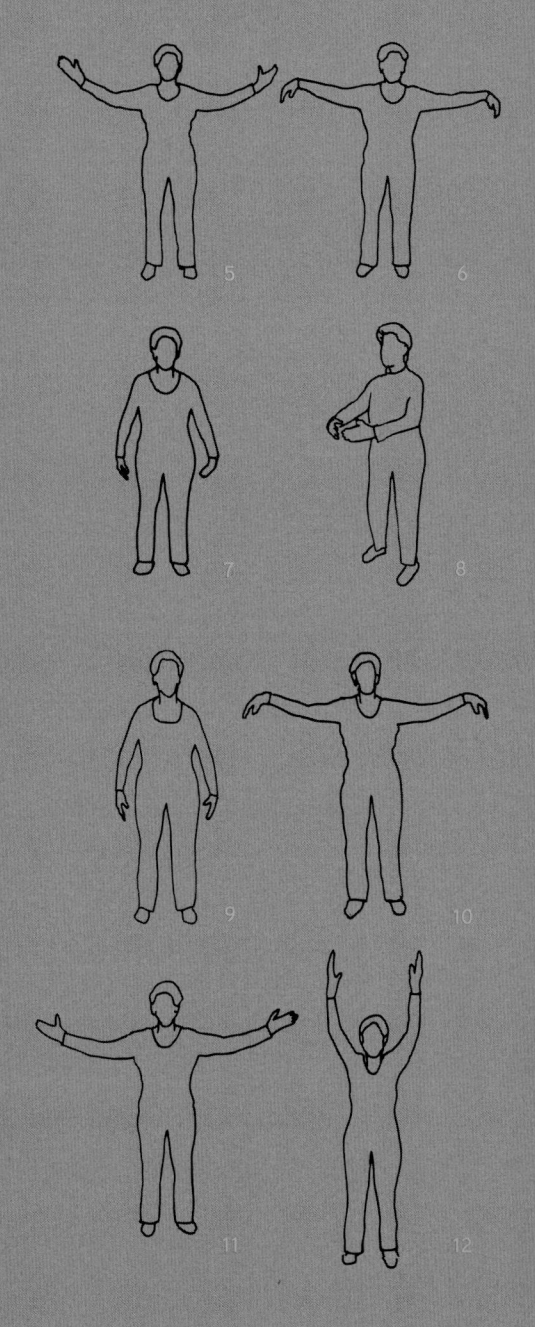

Beugen Sie jetzt die Ellbogen. Richten Sie die Finger Ihrer Hände aufeinander, während die Handflächen nach unten zeigen. [13]

Drücken Sie die Hände nun nach unten und stellen Sie sich dabei vor, Sie würden etwas sanft gegen den Boden pressen. [14]

Wenn Ihre Hände dabei auf der Höhe Ihres Bauches angekommen sind, führen Sie diese auseinander, um sie anschließend an den Seiten des Körpers ruhen zu lassen. [15]

Führen Sie dann Ihre Hände wieder langsam nach oben und beschreiben Sie mit diesen einen Kreis vor Ihrem Unterbauch. Stellen Sie sich vor, Sie würden einen großen Ball vor Ihrem Körper halten. [16]

Bewegen Sie Ihre Hände langsam in Richtung Ihres Körpers und legen Sie diese auf den Bauch, sodass die Daumen auf Nabelhöhe liegen. Daumen, Zeige- und Mittelfinger berühren sich, Ihre Hände formen ein Dreieck. [17]

Bleiben Sie mindestens eine Minute in dieser Meditationshaltung stehen.

Durch regelmäßige Übung können Sie in dieser Stehhaltung am Ende bis zu zehn Minuten verweilen.

Wenn Sie möchten, können Sie diese Übung noch zwei Mal wiederholen. Stehen Sie am Ende immer ca. für eine Minute, bevor Sie die Übung erneut wiederholen.

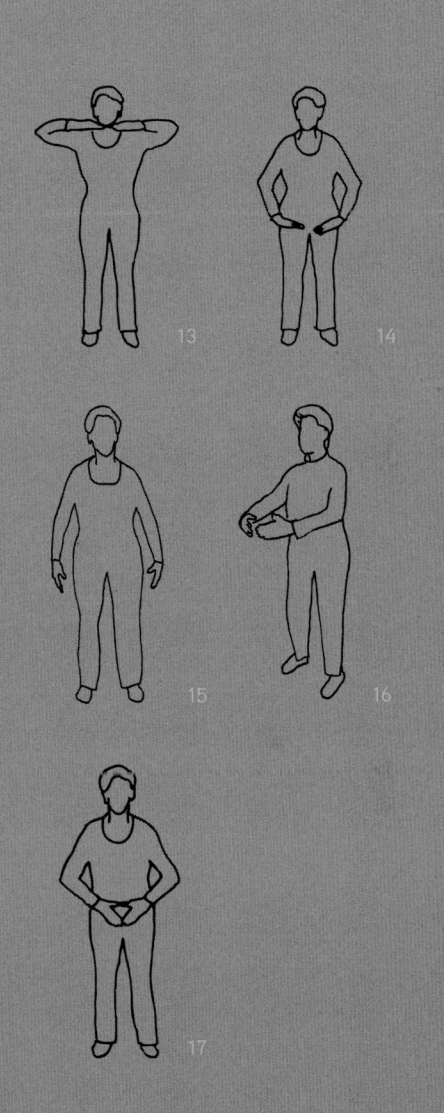

Wenn Sie zum Abschluss kommen, dann stehen Sie noch einmal eine Minute, bevor Sie mit der unten beschriebenen Massage beginnen.

Reflexion
Ich leite oft eine Meditation über die symbolische Bedeutung der Bewegungen und Haltungen dieser Übung an. Vielleicht gefallen Ihnen meine Interpretationen. Sie können der Übung aber ebenso Ihre eigene Bedeutung geben oder sie einfach als Übung anwenden, ohne etwas mit ihr zu assoziieren.

Während wir stehen, erlangen wir ein Gefühl von Stabilität und spüren unsere Verbindung zur Erde. Wie ein Baum graben wir unsere Wurzeln tief in die Erde, ziehen aus dieser die Nahrung für ein bewusstes Leben. Mit dem Wissen der Erdung können wir zugleich den Himmel berühren. Wir überschreiten unsere Komfortzone und erforschen neue Möglichkeiten. Wir erhalten die Gewissheit, dass wir dazu in der Lage sind, die Herausforderungen des Lebens zu halten und sie gleichsam emporzuheben und mit ihnen zu tanzen. Wir sind stabilisiert und ausbalanciert. Das ist die Bedeutung des Ballhaltens und des Hebens der Arme in einer gleichsam fliegenden Bewegung.

Indem wir die Hände vor unseren Bauch halten, umarmen wir alle Möglichkeiten, die das Leben uns bietet. Wir zeigen die Bereitschaft, alles einzusammeln, was uns unterstützen und ermutigen kann, all dies zu erkennen und in uns wachsen zu lassen. Wir sind, wenn wir stehen, gewissermaßen schwanger mit unzähligen Möglichkeiten. Dies ist ein Zustand von Stille vor der Bewegung, Ausdruck der Verbindung von Himmel und Erde, die wir als Mensch sind.

Indem wir mit den Händen ein Dreieck am Schwerpunkt unseres Körpers bilden, kraftvoll, zentriert und doch entspannt stehen, verbinden wir uns mit unserem Zentrum. Damit geben wir der Verbindung mit uns selbst und dem Leben einen körperlichen Ausdruck.

Massage für das innere Gleichgewicht
Beenden Sie die Übung von Lotus und Kranich immer mit einer kurzen Qi Gong-Selbstmassage. Diese Massage können Sie übrigens auch jederzeit für sich alleine anwenden. Sie unterstützt Sie darin, ein Gefühl von Ausgeglichenheit in Ihrem Körper wiederherzustellen.

Reiben Sie Ihre Hände aneinander, bis diese ganz warm sind.
Legen Sie dann Ihre warmen Hände sanft über Ihre Augen und nehmen Sie die Wärme in sich auf.
Massieren Sie nun Ihr Gesicht und achten Sie darauf, alle Teile zu berühren.
Massieren Sie die Ohrläppchen von oben nach unten, indem Sie diese zwischen Ihren Fingern reiben.
Streichen Sie nun drei Mal von der Stirn ausgehend über die Kopfhaut bis zum Hinterkopf und schütteln Sie jedes Mal danach Ihre Finger aus, als ob Sie Wasser abschütteln würden.
Streichen Sie mit Ihren Händen jeweils

drei Mal vom Kopf bis hinunter zu den Füßen (oder soweit Sie kommen):

- den vorderen und (falls möglich) hinteren Bereich des Oberkörpers
- die Vorder- und Rückseite der Beine
- die innere und äußere Seite der Arme

Beenden Sie die Massage, indem Sie den Körper mit den Fingerspitzen von vorn und hinten leicht abklopfen. Beginnen Sie hierfür bei den Füßen und klopfen Sie sich nach oben. Beenden Sie die Massage mit einem sehr sanften Klopfen der Finger auf Ihrem Kopf.
Stehen Sie entspannt für eine Minute. Gehen Sie danach in einer gemächlichen Gangart für mindestens eine Minute.

Den Atem als Anker nehmen

Gefühle und Gedanken kommen und gehen wie Wolken am Himmel, die der Wind vor sich hertreibt.
Das achtsame Atmen ist mein Anker im Hier und Jetzt.

THICH NHAT HANH

Der Atem ist unser ständiger Begleiter durch dieses Leben. Wenn wir uns ihm zuwenden und öffnen, kann er uns wichtige Lektionen über das Leben lehren. Die Achtsamkeit auf den Atem ist daher zentrale Praxis aller spirituellen Wege – wir finden sie im Yoga, in den buddhistischen, christlichen und sufischen ebenso wie in den schamanischen Traditionen. Die Atemmeditation ist ein universaler Weg.

Am Ende unserer Kurse »Stressbewältigung durch Achtsamkeit« berichten Kursteilnehmer immer wieder davon, wie sehr ihnen die Achtsamkeit auf den Atem dabei geholfen hat, in schwierigen emotionalen Situationen und Krisensituationen zentriert und geerdet zu bleiben. Sie haben gelernt, sich den Atem zum Freund und zu einem starken Verbündeten zu machen. Mit seinem stetigen Ein- und Ausatmen wurde er für sie zu einer Konstante der Gelassenheit im ständigen Auf und Ab des täglichen Lebens. Sie stellten fest, dass sie ihren Gedanken und Gefühlen weit weniger ausgeliefert sind und weniger an diesen hängen bleiben, wenn sie sich dem Rhythmus des Atems anvertrauten und dass sie sich dadurch von starren Identifikationen und verinnerlichten Glaubenssätzen lösen konnten.

Vom Geben und Empfangen

Was kann es uns lehren, wenn wir unserem Atem lauschen, wenn wir spüren, wie die Luft in unseren Körper ein- und ausströmt? Der Atem lässt uns den Austausch zwischen außen und innen erfahren. Atem ist Bewegung. Die einströmende und ausströmende Luft bewegt unseren Körper. Atem ist Leben. Jede einzelne Zelle unseres Körpers benötigt Sauerstoff, um leben zu können. Unser Körper wird vom Atem genährt. Mit dem Atem geben und empfangen wir. Um einatmen zu können, müssen wir den Atem zuerst gehen lassen. Wir müssen Raum geben, Platz schaffen. Der Atem kommt und geht. Das Leben vollzieht sich. Das Loslassen des Atems ist die Hingabe an den Augenblick. Es ist auch die Hingabe an den Rhythmus des Lebens. Es ist die Öffnung für den gegenwärtigen Augenblick und die Bereitschaft, sich dem unablässigen Wandel des Lebens anzuvertrauen.

In unserem täglichen Leben sind wir oft weit davon entfernt, anzunehmen, was kommt, und uns den Veränderungen des Lebens anzuvertrauen. Manche Dinge halten wir entschieden von uns fern und an anderen halten wir fest und wollen sie weder hergeben noch loslassen. Es fällt uns schwer, mit Veränderungen umzugehen. Wir ziehen es vor, in einem vertrauten Zustand zu verweilen, selbst wenn dieser unbefriedigend oder gar schmerzhaft ist. Solange wir jedoch an Situationen und Menschen festhalten, sind wir nicht im Einklang mit dem Rhythmus des Lebens. Das Leben kennt keine Stagnation. Das Leben fließt in ständigen Wellen. Nur wenn wir uns diesem Fluss überlassen, schaffen wir Raum für das Neue in unserem Leben. Das lehrt uns der Atem. Denn jeder Atemzug ist neu. Kein Atemzug ist wie der andere. Und kein Moment ist wie der vorherige oder der nächste.

ÜBUNG: ACHTSAMKEIT AUF DEN ATEM

Für diese Übung sollten Sie sich 10 bis 20 Minuten Zeit nehmen und sich an einen ungestörten Ort zurückziehen. Stellen Sie, wenn möglich, das Telefon ab. Tragen Sie bequeme und lockere Kleidung. Sie können die Übung sitzend, stehend oder liegend durchführen. Nehmen Sie sich die Zeit, mit Ihrem Körper in der für Sie passenden Haltung anzukommen. Seien Sie sich von Anfang an bewusst, dass es keinen »richtigen« oder »falschen« Weg zu atmen gibt.

Diese Übung ist in Form einer geleiteten Meditation beschrieben. Es kann sehr hilfreich sein, die Übungsanleitung auf der nächsten Seite mehrfach durchzulesen, bevor Sie beginnen, damit Sie anschließend ohne Zuhilfenahme des Textes üben können. Unter www.lindalehrhaupt.com können Sie eine 10- und eine 20-minütige Version hören.

Nach jedem Absatz des Textes sollte eine Pause folgen. Am Anfang ist es hilfreich, die Pausen nicht zu lange auszudehnen. Mit wachsender Übung können Sie sie verlängern. Falls Sie den Text aufnehmen oder sich vorlesen lassen, können mit der Zeit auch die gesprochenen Sätze reduziert werden, sodass nur mehr so viel gesprochen wird, dass es Ihnen hilft, bei der Übung zu bleiben.

Wenden Sie sich nun mit Neugier und einer inneren Leichtigkeit Ihrem Atem zu. Werden Sie sich der Tatsache bewusst, dass Ihr Körper atmet.

Vielleicht nehmen Sie die Bewegung wahr, die der Atem in Ihnen verursacht, ein Ausdehnen und Sich-wieder-zusammen-Ziehen.

Auf diese Weise können Sie den Ort in Ihrem Körper finden, an dem Sie Ihren Atem am deutlichsten wahrnehmen. Vielleicht ist das an der Nase oder im Brustbereich oder am Bauch. Oder wo auch immer Sie Ihren Atem am besten spüren können.

Entscheiden Sie sich für eine Stelle und verweilen Sie dann an dieser Stelle mit Ihrer Achtsamkeit und spüren die Atembewegung beim Ein- und beim Ausatmen.

Nehmen Sie ganz einfach nur wahr, wie der Atem in Ihren Körper einströmt und aus dem Körper wieder herausströmt, ohne den Atem irgendwie zu beeinflussen.

Seien Sie sich der Empfindungen, die Sie beim Atmen spüren, bewusst.

Spüren Sie, wie die Luft in Sie einströmt, sich in Ihnen ausbreitet, und wie die Atemluft den Körper wieder verlässt.

Erlauben Sie Ihrem Atem, sich voll und ganz zu entfalten, ohne Anstrengung.

Und vielleicht stellen Sie während der Übung mehrmals fest, dass Ihr Geist abdriftet und sich z.B. in Gedanken verliert. Oder dass Sie durch äußere Dinge, etwa Geräusche, abgelenkt werden.

Tatsächlich ist es sehr hilfreich zu merken, wenn wir abschweifen. Damit können wir üben.

Sie üben damit, indem Sie zuerst erkennen, dass Sie abgedriftet sind, und dann führen Sie sich sanft, doch entschieden wieder zu Ihrem Atem zurück.

Betrachten Sie die Empfindungen, die Sie beim Atmen spüren, ohne den Atem zu verändern. Manchmal haben wir feste Ideen darüber, wie der Atem sein soll, vielleicht denken wir, er solle tiefer sein oder langsamer. Und dann fangen wir an, den Atem kontrollieren zu wollen.

Wenn Sie merken, dass Sie eingreifen wollen, dann praktizieren Sie auch in diesem Moment Achtsamkeit. So bemerken Sie, was Sie tun, und können sich dann entscheiden, einfach wieder den Atem zu spüren.

Den einströmenden Atem …

Den ausströmenden Atem …

Erlauben Sie dem Atem zu atmen.

Schenken Sie dem nächsten Atemzug Ihre Aufmerksamkeit …

Und dann dem nächsten …

Und dem nächsten.

Das Gesetz des Lebens

Der Atem ist wie ein Anker, mit dem wir uns immer wieder im gegenwärtigen Moment verbinden können. Jeder Moment ist voll und ganz in sich selbst. Er ist von nichts abhängig. Er ist auch nicht abhängig davon, ob er uns gefällt oder nicht. Das ist gar nicht so leicht zu akzeptieren. Doch das ist es, was wir in der Erforschung des Atems erfahren. Solange wir versuchen, den Atem zu kontrollieren, setzen wir uns unter Druck. Was wir in der Atemmeditation üben, ist, die Wellen des Atems zu reiten. Wir überlassen uns dem Rhythmus des Lebens. Und kultivieren darin einen sanften Umgang mit uns selbst. Wir fragen uns: Wie begegne ich den Herausforderungen des Lebens? Wohlgemerkt: Nicht, *wie soll ich dem Leben begegnen*, sondern, *wie begegne ich* tatsächlich dem Leben?

Der vietnamesische Zen-Meister Thich Nhat Hanh, einer der großen Lehrer der Achtsamkeit, lehrt eine Atemmeditation, bei der wir uns beim Einatmen innerlich sagen: »Ich spüre, dass ich einatme, ich weiß, dass ich einatme«, und beim Ausatmen, »Ich spüre, dass ich ausatme, ich weiß, dass ich ausatme«. Das führt dazu, dass wir Spüren und Wissen zusammenzubringen, so dass diese zu einer Einheit werden. Wir spüren die frei fließende Bewegung und erkennen, dass der Prozess des Atmens das grundsätzliche Gesetz des Lebens verkörpert: Alles, was entsteht, vergeht. Alles kommt und geht.

Wenn wir dies körperlich erleben, dann erleben wir intensiv und hautnah die wichtigste Lektion des Lebens. Und wir lernen, dem immer weniger Widerstand entgegenzusetzen. Damit verlieren auch unsere Vorstellungen davon, dass die Dinge so sein müssten, wie wir sie haben wollen, zunehmend an Bedeutung.

Unser Atem atmet. Er geschieht. Jedes Einatmen und jedes Ausatmen bestätigt den Prozess des Lebens und lädt uns dazu ein, an diesem teilzuhaben. Alle Menschen tragen die Sehnsucht in sich, sich ganz zu fühlen. In der Atemmeditation kommen wir in Kontakt mit der Einheit des Lebens. Wir erfahren, dass wir alle mit allem verbunden sind. Das ist die Lehre vom Atem.

Ganz und verbunden

Wenn wir unseren Atem als die Bewegung des Lebens erfahren, verlieren wir das schmerzhafte Gefühl der Isolation von der uns umgebenden Welt. Schließlich spüren wir: Nicht wir atmen, sondern wir werden geatmet. Diese Erfahrung ist beglückend, denn sie öffnet uns für die Weite des Lebens. Es fühlt sich an, als würden wir plötzlich aus der Begrenztheit unseres Hauses in eine wunderbare und weite Landschaft treten und erkennen, dass wir Teil dieser Weite sind. Der Zen-Meister Shunryu Suzuki beschrieb diese Erfahrung der Einheit von Innen und Außen in seinem großartigen Buch *Zen-Geist, Anfänger-Geist* folgendermaßen:

»Wenn wir einatmen, kommt die Luft in die innere Welt. Wenn wir ausatmen, geht die Luft hinaus in die äußere Welt. Die innere Welt ist ohne Grenzen und auch die äußere Welt ist ohne Grenzen. Wir sagen ›innere Welt‹ oder ›äußere Welt‹, doch in Wirklichkeit gibt es einfach nur eine ganze Welt. In dieser grenzenlosen Welt ist unsere Kehle eine schwingende Türe. Die Luft geht hinein und hinaus, wie jemand durch eine Pendeltüre geht. Wenn ihr denkt ›ich atme‹, so ist das ›Ich‹ ein Zusatz. Es gibt kein ›Du‹, das ›Ich‹ sagen könnte.«

Jeder von uns ist ein eigenständiges Individuum mit einem eigenen Körper, Geist und Herzen. Zugleich haben wir aber die Fähigkeit, uns mit allem um uns herum verbunden zu fühlen. Wir sind ein Stück des Kuchens, zugleich aber auch der ganze Kuchen. Wir sind eine einzigartige Welle, die über den Ozean zieht, zugleich aber auch der Ozean selbst. Wir sind Individuum und Einheit zugleich.

Das ist es, was die Achtsamkeitspraxis uns lehrt. Erfahren können wir dies am intensivsten in der Atemmeditation. Sie unterstützt uns darin, so bewusst wie möglich im gegenwärtigen Moment zu sein.

»Wenn ich auf meinen Atem achte, fange ich an, unnatürlich zu atmen und den Atem zu kontrollieren. Ist das richtig?«

Eine solche Erfahrung weist meist darauf hin, dass wir uns zu sehr anstrengen. Wir wollen es besonders gut machen und das führt dazu, dass wir angespannt sind und dabei versuchen, den Atem zu kontrollieren. Wenn wir uns aber anstrengen, dann verspannen sich unsere Muskeln und damit auch das Zwerchfell, und das kann dazu führen, dass der Atem sich verkrampft. Wenn Sie dies bemerken, dann nehmen Sie am besten einige tiefe Atemzüge und atmen dabei langsam mit leicht gespitzten Lippen aus. Sie brauchen dabei den Atem aber nicht zu kontrollieren. Und Sie brauchen auch nicht versuchen, es »richtig« zu machen.

Hinter dem Wunsch, es richtig machen zu wollen, steht meist die Vorstellung, dass wir während der Meditation in einer bestimmten Art und Weise atmen sollten. Wir strengen uns also sehr an, um diesen Vorstellungen gerecht zu werden. So haben die meisten Menschen beispielsweise die Vorstellung, dass der Atem während der Meditation sehr langsam sein sollte und dass sie in den Unterbauch hineinatmen müssten.

Doch anstatt uns danach auszurichten, wie es sein sollte, ist es weit sinnvoller, herauszufinden, welche Art von Atmen für einen selbst am angenehmsten ist. Vielen Menschen hilft die Bauchatmung, sich während der Sitzmeditation zu zentrieren und zur Ruhe zu bringen. Manche Menschen spüren ihren Atem jedoch deutlicher durch die Ausdehnung und Zusammenziehung der Lungen im Rippenbogen. Und manch andere können ihn am besten beim Ein- und Ausströmen durch die Nase spüren.

Wenn Sie sich sehr angespannt fühlen, hilft es meist, die Augen zu öffnen und mit einer Art freundlicher Neugier nach außen zu blicken. Damit können Sie die Fixierung auf den Atem lockern und ein mögliches Gefühl von Enge überwinden. Sie können auch den Bauchraum und das Zwerchfell sanft massieren oder die Arme langsam mit dem Einatmen in die Luft strecken. Diese Bewegung öffnet Ihren Körper und wirkt befreiend. Das können Sie als Teil der Meditation praktizieren. Es ist keine Unterbrechung oder Ablenkung.

Ich kann Ihnen versichern, dass fast alle Meditierenden diese Verspannungen von Zeit zu Zeit erleben. Es mag sich zwar unangenehm anfühlen, ist jedoch nichts Ungewöhnliches. Es hilft, wenn Sie dieses Phänomen als etwas betrachten, das ebenso vorübergeht wie alle anderen auch. Sehen Sie es als eine Erfahrung auf dem Weg der Achtsamkeitspraxis, auf die Sie Ihre Aufmerksamkeit mit Interesse richten können.

EIN ZEITPLAN FÜR DIE ÜBUNG DER SITZMEDITATION MIT ACHTSAMKEIT AUF DEN ATEM

Wer mit dem Meditieren beginnt, sollte die Zeiten langsam steigern. Für Anfänger empfehle ich folgenden Rhythmus:

- In der ersten Woche: 5 Minuten pro Tag
- In der zweiten Woche: 10 Minuten pro Tag
- In der dritten Woche: 15 Minuten pro Tag
- In der vierten Woche: 20 Minuten pro Tag

Es ist besser, wenn Sie jeweils eine Woche die gleiche Zeitspanne meditieren und nicht an einem Tag lange und am nächsten Tag plötzlich überhaupt nicht. Das regelmäßige Üben ermöglicht es dem Körper und dem Gehirn, sich an die Zeiten zu gewöhnen und dadurch eine solide Meditationsbasis aufzubauen. Falls Sie es sich zutrauen, können Sie in der ersten Woche auch gleich mit zehn Minuten beginnen und in der zweiten Woche dann entweder auf 15 Minuten erhöhen oder in dieser bei den zehn Minuten bleiben. Wichtig ist, dass Sie die Länge der Sitzzeiten erst dann erhöhen, wenn es für Sie stimmig ist. Nach der vierten Woche können Sie sich entscheiden, die täglichen Sitzzeiten weiter zu erhöhen. Die meisten Meditierenden wählen ihre Sitzzeiten schließlich zwischen 20 und 45 Minuten, der Durchschnitt liegt bei 30 Minuten.

Die Sitzmeditation

Wir sagen oft: »Sitz nicht so herum, tu etwas!« Doch wir sollten diesen Satz umdrehen. Wir sollten sagen: »Tu nicht einfach etwas, setz dich hin – sei da!«

THICH NHAT HANH:
SEI LIEBEVOLL UMARMT

Zur Haltung finden

Der erste Mensch, der mich lehrte, in einer achtsamen Haltung zu sitzen, war kein Meditationslehrer, sondern mein italienischer Klavierlehrer. Da ich das Glück hatte, als Kind einen solch begeisterten Lehrer zu haben, habe ich schon früh eine Ahnung davon erhalten, was es heißt, aufrecht und entspannt zu sitzen und die Dinge mit Wertschätzung zu berühren.

»Lege deine Hände mit den Daumen aneinander sanft auf die Tastatur«, sagte er zu mir. Ich war zehn Jahre alt, es war meine erste Klavierstunde, und ich war sehr nervös. Meine Finger fielen schwer auf die Tasten. »Leichter, leichter«, rief er lebhaft, während er mit den Händen in der Luft wedelte. »Berühre die Tasten so, als wären sie die Wangen eines kleinen Kindes. Wenn du sie zu fest drückst, dann wird das Baby schreien. Wenn du sie aber sanft berührst, wird das Bambina vor Vergnügen glucksen.«

Er trat hinter mich, studierte meine Haltung im Spiegel über dem Klavier aufmerksam, legte dann seine Hände auf meine Schultern und rückte sie sanft nach hinten, bis sie gerade waren. Ich fühlte, wie mein Brustkorb sich dabei nach vorne schob. Dann legte er seine Hand in die Mitte meines Rückens und verhinderte damit, dass ich wieder in meine alte Sitzhaltung zurückfiel. Und während ich den Druck auf meinem Rücken spürte, wurde mein Nacken länger und mein ganzer Körper richtete sich unwillkürlich auf. Mit einem Mal fühlte ich mich viel größer als zuvor und blickte über das Klavier hinaus. »Wenn du so sitzt, dann wird dein eigener Körper zum Instrument und die Musik wird stark und frei«, sagte er. Die gleichen Regeln gelten für die Haltung, die wir bei der Sitzmeditation einnehmen. Wir üben uns darin, aufrecht, entspannt und in voller Präsenz zu sitzen und alles um uns herum mit Wertschätzung zu behandeln.

Im Leben präsent sein

Ich werde oft gefragt, weshalb die Sitzmeditation so wichtig sei. Die Antwort darauf ist für Menschen, die über keine Erfahrung im Meditieren verfügen, nicht so einfach zu verstehen. Ich möchte daher von einigen meiner eigenen Erfahrungen ebenso wie die von Kursteilnehmern erzählen. Doch gleichzeitig möchte ich Sie dazu ermutigen, eigene Erfahrungen zu sammeln, um diese Fragen selbst beantworten zu können. In diesem Kapitel finden Sie einige ausführliche Anleitungen zur Sitzhaltung und unterschiedliche Übungen, die Ihnen für die Sitzmeditation von Nutzen sein können.

Als ich 1979 meinen ersten Meditationskurs besuchte, wusste ich vom ersten Augenblick an, dass dies der Weg ist, der mich zu mir selbst zurückführen würde. Es waren etwa 40 Menschen in der Meditationshalle, unter ihnen viele, die bereits seit Jahren meditierten. Manche saßen auf Stühlen, andere knieten auf Holzbänkchen, die meisten saßen auf Meditationskissen. Ich fühlte mich unerfahren und befürchtete, dass jeder im Raum sehen könnte, dass ich blutige Anfängerin war. Da mir aber niemand besondere Beachtung schenkte, begann ich mich schließlich auf die Meditation einzulassen. Ich wurde mir der Meditationshaltung bewusst und spürte erstmals, dass es mir in dieser aufrechten Sitzhaltung möglich war, den Augenblick mit ganz neuer Präsenz zu erfahren.

Wohlgemerkt – es geht bei der Sitzmeditation nicht darum, eine perfekte Haltung einzunehmen. Das ist vielen Menschen aufgrund körperlicher Einschränkungen oder Schmerzen gar nicht möglich. Jon Kabat-Zinn, der viele Jahre mit Schmerzpatienten arbeitete, gab diesen nur die Anweisung, eine Haltung von Würde einzunehmen. Mehr musste er ihnen gar nicht sagen. Jeder von seinen Patienten nahm umgehend eine aufrechte Haltung der Präsenz ein, die seinem körperlichen Zustand angemessen war. Es geht also um eine körperliche Haltung, die den ehrlichen Wunsch und die Bereitschaft ausdrückt, das Potenzial der Klarheit zu manifestieren. Es geht darum, sich bewusst für die Meditation zu entscheiden und auszuprobieren, was in diesem Augenblick möglich ist. Mit der Sitzmeditation zeigen wir uns entschlossen, inmitten unseres Lebens zu sitzen und so gut wie möglich in diesem präsent zu sein.

Von der äußeren zur inneren Haltung

Wie wir mit unserem Körper umgehen, ist Ausdruck dessen, wie wir dem Leben begegnen, und nimmt zugleich entscheidenden Einfluss darauf. Unsere Körperhaltung drückt unseren Gefühlszustand ebenso wie unsere Gedanken aus. Wer sich mit Problemen beladen fühlt, dessen Schultern und Kopf fallen bei eingesunkenem Brustkorb unweigerlich nach vorne. Zugleich beeinflusst unsere Körperhaltung unser Denken und Fühlen. Das bedeutet, dass wir durch eine bewusste Stabilisierung unserer Körperhaltung unseren Gefühlszustand stabilisieren können. Indem wir eine aufrechte Meditationshaltung einnehmen, erlauben wir unserem Inneren, ins Lot und in die Balance zu kommen. Balance ist nichts Statisches, sondern wird immer wieder in der Bewegung neu ausgelotet. Daher ist unsere Sitzhaltung auch nicht starr, sondern flexibel.

Wir erden uns, indem wir den Boden unter uns wahrnehmen. Wir spüren bewusst die Unterstützung der Erde, die uns trägt. Dadurch erlangen wir ein grundsätzliches Vertrauen in den Prozess des Lebens.

In der aufrechten Meditationshaltung spüren wir unseren starken Rücken, ohne diesen zu verspannen, und zugleich eine offene Weite im Brust- und Bauchbereich. Der aufgerichtete und starke Rücken erlaubt uns die Weichheit im Bauch- und Brustbereich. In unserem täglichen Leben nehmen wir oft genau die gegenteilige Haltung ein. Besonders in Stresssituationen verspannen wir unsere Bauchmuskeln und entwickeln im Brustbereich eine Art Panzerung, während unser Rücken weich wird und kaum mehr Halt und Stabilität vermitteln kann.

Die Sitzmeditation ist sowohl eine körperliche wie auch geistige Übung. Wir sitzen vertikal und doch geerdet, aufrecht und zugleich entspannt. In der Meditationshaltung können wir die Zentriertheit eines Baumes in uns spüren. Und ebenso wie ein Baum Jahre braucht, seine Wurzeln tief in die Erde zu graben, um im Sturm kraftvoll und biegsam mitzuschwingen, brauchen auch wir beständiges Training und eine disziplinierte Übung, um Kraft und Flexibilität aufzubauen. Jedes Mal, wenn wir diese Meditationshaltung einnehmen, machen wir uns bereit, dem gegenwärtigen Moment mit Wachheit, Präsenz und Balance zu begegnen. Wir signalisieren unsere Bereitschaft, jeden Moment neu zu erleben, ihm vertrauensvoll zu begegnen, auch wenn wir nicht wissen können, was er mit sich bringt. Darin besteht unsere Praxis.

Wir üben das, was die chinesische Meditationsform des Wu Wei als das »bemühungslose Bemühen« bezeichnet. Das klingt für unsere Ohren zwar wie ein Paradox, dennoch kennen wir alle diesen Zustand. Er tritt ein, wenn wir eins werden mit dem, was wir tun. Es ist wie bei Jazzmusikern, deren Improvisationen so mühelos wirken und die uns fast vergessen machen, dass sie dafür jahrelang hart geübt haben. Als ich einmal eine Freeclimberin, die ich geschickt die Felsen in schwindelerregender Höhe hinaufklettern sah, danach fragte, ob sie denn keine Angst habe, sagte sie: »Ich bin eins mit dem Fels. Ich spüre keine Trennung, wie also könnte ich fallen, wenn ich doch selbst der Fels bin.« Fast unnötig zu erwähnen, dass sie viele Jahre harten Trainings hinter sich hatte, um diesen Zustand zu erreichen.

Die eine richtige Art und Weise gibt es nicht

Es gibt viele Vorstellungen davon, wie Meditation sein sollte. Am besten vergessen Sie diese für einen Augenblick. Viele Anfänger etwa glauben, sie müssten gleich im vollen Lotus sitzen, wobei die Beine gekreuzt sind und die Füße jeweils auf dem Oberschenkel des anderen Beins liegen. Wenn ihnen das dann nicht gelingt – was sehr wahrscheinlich ist, da es lange Übung erfordert –, dann sind sie enttäuscht und meinen gar, dass sie nicht meditieren könnten. Glauben Sie mir: Es macht keinen Unterschied, ob Sie im vollen Lotus, halben Lotus, viertel Lotus oder überhaupt keiner Art von Lotus sitzen! Letztlich macht es nicht einmal einen Unterschied, ob Sie auf dem Boden sitzen, auf einem Stuhl, auf einem Sitzbänkchen knien, in einem Rollstuhl sitzen, auf dem Bett oder einem Liegestuhl im Garten. Wichtig ist, dass Sie in einer aufmerksamen und aufrechten Haltung sitzen, in der Ihr Rücken so gerade wie möglich ist und der Kopf ausbalanciert zwischen den Schultern ruht. Hierfür brauchen Sie eine stabile Sitzunterlage und einen ruhigen Platz, an dem Sie frei von Zugluft und direkter Sonnenbestrahlung sitzen können.

Wenn Sie mit dem Meditieren beginnen, empfehle ich Ihnen, die im Folgenden vorgestellten Sitzhaltungen auszuprobieren und sich dann für die zu entscheiden, die Ihnen am meisten entgegenkommt. In dieser Haltung sollten Sie mindestens 15 Minuten ohne größere Beschwerden sitzen können. Sollten Sie feststellen, dass Sie in einer Sitzhaltung bereits nach kurzer Zeit Unbehagen verspüren, dann ist diese für Sie wahrscheinlich nicht die richtige. Wenn Sie eine angenehme Sitzhaltung gefunden haben, praktizieren Sie diese für zwei Wochen am Stück. Da der Körper eine gewisse Zeit braucht, um sich an eine neue Haltung zu gewöhnen, sollten Sie diese nicht gleich wieder verändern. Manchmal kann es hilf-

---

FALLS SIE NICHT SITZEN KÖNNEN

Falls eine sitzende Position aufgrund von Schmerzen, körperlichen Einschränkungen oder aus anderen Gründen nicht möglich ist, kann eine »Sitz-«meditation auch in anderen Positionen ausgeführt werden, z.B. liegend. Ich habe mehrere Schüler, die aufgrund schwerer körperlicher Schmerzen nicht sitzen können und im Liegen praktizieren. Auch die stehende Qi Gong-Position, die auf Seite 52 beschrieben wird, eignet sich.

Wer für kürzere Perioden (5 bis 10 Minuten) sitzen kann, aber länger praktizieren möchte, kann zwischen Sitzen und Stehen abwechseln. Wenn Sie sich in einer meditativen Weise bewegen und allen Bewegungen achtsame Aufmerksamkeit schenken, ist das Aufstehen und Hinsetzen keine Störung, sondern Teil der Achtsamkeitsmeditation.

reich sein, die eigene Sitzhaltung im Spiegel zu überprüfen oder jemanden mit Erfahrung zu bitten, diese zu kontrollieren. Sie werden vielleicht erstaunt feststellen, dass das, was Sie für eine kerzengerade Haltung hielten, in Wirklichkeit mehr dem schiefen Turm von Pisa glich.

Das Bestreben, aufrecht zu sitzen, sollte nicht dahin führen, angespannt zu sitzen. Ohne es zu merken, ziehen wir oft die Schultern hoch, recken das Kinn nach vorne, pressen die Lippen zusammen oder ballen die Hände zu Fäusten. Das weist darauf hin, dass wir verkrampft sind und uns zu sehr anstrengen. Meditieren ist jedoch kein Ringkampf mit uns selbst. In der Achtsamkeitsmeditation können wir all die üblichen Kämpfe mit uns selbst gelassen erforschen, indem wir unsere Aufmerksamkeit auf unseren Körper richten und diesen gleichsam von innen nach außen erspüren. Dies ist nicht nur ein wichtiger Schritt in der Vertiefung unserer Meditationspraxis, sondern macht es uns auch möglich, längere Meditationszeiten mit größerer Leichtigkeit zu sitzen.

Seien Sie sich bewusst:

- Es gibt keine Sitzhaltung, die besser wäre als eine andere. Es gibt verschiedene Sitzhaltungen und jede von ihnen hat ihre besonderen Qualitäten.
- Alle diese verschiedenen Sitzhaltungen haben gemeinsame körperliche Prinzipien, die es zu beachten gilt.
- Die Sitzmeditation ist eine körperliche Übung und wie jede körperliche Übung benötigt sie Zeit, Training und Geduld.

Sich selbst Raum geben

Als ich mit dem Meditieren begann, war ich sehr ehrgeizig. Ich versuchte ambitioniert, meinen Körper in eine vorbildliche Haltung zu bringen, meinen Rücken kerzengerade aufzurichten und beide Knie flach auf den Boden zu pressen. Es dauerte nicht lange, bis ich Schmerzen in den Beinen und der Hüfte bekam und Verspannungen in den Schultern und im Kiefergelenk spürte. Aufgrund der stärker werdenden Schmerzen blickte ich jeder weiteren Meditationsrunde mit wachsendem Schrecken entgegen. Schließlich gab ich nach und begann, in einer knienden Haltung zu meditieren. Lange habe ich diese Sitzhaltung selbst als minderwertig beurteilt und mich danach gesehnt, in der »richtigen« Weise sitzen zu können. Dieser Widerstand hielt an, bis ich schließlich erkannte, dass die »richtige« Sitzhaltung schlicht und ergreifend die ist, in der wir sitzen können, ohne uns dabei Schmerzen zuzufügen. Die nächsten acht Jahre habe ich im Knien meditiert. Durch ausgiebiges Üben und Dehnen kann ich mittlerweile mit übereinandergeschlagenen Beinen auf dem Boden sitzen und lege dafür Kissen unter meine Beine. Nach wie vor gestatte ich es mir jederzeit, im Knien oder auf einem Stuhl zu meditieren. Ich habe gelernt, die Grenzen meines Körpers zu respektieren und der Weisheit meines Körpers zu vertrauen.

Oft höre ich Menschen, wie sie stolz darüber berichten, dass sie harte und lange Sitzzeiten durchgestanden und ihre Schmerzen in Rücken und Knien durchgesessen hätten, bis ihnen der Schweiß über das Gesicht gelaufen sei. Ich kann daran nichts Nachahmenswertes und schon gar nichts Bewundernswertes finden. Für mich sieht das nach Härte, wenn nicht gar nach Selbstbestrafung aus. In manchen spirituellen Traditionen gilt solch eine Disziplin als vorbildlich – besonders in denen, die aus Kriegerkulturen entstammen. Für unsere Zeit erscheint mir dies jedoch nicht mehr als angemessen. Die Meditation sollte nicht Selbstbestrafung, sondern Ausdruck unserer Selbstliebe sein. Entschlossenheit muss nichts mit Härte zu tun haben. Den Unterschied zwischen diesen beiden zu erforschen, ist für mich eine der Aufgaben auf dem Meditationskissen.

Das soll nun aber auch nicht heißen, dass man bei der Meditation bei jedem kleinsten Anzeichen von Schwierigkeiten oder Unbehagen aufgeben oder umgehend die Sitzhaltung verändern sollte. Es wäre ein Irrglaube anzunehmen, dass Meditation keiner Anstrengung bedürfe und dass sie nichts Unangenehmes beinhalten dürfe. Das zu meinen könnte auf die Tendenz einer zu starken Nachsicht mit sich selbst hinweisen. Diese Tendenz zu erkennen und zu lernen, ihr nicht umgehend nachzugeben, ist nicht nur für die Meditation, sondern für das gesamte Leben wichtig.

Die Sitzhaltung selbst wird also zum Übungsfeld und eröffnet uns die Möglichkeit, auf allen Ebenen unseres Lebens zu reifen. Die Achtsamkeitsmeditation unterstützt unseren Wachstums- und Reifungsprozess, egal, wie alt wir sind.

Sitzhaltungen in der Meditation

Experimentieren Sie mit Ihrer Meditationshaltung. Erforschen Sie, wie Sie stabilen Bodenkontakt spüren und zugleich beweglich sein, wie Sie geerdet und doch flexibel sein können.

Stellen Sie sich hierfür einen Berg vor. Er ruht gelassen in der Gegenwart. Wenn die Herbststürme hereinbrechen, wenn der Frost kommt, der Schnee fällt, wenn die Hitze des Sommers sich auf ihn legt, der Berg ruht. Von ihm können wir lernen, uns nicht von den Stürmen des Lebens wegtragen zu lassen und den Herausforderungen des Lebens gelassen ins Auge zu blicken. Wir bleiben mit dem, was ist, ohne es verändern, umwandeln oder anders haben zu wollen. Wir lernen die Gesetze des Lebens auch in ihren Extremen kennen, ohne von ihnen überwältigt zu werden.

Diese Art zu sitzen bereitet uns auf das Leben vor. Der Berg weist uns den Weg zur inneren Freiheit. Unser übliches Verständnis von Freiheit ist, dass wir *von* etwas frei sein wollen. Diese Meditationspraxis zeigt hingegen einen Weg auf, *mit allem*, was da ist, frei zu sein. Denn Leben ist Leben, in Licht und Dunkelheit, in Hitze und Kälte, im Sonnenschein und im Sturm. Wir wissen nie, was das Leben uns im nächsten Augenblick präsentiert. Es gibt keine Sicherheit. Wie der Berg heißen wir die Gezeiten des Lebens vertrauensvoll willkommen.

AUF DEM STUHL MEDITIEREN

Für viele Menschen ist es am einfachsten, mit dem Meditieren auf einem Stuhl zu beginnen, einen Stuhl hat schließlich jeder zu Hause. Wenn Sie sich dafür entscheiden, dann wählen Sie einen Stuhl mit einer geraden Lehne. Solide Küchenstühle eignen sich besonders. Legen Sie ein Kissen auf den Stuhl und probieren Sie aus, ob Ihre Füße flach auf dem Boden aufliegen. Wenn sie in der Luft hängen, dann legen Sie ein Kissen unter die Füße. Manche Menschen benutzen als Sitzkissen ein orthopädisches Keilkissen, das abgeschrägt ist. Generell gilt, dass die Knie sich in einem rechten Winkel zur Erde befinden sollten. Für manche ist es angenehm, wenn sie nur auf der vorderen Hälfte des Stuhles aufrecht sitzen, andere empfinden es als angenehmer, wenn sie sich zur Unterstützung anlehnen können. Rutschen Sie dann mit Ihrem Gesäß so nahe wie möglich an die Rückenlehne heran. Achten Sie darauf, dass Ihre Beine hüftweit auseinander stehen und dass der Oberkörper in einer sanften Weise aufgerichtet ist. Spüren Sie, wie sich Ihr Rückgrat vom Steißbein bis zum Scheitel aufrichtet. Zwingen Sie sich dabei aber nicht in eine künstliche Haltung.

Es gibt verschiedene Handhaltungen bei der Meditation. Sie können Ihre Handflächen auf Ihre Oberschenkel legen. Vielleicht ist es Ihnen angenehmer, Ihre Hände in den Schoß zu legen. Sie können die Hände auch übereinander mit den Handflächen auf den Unterbauch legen. Wenn Sie die Hände in den Schoß legen, mag es von Vorteil sein, sie auf ein kleines Kissen aufzulegen. Eine andere Möglichkeit ist, einen Schal oder eine dünne Decke um den Unterleib zu wickeln, so dass Ihre Hände darauf ruhen können. Dies hält nicht nur den Rücken und insbesondere die Nieren warm, sondern unterstützt Sie auch in Ihrer aufrechten Haltung. In der Zen-Meditation gibt es eine formale Haltung für die Hände, die Sie ausprobieren können. Legen Sie hierfür die linke Hand in die Handfläche der rechten und pressen Sie die beiden Daumen sanft aneinander. Das gilt als die kosmische Mudra-Haltung (»Mudra« ist ein Wort aus dem Sanskrit und bedeutet »Handhaltung«). Bei dieser treffen sich die Daumen auf der Höhe des Nabels und die Hände formen ein Oval.

IM KNIEN MEDITIEREN

Für Anfänger ist dies oft die einfachste Haltung, wenn man auf dem Boden sitzen möchte, weil es im Knien relativ einfach ist, den Rücken in eine aufrechte Position zu bringen, ohne dabei die Rückenmuskeln zu verspannen. Wenn Sie erst einmal das richtige Sitzbänkchen oder Kissen gefunden haben, werden Sie feststellen, dass Sie ohne große Anstrengung 20 Minuten in dieser Haltung aufrecht und doch entspannt verbringen können. Diese Haltung unterstützt Ihre Wachheit und Aufmerksamkeit. Wenn Sie sich dafür entscheiden, ist es wichtig, dass Sie die richtige Unterstützung unter Ihren Beinen haben. Sie können hierfür ein Meditationsbänkchen benutzen. Diese sind meist aus Holz und haben eine abgeschrägte Sitzfläche. Platzieren Sie Ihre Beine unter das Bänkchen und sorgen Sie dafür, dass Sie mit Ihrem Gesäß stabil sitzen können. Probieren Sie Sitzbänkchen mit verschiedenen Breiten aus, bis Sie das für Sie passende gefunden haben. Auch die Höhe ist verschieden. Anfänger sitzen oft auf einem Bänkchen, das zu niedrig für sie ist. Das kann zu Anspannung und Schmerzen in den Unterschenkeln führen.

Eine andere Möglichkeit beim Knien besteht darin, Meditationskissen zu benutzen. Die Kissen müssen fest sein und eine stabile Form haben. Sofa- oder Bettkissen sind zu weich. Manche Meditierende verwenden auch zusammengefaltete Decken. Die Decken müssen dick genug sein, so dass Ihre Beine nicht gegen die Erde gepresst werden und die Blutzirkulation der Beine abgedrückt wird. Setzen Sie sich so auf das Kissen oder vielleicht auch auf zwei übereinander liegende Kissen, dass Sie das Gefühl haben, gut unterstützt zu werden. Wie auch beim Knien auf dem Meditationsbänkchen, bringen Sie die Knie so nahe zusammen, dass sie sich fast berühren. Wenn Sie Schmerzen am Fußrücken verspüren, ist dies ein Zeichen, dass die Sehnen und Muskeln gedehnt werden müssen. Bis sie mehr gedehnt sind, ist es hilfreich, etwas Weiches zur Unterstützung unter den Fußrücken zu legen.

Sollten Sie Knieprobleme haben, seien Sie bitte vorsichtig und behutsam bei knienden Haltungen. Sprechen Sie mit einem Arzt oder einer Physiotherapeutin, ob Knien im Meditieren für Sie empfehlenswert ist. Auf jeden Fall ist es wichtig, eine oder mehrere dicke Decken unterzulegen. Empfehlenswert sind Schaumstoffmatten, weil sie gut polstern. Vermeiden Sie es, auf Stein oder Fliesen ohne entsprechende Unterlage zu knien.

Die Hände können Sie in der gleichen Weise positionieren wie beim Meditieren auf dem Stuhl. Zu beachten ist jedoch, dass es in der knienden Haltung aufgrund der herunterhängenden Arme leichter zu Spannungen und Schmerzen in Schultern und Nacken kommen kann. Die beste Weise, damit umzugehen, ist, einen Schal oder eine Decke um die Taille zu wickeln und die Hände an der Faltstelle aufzulegen. Manche Meditierende benutzen auch ein großes Kissen vor ihrem Körper, auf das sie ihre Hände ablegen.

Bitte beachten Sie, dass Sie nach der Meditation nicht unmittelbar aus der knienden Haltung aufstehen sollten, denn das kann auf die Dauer Ihre Knie schädigen. Es ist anzuraten, sich von der knienden Haltung zuerst in eine sitzende Haltung zu begeben, die Beine beim Sitzen auszustrecken und dabei die Knie etwas zu reiben, damit sich die Gelenkflüssigkeit gut verteilen kann. Stehen Sie dann behutsam auf und beginnen Sie langsam zu laufen.

DIE BURMESISCHE SITZHALTUNG

Ich möchte Sie im Folgenden mit der burmesischen Meditationshaltung vertraut machen. Hierfür kreuzen Sie beide Beine vor dem Körper, ohne sie übereinander zu legen. Vielmehr legen Sie die Beine *voreinander*. Diese Sitzhaltung ist gerade für Anfänger angenehm und viele erfahrene Meditierende sitzen in dieser, weil sie eine stabile und zugleich ausbalancierte Haltung gewährleistet. Testen Sie aus, ob Ihre beiden Knie auf dem Boden aufliegen. Die Hüften müssen höher sein als die Knie, so dass eine deutliche Schrägung nach unten besteht. Wenn Sie feststellen, dass Sie Ihre Knie nicht auf den Boden bekommen, dann legen Sie kleine Kissen unter die Knie. Es ist wichtig, dass die Knie nicht in der Luft hängen, denn das führt zu Schmerzen im Rücken oder den Lendenwirbeln. Am Anfang der Meditation werden Sie wahrscheinlich ein Gefühl der Dehnung an den Innenseiten der Oberschenkel spüren. Sollte dieses Gefühl schmerzvoll werden, dann ist dies ein Hinweis darauf, dass Sie Dehnübungen machen sollten, bis die Muskeln ausreichend geschmeidig und gedehnt sind. Die Hände können Sie in die gleiche Haltung bringen wie bereits bei den anderen Sitzpositionen vorgestellt.

WEITERE SITZHALTUNGEN

Es gibt weitere mögliche Sitzhaltungen, die sich besonders für Menschen eignen, die bereits einige Meditationserfahrung haben und die entweder sehr beweglich sind oder regelmäßig Yoga oder Dehnübungen praktizieren. In diesem Buch beschreibe ich die grundlegenden Sitz- und Kniehaltungen, die nicht nur für den Einstieg in die Meditation günstig sind, sondern sich auch langfristig als Haltung eignen.

Häufig wird zu früh in eine fortgeschrittene Haltung gewechselt, noch bevor die grundlegende Haltung stabil ist. Wie jeder gute Bauingenieur Ihnen sagen kann, ist ein stabiles Fundament entscheidend. Können Sie sich dessen sicher sein, dann können Sie darauf bauen, was immer Sie möchten. Dasselbe gilt für die Meditationshaltung. Wenn Sie sich bereit fühlen, in eine andere als die hier beschriebenen Haltungen zu wechseln, holen Sie sich Rat bei einem erfahrenen Yoga- oder Meditationslehrer.

Die Meditationskissen

Es gibt verschiedene Arten von Meditationskissen. Einige sind aus Kapok angefertigt, einer besonderen Baumwollart, die einen sehr festen Sitz gewährleistet. Für Anfänger sind sie jedoch oft nicht beweglich und auch nicht hoch genug. Manche benutzen dann zwei von ihnen übereinander oder legen noch eine gefaltete Decke darauf. Sitzkissen aus Buchweizenhülsen haben den Vorteil, dass sie beweglicher sind und dass sie sich der Form des Körpers anpassen. Es gibt diese Kissen in verschiedenen Größen und Formen. Auch hier gilt: Testen Sie sehr gründlich, welche Größe für Sie die richtige ist. Experimentieren Sie solange, bis Sie das für Sie richtige Kissen gefunden haben. (Siehe Anhang für Bezugsmöglichkeiten.)

Die Augen zur Ruhe bringen

Viele Menschen schließen während der Meditation die Augen, weil dies ihnen erleichtert, sich zu sammeln und zu innerer Ruhe zu kommen. Wenn Sie sich dafür entscheiden, dann achten Sie darauf, dass Sie dabei nicht den Kopf nach vorne neigen. Stellen Sie sich vor, Sie würden geradeaus blicken, auch wenn Ihre Augen geschlossen sind. Schließen Sie die Augen sanft und pressen Sie die Muskeln nicht zusammen. Spüren Sie, wie sich ein Gefühl von Freundlichkeit um Ihre Augen herum ausbreitet.

Eine andere Alternative besteht darin, mit offenen Augen zu meditieren. Sie können dabei leicht nach unten blicken, auf einen Fleck etwa einen Meter vor Ihnen, ohne sich dabei jedoch auf diesen Fleck zu konzentrieren. Lassen Sie Ihren Blick los.

Vielleicht bevorzugen Sie es auch, geradeaus zu blicken. Kultivieren Sie in diesem Falle einen freundlichen und neugierigen Blick. Hierfür können Sie sich z.B. eine ruhige Landschaft vorstellen, die Sie nun in aller Ruhe betrachten.

Ein Ort der Ruhe

Es ist durchaus anzuraten, sich in der eigenen Wohnung einen festen Platz für die Meditationspraxis zu schaffen. Dieser Platz kann eine kleine Ecke in Ihrem Schlafzimmer ebenso wie ein eigener Meditationsraum sein. Wenn möglich, sollten Sie diesen Platz nur für Meditationen verwenden. Ihr Meditationskissen, Ihr Stuhl oder Bänkchen, Ihre Uhr und Ihre Decke liegen dann immer für Sie an diesem Ort bereit. Das hat den Vorteil, dass Sie nicht jedes Mal alles zusammensuchen müssen, wenn Sie meditieren wollen. Dieser Ort steht Ihnen immer offen und lädt Sie zur Meditation ein. Sie können eine Kerze oder eine Blume auf einen kleinen Tisch stellen. Manche Menschen haben hier auch Bilder von den Menschen, die sie lieben, vielleicht auch von ihren spirituellen Lehrern, die sie inspirieren, oder Bilder aus der Natur. Manche hängen hier einen Spruch auf, der für sie wegweisend ist. Dieser Ort kann so zu einer Oase der Ruhe in der Mitte Ihres geschäftigen Lebens werden.

Sorgen Sie während der Meditation für eine angenehme Temperatur. Diese ist für jeden Menschen unterschiedlich. Wenn es jedoch zu warm ist, führt dies zu Schläfrigkeit, und wenn es zu kalt ist, fühlt man sich während der Meditation nicht wohl. Ein eher kühler Raum ist für die Meditation förderlich. Legen Sie sich etwas Warmes um, anstatt die Heizung zu hoch zu drehen. Fri-

ÜBUNG: UMGANG MIT ABLENKUNGEN

Abzuschweifen oder durch Gedanken, Gefühle oder Geräusche abgelenkt zu werden, ist ganz normal. Wer surfen lernt, wird dabei ins Wasser fallen, und zwar immer und immer wieder. Genau wie beim Wellenreiten steigen wir auch beim Meditieren quasi einfach wieder auf unser Surfbrett – wir merken, dass wir gerade nicht mehr mit der Aufmerksamkeit auf unserem Atem oder einem anderen gewählten Objekt unserer Achtsamkeit waren, und dann lenken wir die Aufmerksamkeit freundlich, aber bestimmt dorthin zurück. In dem Moment, in dem wir merken, dass wir unachtsam waren, genau in dem Moment sind wir achtsam.

Wenn Sie merken, dass Sie während einer Mediationsübung sehr abgelenkt sind und die wiederholte Rückkehr zum Atem sehr anstrengend ist, versuchen Sie es mit folgender Alternative: Wenden Sie sich dem Atem zu und zählen Sie ganz konkret bei jedem Ein- und Ausatmen von Eins bis Zehn. Dann fangen Sie wieder bei Eins an. Sie werden vermutlich die Zehn nicht sehr oft erreichen. Oft schon bei Drei oder Vier merken wir, dass wir nicht mehr beim Zählen sind. Sobald Ihnen das bewusst wird, beginnen Sie geduldig wieder bei Eins.

Nach einiger Zeit der Übung können Sie dazu übergehen, nur das Einatmen zu zählen. Wer noch mehr Übung hat, zählt nur mehr das Ausatmen.

Beim Zählen der Atemzüge geschieht es leicht, dass wir in den Autopilot wechseln. Auch Multitasking ist möglich: Wir zählen leise im Hintergrund und planen zugleich für den nächsten Tag oder denken über den Urlaub nach. Irgendwann, hoffentlich früher als später, kommen wir uns selbst auf die Schliche. Ich meine, ein bisschen Humor ist das Beste, um mit der Situation umzugehen. Lächeln Sie über sich selbst und beginnen Sie mit Aufmerksamkeit und einem sanften Bemühen wieder mit der Eins.

Es ist immer wieder erstaunlich zu beobachten, wie unkonzentriert wir sind. Sie brauchen sich dafür nicht zu schelten. Alles, was wir wahrnehmen, und damit auch die Rastlosigkeit, ist Teil unserer Übungspraxis.

sche Luft ist anregend, doch achten Sie darauf, nicht in Zugluft zu sitzen. Wenn Sie kälteempfindlich sind, wickeln Sie sich einen Meditationsschal um die Nierengegend. Das wärmt Sie nicht nur, sondern unterstützt Sie auch in der aufrechten Sitzhaltung. Im Freien zu sitzen kann zwar angenehm sein, lenkt Sie jedoch auch mehr ab. Wenn Sie im Freien sitzen möchten, dann suchen Sie sich einen geschützten Platz, vielleicht eine Ecke im Garten. Im Freien bietet sich eine Naturmeditation an, eine Meditation zur Wahrnehmung von Geräuschen oder auch eine Atemmeditation. Stellen Sie sich darauf ein, dass eine Meditation im Freien sich von einer Meditation im geschlossenen Raum unterscheidet.

Hilfe bei Beschwerden während der Sitzmeditation

In manchen Sitzhaltungen können körperliche Beschwerden auftauchen. Im Folgenden möchte ich Ihnen einige Tipps geben, die Sie darin unterstützen können, Ihre Haltung zu überprüfen und, wenn nötig, diese zu verändern. Sollten die Probleme längere Zeit anhalten, empfehle ich Ihnen, sich an einen qualifizierten Yogalehrer, Physiotherapeuten (der mit Meditation vertraut ist) oder einen Achtsamkeitslehrer zu wenden und sich bezüglich Ihrer Sitzhaltung fachkundig beraten zu lassen. Wichtig ist: Seien Sie geduldig mit sich selbst. Eine gute Sitzhaltung bildet sich über die Zeit hinweg heraus. Sie ist nichts Statisches und wird sich im Laufe der Zeit immer wieder verändern, abhängig von äußeren Umständen und Ihrem jeweiligen körperlichen Zustand.

Die folgenden Hinweise habe ich im Laufe meiner Erfahrungen mit der Achtsamkeitsmeditation als hilfreich für viele Meditierende empfunden:

- Wenn Sie bei der Meditation anhaltende Schmerzen im unteren Rücken haben, kontrollieren Sie, ob Sie mit einem Hohlkreuz sitzen.
- Sollten Sie Schmerzen im Nacken und in den Schultern haben, legen Sie Ihre Hände bei der Meditation auf einem kleinen Kissen oder einem gefalteten Schal ab. Überprüfen Sie während der Meditation, ob Sie vielleicht die Schultern hochgezogen haben.
- Wenn Sie einen Druck im Bauchbereich wahrnehmen, spüren Sie hin, ob Sie Ihre Bauchmuskeln anspannen und dabei Ihren Bauch einziehen. Praktizieren Sie das, was in Meditationskreisen »weicher Bauch« genannt wird. Atmen Sie sanft in den Bauchbereich hinein und gestatten Sie es Ihren Muskeln, sich zu entspannen.
- Manchmal sitzen wir mit einer so verbissenen Mine auf dem Kissen, als ob wir in eine Zitrone gebissen hätten. Lassen Sie ein leichtes Lächeln auf Ihren Lippen spielen, so dass sich die Mund-

winkel nach oben ziehen. Dies führt nicht nur zur Entspannung der Gesichtsmuskeln, sondern auch dazu, dass »Glückshormone« ausgeschüttet werden, die Sie in eine gelöste Stimmung versetzen.

- Seien Sie sich der eigenen körperlichen Begrenzungen bewusst. Vielleicht stellen Sie fest, dass Sie 15 Minuten schmerzlos sitzen können und dass Sie nach 20 Minuten wachsende Beschwerden spüren. Dann wird Ihnen eine Grenze gezeigt. Hier ergibt sich die Möglichkeit zu forschen: Wie gehen Sie mit der Situation um? Sie müssen das Sitzen nicht automatisch beenden, weil Sie Beschwerden bemerken. Sie können auch entscheiden, weiter zu sitzen, und Ihre Aufmerksamkeit auf die Empfindungen und die Situation selbst richten. Hören Sie auf Ihren eigenen Körper. In der Achtsamkeitspraxis ist die Richtlinie die innere Weisheit, die uns führt, unsere Grenzen langsam zu weiten, ohne sie dabei gewaltsam zu durchbrechen.
- Wenn Sie Schmerzen in Beinen und Knien bekommen, dann suchen Sie nach einer passenden Unterstützung für Ihre Knie. Experimentieren Sie mit der Höhe des Bänkchens, Kissens oder Stuhls. Jede der gewählten Sitzgelegenheiten sollte Sie darin unterstützen, aufrecht, doch ohne Anstrengung zu sitzen. Ändern Sie die Haltung, wenn die Schmerzen nicht nachlassen.
- Bei Schmerzen im Rückenbereich kann es hilfreich sein, die Hände für einige Zeit gegen den unteren Rücken zu halten. Spüren Sie, wie sich dabei Ihr Brustbein etwas hebt und leicht nach vorne gedrückt wird. Drücken Sie nicht zu stark, damit kein Hohlkreuz entsteht.
- Falls diese Empfehlungen nicht helfen und die Schmerzen stärker werden, ändern Sie die Position.
- Ausführlicheres zum Thema Umgang mit Schmerzen (auch solchen, die unabhängig vom Meditieren auftreten) finden Sie ab Seite 130.

»Ich habe nicht genug Zeit zum Meditieren. Wie soll ich das in meinem vollen Tagesablauf auch noch unterbringen?«

Darauf gibt es, ehrlich gesagt, keine andere Antwort als die: Sie müssen diese Zeit einfach finden. Oder deutlicher gesagt: Sie müssen sich diese Zeit einfach nehmen. Um dies zu tun, ist es angebracht, sich der Prioritäten im eigenen Leben bewusst zu werden und sich ehrlich der Frage zu stellen: »Was ist mir wirklich wichtig?«

Wenn Sie dann zu der Überzeugung gelangen, dass die Achtsamkeitspraxis von Vorteil für Ihr Leben sein könnte, dann finden Sie auch die Zeit, diese zu praktizieren und mittels einer sanften und doch entschiedenen Anstrengung zu kultivieren.

ÜBUNG: VERTRAUEN UND ERDUNG IN DER SITZMEDITATION

Nehmen Sie eine Sitzhaltung ein, die für Sie die passende ist.

Spüren Sie nun den Kontakt zum Boden und zur Sitzfläche. Nehmen Sie wahr, wie die Erde Sie unterstützt und trägt. Ihre aufgerichtete Haltung der Klarheit und Wachheit ist Ausdruck dieses Vertrauens. Sie signalisieren damit die Bereitschaft, sich zu stabilisieren und auszubalancieren.

Balance ist nicht etwas Statisches. Für Ihre Sitzhaltung mag es daher hilfreich sein, sich anfangs leicht nach vorne und nach hinten, von einer Seite zur anderen zu bewegen, um so die Balance auszuloten. Denn der Punkt der Balance ist nie starr oder fixiert. In Ihrer Suche ist das Vertrauen ausgedrückt, diesen Punkt zu finden. Dann können die Erdbeben des Lebens Sie zwar erschüttern, doch nicht aus der Bahn werfen. Sie sind wie ein Baum, der im Sturm mitschwingt, jedoch nicht umfällt, weil er tief in der Erde verwurzelt ist.

Lassen Sie Ihre Sitzhaltung lebendig sein. Manchmal fühlt sie sich leicht an und manchmal schwer. Bezeugen Sie dies, indem Sie aufmerksam und bewusst das zum Ausdruck bringen, was gerade da ist.

Richten Sie Ihre Achtsamkeit auf den Körper als Ganzes. Kommen Sie im Körper an. Spüren Sie Ihren Atem. Erforschen Sie die Balance und Flexibilität in der Zentrierung und Erdung.

Manchmal ist es schwierig, sich zentriert und von der Erde getragen zu fühlen. Vielleicht spüren Sie Schmerzen und Sie hoffen darauf, dass diese Empfindungen möglichst schnell wieder weg gehen. Vielleicht stellen Sie fest, dass Sie in Gedanken versunken sind und weit mehr in Ihrem Kopf als in Ihrem Körper sind. Dann ist es hilfreich, wenn Sie Ihre Aufmerksamkeit zu Ihren Sitzhöckern bringen und so bewusst wie nur möglich den Kontakt zum Boden erspüren. Wenn Sie auf einem Stuhl sitzen, können Sie auch Ihre Fußsohlen einige Male fest auf den Boden drücken, um so einen deutlichen Kontakt mit dem Boden unter Ihnen herzustellen.

Wann immer Sie spüren, dass Ihre Gedanken abdriften, wiederholen Sie dies. Wenn Sie auf dem Boden sitzen, können Sie auch mit Ihren Handflächen bedächtig und langsam den Boden berühren. Damit bringen Sie Ihr Vertrauen in die Erde, die Sie trägt, zum Ausdruck, und zentrieren sich innerlich erneut. So wird die körperliche Erfahrung zu einer inneren und lebendigen Erfahrung.

Seien Sie dabei freundlich zu sich selbst! Denn wenn Sie sich mit harschen Worten dazu zwingen und die innere Peitsche schwingen, bringt Sie dies zwar auf Ihr Meditationskissen, doch Sie werden wahrscheinlich wütend und voller innerer Widerstände darauf sitzen.

Tatsächlich kann sich die Achtsamkeitspraxis so anfühlen, als müssten wir jetzt noch eine weitere Aktivität in unseren sowieso schon prall gefüllten Tagesablauf hineinzwängen. Doch wenn wir wirklich praktizieren, stellen wir fest, dass der gegenwärtige Moment kein vollgestopfter Moment zwischen der Vergangenheit und der Zukunft ist. Er findet immer genau jetzt statt. Sie brauchen sich auch nicht zu überfordern. Meditieren Sie am Anfang lieber kürzer, dafür aber regelmäßig, bevor Sie sich die Latte zu hochlegen und dann bereits frühzeitig frustriert aufgeben. Beginnen Sie langsam und stetig damit, die Zeiten zu verlängern.

Der große Vorteil der Achtsamkeitspraxis besteht ja darin, dass sie nicht nur formale Übungen enthält, sondern immer und überall geübt werden kann. Für die formale Praxis wie Sitzmeditation, die Reise durch den Körper beim Bodyscan, die Gehmeditation und achtsame Körperübungen benötigen wir tatsächlich Zeit und Raum, um uns ihr ungestört zu widmen. Informelle Übungen wie achtsames Gehen oder Essen können wir hingegen in unserem Alltag jederzeit anwenden. Viele Menschen nutzen den Gang zur Arbeit oder das Treppensteigen in ihrem Haus oder an ihrem Arbeitsplatz als Teil ihrer täglichen Meditationspraxis. Ganz normale Handlungen des Alltags, wie Abwaschen, Duschen oder Bügeln, können zu Übungen der Achtsamkeit werden.

Wir können uns also dafür entscheiden, alle Handlungen unseres täglichen Lebens mit wachsender Achtsamkeit zu verrichten. Wie eine Sonnenblume, die ihre Blüte beständig der Sonne entgegenreckt, können auch wir uns dafür entscheiden, unsere Handlungen immer öfter auf die Achtsamkeit hin auszurichten.

»Ich nicke meistens nach kurzer Zeit ein. Was macht man gegen Müdigkeit beim Meditieren?«

Zuerst ist es wichtig herauszufinden, ob Sie wirklich körperlich müde sind. Forschungen haben kürzlich gezeigt, dass viele Menschen unter chronischem Schlafmangel leiden. Deshalb ist es nicht ungewöhnlich, dass Menschen, sobald sie meditieren, ihre Müdigkeit spüren. Denn solange wir geschäftig durch den Tag gehen, werden wir uns dieser grundlegenden Müdigkeit nicht bewusst. Doch sobald der Adrenalinkick nachlässt, der durch die ständige Bewegung entsteht, spüren wir die Müdigkeit in unseren Knochen. Die war immer schon da, wir konnten sie nur nicht spüren. Das trifft besonders auf diejenigen unter uns zu, die bereits am Rande eines Burn-outs stehen oder schon die Grenzen dazu überschritten haben.

Wichtig ist es auch, den richtigen Zeitpunkt für die Meditation zu wählen. Oft wird angeraten, am frühen Morgen zu meditieren, bevor man in den Tag startet. Wenn Sie jedoch ein Morgenmuffel sind, ist dies vielleicht nicht unbedingt die richtige Zeit. Falls Sie es am Morgen versuchen wollen, ist es hilfreich, eine Wechseldusche zu nehmen, die Fenster weit zu öffnen, um frische Luft hereinzulassen, und einige Dehnübungen oder Yoga zu machen. Das ist sehr unterstützend, ist jedoch keine Garantie dafür, dass nicht trotzdem während der Meditation die Müdigkeit einsetzt.

Manche praktizieren Achtsamkeitsübungen in der Nacht, nach der Arbeit oder bevor sie zu Bett gehen. Das mag für einige klappen, doch meist ist man nach einem Arbeitstag zu müde. Darüber hinaus macht uns das Essen am Abend auch noch schläfrig. Daher wird angeraten, ebenso wie im Sport oder im Yoga, eine Stunde vor der Meditation nichts Gehaltvolles zu essen.

Müdigkeit hat in der Meditation viele verschiedene Gründe. Einer kann sein, dass die Müdigkeit, die wir erleben, oft die Reaktion darauf ist, dass das, was uns normalerweise beschäftigt und auf Trab hält, plötzlich wegfällt. Die meisten von uns haben keinerlei Schwierigkeiten damit, mehrere Dinge gleichzeitig zu tun. Es ist nicht ungewöhnlich, dass man in ein Haus kommt, in dem ein Fernseher und Radio gleichzeitig laufen, die Bewohner ihre Computer anhaben und jemand vielleicht gerade kocht, während er am Telefon spricht. Wir sind es so gewohnt, von verschiedenen Dingen gleichzeitig abgelenkt zu werden, dass es uns ironischerweise schwer fällt, aufmerksam zu sein, wenn all diese Ablenkungen wegfallen. Unser Gehirn reagiert auf den Wegfall der Reize damit, in den Schlafmodus überzugehen.

Das ist auch ein Grund dafür, weshalb es Praktizierenden schwer fällt, den Bodyscan oder die Atemübung im Liegen durchzuführen. Der Körper assoziiert Hinlegen mit Schlafen und deshalb verfällt er bei dieser Haltung der Gewohnheit.

Am Hilfreichsten ist es, wenn Sie Müdigkeit nicht als Problem ansehen. Wenn wir ein Problem füttern, wird es größer. Es ist ein Aspekt auf dem Weg, dem wir ganz sicherlich begegnen werden, doch es ist kein Problem, solange wir es nicht dazu machen. Genau dazu wird es aber, wenn wir starken Widerstand entwickeln oder uns selbst verurteilen, weil wir meinen, wir würden versagen.

Wir können mit der Trägheit und Müdigkeit in der Achtsamkeitsmeditation auf die gleiche Art und Weise verfahren, wie wir es auch mit unseren Gedanken oder Emotionen tun. Anstatt sich davon abzuwenden oder zu versuchen, sie zu unterdrücken, wenden wir uns ihr zu und erforschen sie neugierig und so gründlich, wie wir nur können. Die folgenden Fragen können uns darin unterstützen:

- Was bemerken Sie, wenn Sie sich müde fühlen? Sind Ihre Augen schwer? Welche Empfindungen haben Sie in den verschiedenen Körperteilen?
- Ist Ihr Geist träge?
- Fühlt sich Ihr Körper stumpf an?
- Welche Gefühle und Emotionen können Sie feststellen? Wo spüren Sie diese in Ihrem Körper?
- Wenn Sie einnicken und plötzlich wieder aufschrecken, was empfinden Sie dabei?

Ein bisschen Geduld

Wenn Sie mit der Sitzmeditation beginnen, haben Sie Geduld mit sich. Und wenn Sie schon länger meditieren, dann haben Sie auch Geduld mit sich. Erinnern Sie sich an den Vergleich mit dem Erlernen eines Musikinstruments? Stellen Sie sich vor, Sie möchten Klavier spielen lernen. Natürlich wird die Erfahrung der ersten Wochen ganz anders sein als die nach einem Jahr, und sie wird auch davon abhängen, wie oft Sie zum Üben kommen und wie gut Ihre Anleitung ist. Ebenso wird die Erfahrung nach zwei Jahren anders sein als die nach fünf. Das bedeutet nicht, dass die eine Erfahrung besser ist als die andere, sie ist lediglich verschieden. Jede Phase hat ihre eigenen Herausforderungen und ihre eigenen Freuden.

ÜBUNG: ACHTSAMKEIT AUF DEN ATEM,
DEN KÖRPER UND SEINE EMPFINDUNGEN

Wenn Ihre Achtsamkeit auf den Atem in der Sitzmeditation stabiler geworden ist, können Sie sie auf den Körper und seine Empfindungen ausdehnen.
Beginnen Sie die Übung, indem Sie sich im Sitzen spüren. Nehmen Sie Ihre Haltung wahr: offen, aufrecht und würdevoll. Spüren Sie das Gewicht Ihres Körpers auf dem Kissen, dem Bänkchen oder Stuhl. Spüren Sie die Aufrichtung Ihrer Wirbelsäule.
Richten Sie nun die Aufmerksamkeit auf den Atem, indem Sie Ihr Bewusstsein an der Körperstelle zentrieren, an der Sie Ihren Atem am deutlichsten spüren können – das mag an der Nasenspitze sein oder im Brustkorb oder im Bauchbereich. Üben Sie, mit Ihrer Aufmerksamkeit beim Atem zu verweilen und wahrzunehmen, wenn Ihre Gedanken abschweifen. Sobald das geschieht, und das wird immer und immer wieder der Fall sein, halten Sie kurz inne, bemerken Sie, wohin der Geist gewandert ist, und kehren freundlich, aber bestimmt, zum Atem zurück.
Mit Geduld, Gelassenheit und Mitgefühl schulen Sie Ihren Geist, beim Atem zu verweilen, und holen ihn immer wieder dorthin zurück. Folgen Sie der ganzen Länge der Einatmung und der ganzen Länge der Ausatmung.
Nehmen Sie die natürlichen Atempausen wahr.
Immer wieder, von Moment zu Moment.

Nach einer Weile erweitern Sie das Feld Ihres Gewahrseins: Dehnen Sie nun Ihre Aufmerksamkeit vom Atem auf Ihren Körper als Ganzes aus. Schauen Sie, wie es für Sie möglich ist, Ihren Körper vom Kopf bis zu den Füßen als Ganzes wahrzunehmen.
Vielleicht spüren Sie die Umrisse Ihres Körpers und den Raum, den der Körper einnimmt. Können Sie die Begrenzung Ihres Körpers wahrnehmen, die Haut und die Kleidung, wo sie auf der Haut aufliegt? Vielleicht spüren Sie einzelne Körperstellen, weil dort eine Empfindung auftaucht, die Ihre Aufmerksamkeit auf sich zieht.
Verweilen Sie sanft mit Ihrer Achtsamkeit bei den Empfindungen, so lange sie spürbar sind, und dann nehmen Sie wieder den Körper in seiner Ganzheit wahr.
Jetzt, hier, im Sitzen, in diesem Moment. Manchmal baut sich eine bestimmte Erwartungshaltung im Geist auf, der Wunsch, irgendetwas Bestimmtes, Angenehmes zu erleben oder eine unangenehme Erfahrung loszuwerden. Wenn das der Fall ist, dann schauen Sie, ob es möglich ist, die Erwartung selbst wahrzunehmen.
Vielleicht spüren Sie auch die Spannung, die die Erwartung im Geist und im Körper erzeugt. Und schauen Sie, ob es möglich ist, sie auch wieder loszulassen und ohne Erwartungen hier zu sit-

zen und alles wahrzunehmen und anzunehmen, wie es ist, ohne einzugreifen.
Von Zeit zu Zeit können Sie auch wahrnehmen, ob Ihre Sitzposition noch eine Haltung von Würde und Offenheit ausdrückt.
Sitzen Sie mit der Wahrnehmung des Körpers als Ganzes.
Und dann spüren Sie vielleicht von Zeit zu Zeit einzelne, spezifische Empfindungen im Körper, z.B. einen Druck, ein Kribbeln, ein Ziehen oder ein Jucken, Wärme oder Kälte.
Wenn eine Körperempfindung auftaucht, dann beobachten Sie sie, solange sie im Feld Ihres Gewahrseins verweilt, und nehmen Sie auch wahr, wie sie wieder verschwindet. Sie müssen dabei keine Empfindungen produzieren oder suchen. Seien Sie wie eine Antenne, die einfach alles wahrnimmt, ohne etwas Bestimmtes zu wollen oder abzulehnen. Bleiben Sie aufmerksam und beobachten Sie das, was von alleine in Ihrem Körper geschieht.
Nehmen Sie auch wahr, wenn diese Empfindungen von Impulsen begleitet werden, etwa sich zu kratzen oder sich zu bewegen. Nehmen Sie interessiert und freundlich wahr, wie diese Impulse entstehen, gegenwärtig sind und nach einiger Zeit wieder vergehen.

Für die letzten Momente der Meditation kehren Sie mit Ihrer Aufmerksamkeit wieder zurück zum Atem, indem Sie das Kommen und Gehen der Atemzüge wahrnehmen, so wie einer auf den anderen folgt.
Und dann beenden Sie die Meditation in Ihrem eigenen Tempo und wenn Sie soweit sind, öffnen Sie wieder Ihre Augen.

Vom Umgang mit dem Kopfkino

Der Geist ist wie ein Fluss; und wie bei einem Fluss macht es keinen Sinn, seinem Fließen Einhalt zu gebieten.

YONGEY MINGYUR RINPOCHE:
BUDDHA UND DIE WISSENSCHAFT VOM GLÜCK

Eine der häufigsten Fragen, die in der Meditationspraxis aufkommen, ist: Wie kann ich mit meinen Gedanken umgehen, die mich ständig bei der Meditation stören? Wer mit der Meditation anfängt, wird feststellen, dass er geradezu von einem Sturm an Gedanken überfallen wird. Das hat jedoch nichts damit zu tun, dass wir nun plötzlich mehr denken würden, sondern vielmehr damit, dass wir uns der Gedankenflut bewusst werden. Nicht von ungefähr vergleicht die buddhistische Psychologie unseren unruhigen Geist mit einer Affenhorde, die immer dann besonders wild und laut wird, wenn wir uns für eine ruhige Achtsamkeitsübung entscheiden.

Sie ziehen vorbei wie nächtliche Schatten

Es ist durchaus nützlich, einmal sehr nüchtern über Gedanken zu reflektieren, um ihnen damit etwas von der Bedeutung zu nehmen, die wir ihnen gewöhnlich beimessen. Für Neurobiologen sind Gedanken elektronische Impulse, die man messen kann. Die Produktion von Gedanken ist eine Gehirnaktivität, die in bestimmten Teilen des Gehirns registriert werden kann. Unser Gehirn produziert Gedanken, ebenso wie unsere Drüsen Hormone produzieren, um dadurch bestimmte Körperprozesse zu regulieren. Wir kämen nicht auf die Idee, diese Drüsen davon abhalten zu wollen, Hormone zu produzieren. Das ist schließlich ihre Aufgabe. Ebenso ist es die Aufgabe des Geistes, Gedanken zu produzieren. Weshalb also sollten wir ihn davon abhalten? Der Versuch, Gedanken aufzuhalten, ist in der Realität sowieso zwecklos. Daher lassen wir sie in der Achtsamkeitsübung kommen und gehen, so wie Geräusche kommen und gehen, Empfindungen kommen und gehen, Schmerzen kommen und gehen.

Die buddhistische Geistesschulung hat zahlreiche Meditationsanweisungen entwickelt, um mit diesen elektronischen Impulsen umzugehen. Manche raten dazu, Gedanken wie Wolken über den Himmel ziehen zu lassen, andere dazu, sich den Geist als eine Art Leinwand vorzustellen, über die die Gedanken wie Bilder ziehen. Der Meditationslehrer Jack Kornfield rät eine interessante Übung an, die darin besteht, die Gedanken während der Meditation zu zählen. Tun Sie es einmal! Vielleicht werden Sie verblüfft feststellen, dass Sie kaum mit dem Zählen nachkommen. Es ist wirklich erstaunlich, wie viele Gedanken unser Gehirn in kürzester Zeit so produziert.

Weshalb geben uns die Weisheitstraditionen solche Anleitungen mit auf den Weg? Es geht ihnen in erster Linie darum, uns zu befähigen, Abstand von unseren Gedanken zu gewinnen, und uns damit zu der Einsicht zu verhelfen, dass wir Gedanken haben, dass wir aber nicht die Gedanken sind. Wir sind in der Regel so identifiziert mit unseren Gedanken, dass wir sie nur allzu oft mit der Realität verwechseln. Wir glauben, dass unsere Gedanken die Wirklichkeit abbilden, und vergessen, dass sie nur eine mögliche Perspektive unter zahllosen anderen sind. Wie oft fragen wir uns schon, ob das, was wir gerade denken, auch wirklich stimmt? Gedanken können, wenn wir sie nicht reflektieren, eine große Macht über uns erhalten und uns völlig von sich in Besitz nehmen. Nur indem wir immer wieder bewusst Abstand zu ihnen gewinnen, können wir uns ihrem Sog entziehen.

Anfreunden, nicht verlieben!

Da wir uns in unseren Gedankengebäuden häuslich eingerichtet haben, ist es alles andere als einfach, Abstand von unseren mentalen Bewegungen zu gewinnen. In der Achtsamkeitsmeditation üben wir daher, den Gedankenprozess zu beobachten. Wir unterbrechen immer wieder bewusst die Gedankenkette und üben uns darin, aus dem Kreislauf der Identifikation mit unseren Gedanken herauszutreten. Doch wie schaffen wir es, uns nicht unablässig in Gedanken zu verlieren? Indem wir die Funktion eines Beobachters einnehmen. Wir beobachten, wie die Gedanken kommen und gehen, ohne dass wir uns in sie hineinziehen lassen. Wir entscheiden, uns nicht mit deren Inhalt zu beschäftigen. Wir erkennen zwar, was wir denken, identifizieren uns jedoch nicht damit. Je öfter uns dies in der Meditation gelingt, desto kraftvoller wird unsere Achtsamkeitspraxis.

Wohlgemerkt – in der Achtsamkeitspraxis geht es keineswegs darum, mit dem Denken aufzuhören. Das ist ein weit verbreitetes Missverständnis. Gerade Anfänger glauben, dass es der Sinn der Meditation sei, von Gedanken frei zu werden, um so einen stillen Geist zu erlangen. Wer das versucht, wird sehr schnell ernüchtert feststellen, dass es sowieso nicht gelingt. Darin liegt auch nicht das Ziel der Achtsamkeitsmeditation. Vielmehr geht es darum anzuerkennen, dass Gedanken ein essenzieller

Bestandteil unseres Lebens sind und dass es daher auch keinen Sinn macht, gegen diese anzukämpfen. Anschaulich ausgedrückt könnten wir sagen: Es geht darum, sich mit seinen Gedanken anzufreunden, ohne sich dabei in diese zu verlieben.

Ablenkungsmanöver durchschauen

Achtsamkeitsmeditation bedeutet aber auch nicht, dass wir nun einfach über alles Mögliche nachdenken könnten. Manche Menschen nutzen die Zeit der Meditation als eine Gelegenheit, über Ereignisse zu reflektieren und ihr Leben zu planen. Das ist durchaus verständlich, denn die ungestörte Zeit auf dem Meditationskissen bietet sich dafür förmlich an. Doch das ist nicht der Sinn der Sache und ganz sicher keine Achtsamkeitspraxis. Denn in dieser geht es darum, aus der Gedankenkette herauszutreten und immer wieder zu erkennen, wenn wir in unseren Gedanken verloren gegangen sind. Bereits der Gedanke, man könnte in der Meditation wichtige Dinge reflektieren, ist ein Ablenkungsmanöver unseres Geistes. Während der Meditation gibt es nichts, worüber es sich lohnen würde, nachzudenken. In vielen anderen Bereichen unseres Lebens schon, doch nicht während der Achtsamkeitsmeditation. In ihr geht es darum, das stille, klare Bewusstsein im gegenwärtigen Moment zu unterstützen und zu stärken. Diese Präsenz gilt es zu pflegen, damit wir sie immer mehr in unserem täglichen Leben verankern können. Sie wird zum Fundament unseres Alltags und trägt uns auch durch hektische und schwierige Zeiten.

»Meine Gedanken hören nicht auf zu rennen, dabei soll die Meditation doch dabei helfen, die Gedanken zur Ruhe zu bringen. Wie kann ich das erreichen?«

Das ist eines der ersten Dinge, die fast alle Menschen feststellen müssen, sobald sie mit dem Meditieren beginnen. Sie werden förmlich von Gedanken überschwemmt. Da sie die meiste Zeit ihres Lebens damit verbringen, zu planen, zu analysieren und Entscheidungen zu treffen, würden sie so gerne wenigstens während der Achtsamkeitsmeditation von Gedanken verschont bleiben – und insbesondere von denen, die sie beunruhigen und Stress verursachen. Denn es ist ein ganz natürliches menschliches Bedürfnis, das loswerden zu wollen, was unangenehm oder gar schmerzvoll ist.

Solange dies jedoch das Ziel unserer Achtsamkeitsmeditation ist, haben wir noch nicht so recht verstanden, worum es wirklich geht. Denn in der Achtsamkeitsmeditation versuchen wir nicht, unsere Gedanken loszuwerden oder auszuschalten. Wir lernen vielmehr, wie wir mit diesen umgehen können. Wir akzeptieren sie als eine mentale Aktivität, die wir mit einem gewissen Abstand beobachten können. Wir nehmen sie als etwas ganz Normales wahr, damit verlieren sie ihre Gewichtung und werden leichter. Wir nehmen sie wahr, ohne von ihnen besetzt zu werden.

Wer sich seiner Gedanken in dieser Form bewusst wird, lässt sie frei und eröffnet damit einen weiten mentalen Raum. Das führt dazu, dass wir uns weit weniger mit unseren Gedanken identifizieren. Wir *sind* nicht mehr unsere Gedanken, sondern wir *haben* Gedanken. Durch diesen Perspektivwechsel können wir unsere Gedanken besser beobachten und laufen weit weniger Gefahr, von ihnen besetzt und dominiert zu werden.

»Was kann ich tun, wenn der Strudel meiner Gedanken so übermächtig und zwingend wird, dass er mich mitzureißen droht?«

Wenn Sie spüren, dass ein Gedanke nicht weggehen will und Sie sehr belastet, dann nehmen Sie diesen bewusst als belastend wahr. Indem Sie sich das gestatten, gewinnen Sie bereits einen kleinen Schritt Abstand davon. Die Erkenntnis dessen, was ist, trägt immer schon das Potenzial von Befreiung in sich.

»Wie kann ich mit Gedanken umgehen, die über mich hereinbrechen und Angst auslösen?«

Angst- und Panikzustände beginnen immer mit einer Empfindung im Körper, etwa einer Enge in der Brust oder einem rasenden Herzschlag. Dies löst die Befürchtung in uns aus, dass alles außer Kontrolle gerät. Wenn es uns möglich ist, einen Moment innezuhalten und bewusst wahrzunehmen, was geschieht, können wir erkennen, dass das nicht den Tatsachen entspricht. Mag sein, dass etwas außer Kontrolle ist, doch erst der Gedanke »Ich habe mich nicht mehr unter Kontrolle« lässt die Situation tatsächlich eskalieren. Die Achtsamkeitspraxis besteht darin, erst einmal wahrzunehmen, was wir fühlen und denken, und anschließend zu erkunden, ob das auch wirklich stimmt. Es ist, als würden wir eine Taschenlampe in die Dunkelheit halten und beobachten, was vor unseren Augen auftaucht. Wir nehmen wahr, welche Wirkung die Gedanken auf unseren Körper und unsere Emotionen haben. Das führt bereits zu einer ersten Entspannung in der angespannten Situation.

Es hilft, sich des Atems bewusst zu werden und diesen als Anker zu verwenden, um nicht von Angstzuständen weggeschwemmt zu werden. Atmen Sie einige Atemzüge bewusst ein und aus. Eine weitere sehr hilfreiche Übung ist es, die Aufmerksamkeit darauf zu richten, wie sich die Gedanken auf

Ihren Körper auswirken. Was spüren Sie? Wo spüren Sie die Auswirkungen Ihrer Gedanken? Mit Gedanken bewusst umzugehen, heißt immer auch zu beobachten, was sie auf der körperlichen Ebene auslösen. Sie verursachen Schmerzen, Engegefühle, Verspannungen, sie lassen unseren Atem stocken oder befreit fließen, führen zu Wärmegefühlen, Blockaden oder Taubheitsgefühlen. Indem wir uns freundlich und sanft unseren Körperempfindungen zuwenden, bringen wir Entspannung in die Situation. Wir treten aus dem Kreislauf der Gedanken aus, indem wir spüren und wahrnehmen, was gerade ist. Damit kehren wir in den gegenwärtigen Augenblick zurück.

In seltenen Fällen geschieht es, dass jemand von ständig wiederkehrenden Gedanken oder Gefühlen heimgesucht wird, die mit starker Angst oder Panik einhergehen. Manchmal sind es auch Erinnerungen an traumatische Situationen, in denen Bilder vergangener Erfahrungen aufsteigen, sogenannte Flashbacks. Falls Sie solche Zustände kennen oder in der Meditation andere Phänomene auftauchen, die Ihnen bedenklich scheinen, nehmen Sie Kontakt mit einer qualifizierten Achtsamkeitslehrerin oder einem Therapeuten auf. Falls Sie in Behandlung sind, sprechen Sie mit Ihrem Therapeuten oder Ihrer Ärztin darüber. Derartige Erfahrungen sind in der Meditationspraxis bekannt und es gibt verschiedene Wege, auf denen ein kompetenter Begleiter Ihnen helfen kann, damit umzugehen.

Die Macht der Gedanken

Gleichzeitig sollten wir uns davor hüten, die Kraft der Gedanken zu unterschätzen. Gedanken an sich haben zwar keine Substanz, doch sie haben zweifelsohne die Kraft, Realitäten zu erschaffen und Ereignisse herbeizuführen. Die Macht der Gedanken ist immens. Sie haben Menschen zu großartigen Fortschritten in Wissenschaft und Technik befähigt, wunderbare Werke der Philosophie und Kunst geschaffen und ebenso ganze Völker verblendet und Menschen zu Grausamkeiten unvorstellbaren Ausmaßes befähigt. Die Wirkung der Gedanken ist überall präsent, in positiven ebenso wie in negativen Ereignissen. Gedanken können zu den Gitterstäben unseres Lebens werden und uns ebenso in die Freiheit führen. Es liegt allein in unserer Verantwortung.

In den Gesprächen mit Menschen in meinen Fortbildungen höre ich oft Aussagen wie: »Das tut mir zwar nicht gut, doch ich kann es nicht ändern.« Jemand arbeitet 60 Stunden in der Woche, ist nahe dem Burn-out und sagt: »Ich weiß, dass dies zu viel ist, doch ich kann nichts daran ändern.« So werden Gedanken zu Glaubenssätzen und zu den Gitterstäben unseres selbstgebauten Gefängnisses. Bei solchen Aussagen sollte umgehend eine Glocke der Achtsamkeit in uns läuten und uns deutlich machen, wie sehr wir in unseren Gedanken verwickelt sind.

Die Achtsamkeitspraxis lädt uns dazu ein, die Möglichkeiten unseres Geistes zu weiten und neue Perspektiven einzunehmen. Schließlich können wir erkennen, welch unermessliches Potenzial unser Geist bietet und welch ungeahnte Entwicklungsmöglichkeiten er in sich birgt. Wir heben den Schatz, der in seiner Tiefe geborgen liegt.

> **ÜBUNG: ACHTSAMKEIT AUF DEN ATEM, AUF GERÄUSCHE UND GEDANKEN**
>
> Es ist sinnvoll, bereits mit der Achtsamkeit auf den Atem vertraut zu sein, bevor Sie mit der folgenden Meditation beginnen, damit Sie ein stabiles Fundament für diese aufbauende Übung etablieren.
>
> Zu Beginn dieser Meditation üben Sie die ersten 10 Minuten Achtsamkeit auf den Atem, wie ab Seite 59 beschrieben. Erweitern Sie dann Ihre Achtsamkeit vom Atem auf die Geräusche um sich herum. Statt danach zu suchen, lassen Sie die Geräusche von selbst an Ihr Gehör dringen.
> Nehmen Sie wahr, wie ein Geräusch entsteht, es Ihnen bewusst wird und dann wieder verklingt. Nehmen Sie das Fließen von Moment zu Moment wahr. Vielleicht merken Sie dabei, wie schnell Sie Geräuschen einen Namen geben und sie vielleicht auch beurteilen. Sie stellen möglicherweise fest, dass Sie bei den angenehmen Geräuschen verweilen möchten, während Sie gleichzeitig versuchen, die unangenehmen Geräusche nicht zu hören. Machen Sie sich bewusst: In sich sind Geräusche nichts anderes als Geräusche, nur wir geben ihnen eine Bedeutung.
> Einfach hören ... von Moment zu Moment. Empfangen Sie die Geräusche.
> Nun erweitern Sie Ihre Aufmerksamkeit, um Ihre Gedanken mit aufzunehmen. Machen Sie den Gedankenprozess zum Objekt der Meditation. Beobachten Sie, wie ein Gedanke entsteht, durch Ih-

ren Geist fließt und wieder verschwindet.

Ihre Gedanken können sich um alles Mögliche drehen: Vergangenheit oder Zukunft, Planen, Erinnerungen, Wünsche oder Vorstellungen, etc. Was auch immer sie sein mögen, beobachten Sie sie nur. Lassen Sie sich nicht vom Inhalt gefangen nehmen, sondern nehmen Sie die Gedanken lediglich als geistige Aktivität wahr.

Dabei kann es immer wieder passieren, dass Ihnen bewusst wird, dass Sie auf den Zug der Gedanken aufgesprungen sind. Dann bemerken Sie einfach, was gerade geschieht, und entscheiden sich bewusst dafür, wieder zu beobachten, wie Gedanken entstehen, verweilen und vergehen.

Es liegt in der Natur der Gedanken, dass sie erscheinen und wieder verschwinden… dass sie kommen und gehen.

Solange wir uns nicht hineinbegeben und uns nicht im Inhalt verfangen, sind die Gedanken nur eine vorübergehende Erscheinung. Die Gedanken bleiben nur, wenn wir sie festhalten.

Es kann aber auch sein, dass Sie feststellen, dass ein Gedanke sehr stark und dominant ist. Dass er nicht vorbeifließt. Dann bringen Sie Ihre Achtsamkeit zurück auf den Atem. Damit verdrängen Sie den Gedanken nicht, sondern verabschieden sich bewusst von ihm.

Sobald Sie wieder im Atem verankert sind, beginnen Sie erneut mit der Wahrnehmung des Gedankenprozesses.

Zum Abschluss der Meditation lenken Sie Ihre Achtsamkeit bewusst zurück auf den Atem. Nehmen Sie die körperliche Bewegung des Atems wahr. Der Atem kommt und geht. Die Geräusche kommen und gehen. Die Gedanken kommen und gehen.

Mit Sinneseindrücken umgehen

Hörst du die Stille hinter der Stille?
WILLIGIS JÄGER

Ebenso wie uns der Atem stets begleitet, so sind wir auch beständig von Sinneseindrücken umgeben. In jedem Moment registriert unser Gehirn sensorische Informationen über das Hören, Sehen, Riechen, Schmecken, über Tastempfindungen und Wahrnehmungen aus unserem Körperinneren. Vieles davon bleibt jedoch unterhalb der bewussten Wahrnehmungsschwelle. In der Achtsamkeitspraxis bietet das Gewahrsein auf Sinneseindrücke wunderbare Übungsmöglichkeiten. Ich möchte in diesem Kapitel besonders auf den Aspekt des Hörens eingehen.

Ein Konzert der Stille

1952 fand in Woodstock, New York, die spektakuläre Uraufführung einer Komposition von John Cage, einer Schlüsselfigur der Neuen Musik, mit dem Namen »4'33« statt. Der Pianist David Tudor betrat die Bühne, verbeugte sich, setzte sich an den Flügel, legte die Hände auf das Piano und verharrte in dieser Stellung. Die Zuhörer wurden unruhig, fingen an sich zu räuspern, die ersten Proteste wurden hörbar. Nach vier Minuten und 33 Sekunden schloss der Pianist den Klavierdeckel, verbeugte sich und verließ die Bühne. Die Konzertbesucher waren aufgebracht. Sie fühlten sich um ihr Konzerterlebnis betrogen. Der Komponist John Cage hielt dem entgegen: »Es hat ein Konzert stattgefunden.«

Was wollte John Cage mit diesem Konzert der besonderen Art den Zuhörern vermitteln? Und was war die Essenz dessen, was die Zuhörer an diesem Abend nicht hören konnten? Dem Komponisten zufolge besteht das Werk aus drei Sätzen – drei Sätze völliger Stille. Demzufolge hat also tatsächlich ein Konzert stattgefunden – ein Konzert der Stille. Dabei waren alle Geräusche wie das Husten der Zuhörer, das Rauschen der Klimaanlage, das Knarzen der Stühle oder das Rascheln der Programmhefte ein Teil des Konzerts. Was John Cage seinen Zuhörern abverlangte, war ein Lauschen in die Stille, ein Empfangen ohne Erwartungen, ein Hören im Nicht-Hören. Das war den Konzertbesuchern an diesem

Abend aber ebenso wenig möglich, wie es uns die meiste Zeit unseres Lebens möglich ist. Sie hatten klare Vorstellungen davon, was sie hören wollten. Was sie nicht hören wollten und daher auch nicht hören konnten, war das Konzert der Stille, das ihnen geboten wurde.

In die Stille hören

Die Praxis des Hörens ist eine Meditationsübung, die viele spirituelle Traditionen lehren. Diese dient dazu, zu innerer Ruhe zu kommen und Zugang zur Stille in uns zu erhalten. Die Stille ist das Herz aller Spiritualität. »Höre die Stille hinter der Stille«, lautet eine Anweisung aus der Kontemplation. Die Stille lehrt uns: Halte nichts fest. Sei ganz offen und durchlässig. Erst wenn wir all unsere Vorlieben, Wünsche, Konzepte und Vorstellungen losgelassen haben, können wir den Ort der Stille betreten und erfahren, wie das ganze Leben durch uns hindurchfließt.

Eine Übung der Achtsamkeitsmeditation gilt daher dem Hören von Geräuschen. Die Anweisung (siehe Übung weiter unten) lautet dabei, einfach alle Geräusche zu hören, ob sie von innerhalb oder außerhalb des Zimmers kommen oder sogar aus unserem eigenen Körper, und das in einer urteilslosen Haltung und ohne zu analysieren.

Diese Übung ist alles andere als einfach, auch wenn sie einfach klingen mag. Denn sie erfordert von uns die Bereitschaft zum Nicht-Beurteilen, Nicht-Wissen und Nicht-Anhaften. Für die Wahrnehmung von Geräuschen bedeutet dies, unser Bewusstsein immer wieder zum Hören zurückzubringen, sobald dieses abschweift. Denn wir hören ja nicht nur, sondern wir beginnen umgehend damit, das Gehörte zu benennen, zu werten und zu beurteilen. Manche Geräusche empfinden wir als angenehm und andere als unangenehm, manche lösen glückliche Gefühle in uns aus, andere Angst oder Beunruhigung. Sie werden in der Übung schnell feststellen können, dass Sie den angenehmen Geräuschen gerne lauschen und auf die unangenehmen mit Abwehr reagieren. Dies löst als Folge häufig eine ganze Kette von Gedanken, Assoziationen, Erinnerungen oder Befürchtungen aus. Nehmen Sie diese zur Kenntnis, doch schenken Sie ihnen keine weitere Beachtung.

Die Übung besteht darin, alles zuzulassen und zugleich loszulassen. Wir üben, ohne Filter zu hören. Wir hören einfach hin mit der Intention, das, was ist, ohne Vorlieben und Abneigungen und ohne Bewertungen zu hören. Und falls wir merken, dass wir doch werten, nehmen wir auch das zur Kenntnis und lassen es wieder los, so gut wir können.

Diese Übung verhilft uns zu einer Erweiterung unserer Wahrnehmung und sie unterstützt uns darin, den Geist offen zu halten. Geräusche kommen und gehen, das ist

> **ÜBUNG: GERÄUSCHE WÄHREND DER MEDITATION WAHRNEHMEN**
>
> Während wir meditieren, werden wir uns häufig der verschiedenen Formen von Sinneseindrücken bewusst. Dabei kann es sich um innere Bilder handeln, um Gerüche, Berührungen oder eben um Geräusche. Geräusche sind in der Regel immer da. Wenn wir in die Stille gehen, hören wir plötzlich sehr deutlich das Ticken der Uhr, das Husten unseres Nachbarn neben uns auf dem Kissen, die Startschwierigkeiten des Autos vor dem Fenster. In der folgenden Übung lade ich Sie dazu ein, sich darüber bewusst zu werden, wie Sie mit Geräuschen umgehen. Sie können dies während einer formalen Sitzmeditation ausprobieren oder in einer Alltagssituation.
> Werden Sie sich bewusst, dass Geräusche an Ihr Ohr dringen. Reagieren Sie emotional auf das Geräusch? Kategorisieren Sie das Geräusch und beurteilen es als angenehm, neutral oder unangenehm?
> Spüren Sie körperliche Reaktionen auf das Geräusch? Spüren Sie eine Anspannung im Gesicht oder im Körper? Fühlen Sie sich angestrengt?
> Möchten Sie, dass das Geräusch möglichst schnell endet oder im Gegenteil, dass es anhält?
> Löst das Geräusch Bilder in Ihnen aus? Versuchen Sie, die Quelle des Geräuschs zu finden?
> Urteilen Sie über dessen Qualität? »Woher nur kommt dieses furchtbare Geräusch?« »Das Singen der Vögel ist wunderbar!«

der natürliche Lauf der Dinge. Indem wir einfach wahrnehmen, wie diese an uns vorüberziehen, öffnen wir uns für den Fluss des Lebens.

»Wenn ich versuche, innerlich still zu werden und zu meditieren, merke ich nichts von Stille, im Gegenteil: Ich stelle erst so richtig fest, wie laut es ist.«

Auch wenn wir andere Erwartungen haben: Fakt ist, dass es alles andere als still ist, wenn wir beschließen, in die Stille zu hören. Gerade dann, wenn wir der Stille lauschen wollen, erleben wir die Geräusche um uns herum als besonders laut und lästig. Wir können förmlich das Gras wachsen hören. Und vor allem hören wir das ständige Palaver unser eigenen Gedanken, die nicht gewillt sind, Ruhe zu geben.

Wir stellen fest, dass es weder um uns noch in uns still ist.

Nun können wir an diesem Punkt entweder einen sinnlosen Kampf gegen die Geräusche aufnehmen, frustriert aufgeben oder das tun, was die Achtsamkeitspraxis als Übung empfiehlt: die Geräusche und Gedanken willkommen heißen und sie als Teil der Übung betrachten.

Hören und gehört werden

Indem wir diese Art des vorurteilslosen und nicht-bewertenden Hörens üben, erlangen wir auch die Fähigkeit, anderen Menschen wirklich zuhören zu können. Erst wenn wir unsere eigenen Filter von Vorlieben und Abneigungen ablegen und unsere Vorstellungen, Erwartungen und Bewertungen beiseitelassen, können wir hören, was ein anderer Mensch sagt. Denn sonst hören wir nur das, was wir hören wollen. Fragen Sie sich daher im Gespräch immer wieder

ÜBUNG: GERÄUSCHE ANNEHMEN

Stellen Sie sich am Beginn der Übung vor, Ihr Bewusstsein wäre wie ein Mikrofon, das einfach alles aufnimmt, ohne zu werten. Nehmen Sie alle Geräusche um sich herum auf – das Lachen, Reden, Weinen, Husten, Vogelgesang oder ein vorbeifahrendes Auto … Denken Sie nicht darüber nach, was gut wäre aufzunehmen und was nicht so gut wäre. Ein Mikrofon nimmt alles vorbehaltlos und wertfrei auf. Es trifft keine Unterscheidung. Für das Mikrofon sind alle Geräusche in Ordnung. Üben Sie sich einfach darin, die Geräusche kommen und gehen zu lassen. Und bemerken Sie dabei, was passiert. Öffnen Sie Ihr Bewusstsein für die Geräusche um Sie herum.
Die wichtige Lehre darin lautet: Alle diese Geräusche dürfen sein. Sie sind einfach da. Mag sein, dass Sie diese nicht wollen, dass es Sie stört, wenn jemand im Stockwerk über Ihnen Heavy Metal hört, während Sie doch Klassikfan sind. Erweitern Sie bewusst Ihre Perspektive und nehmen Sie einfach wahr, was da ist. Einfach alles so, wie es ist, zu hören.
Wenn Sie öfter mit dieser Übung experimentieren, werden Sie feststellen, wie es Ihnen mit der Zeit leichter fällt, die Geräusche um sich herum anzunehmen. Sie müssen sie nicht mögen. Doch wir können erkennen, dass sie da sind und dass wir ihnen nicht ausgeliefert sind, sondern uns ihrer bewusst sein können. Sie stärken damit die Fähigkeit, dem Leben mit all seinen vielfältigen Facetten und Aspekten vorbehaltlos und vorurteilslos zu begegnen.

selbst: »Höre ich wirklich den Menschen, der mir gegenüber sitzt? Oder höre ich nur meine eigenen Ideen über diesen Menschen?«

Der tiefste Wunsch, den wir alle haben, ist, gehört zu werden. Und das größte Geschenk, das wir einem anderen Menschen machen können, ist, ihm wirklich zuzuhören und zu erkennen, was er jetzt gerade braucht. Hierfür öffnen wir uns ganz für unser Gegenüber. Dies erfordert von uns, zurückzutreten und nicht alles immer nur auf uns zu beziehen.

Üblicherweise nehmen wir die Welt mit einer eingeschränkten Ich-Perspektive wahr. Wir nehmen uns selbst viel zu ernst. Alles beziehen wir immer auf uns, so als ob wir das Zentrum der Welt wären. Wenn wir bereit sind, unsere Ich-Perspektive zu erweitern und unsere Konzepte und Vorstellungen von der Welt fallenzulassen, kann sich dies anfangs durchaus so anfühlen, als würden wir die Orientierung verlieren. Denn wir geben damit auch die vermeintliche Sicherheit auf, mit der wir der Welt begegnen. Das kann Angst auslösen und die Frage aufwerfen: Wie kann ich wissen, was zu tun ist, wenn alles offen ist? Wenn wir jedoch bereit sind, in uns und in die jeweilige Situation hineinzuhören, können wir wahrnehmen, was diese von uns erfordert und dementsprechend darauf reagieren.

Eine Zen-Geschichte

Die Schülerin kommt zum Meister und fragt ihn, wie sie Achtsamkeit praktizieren könne. Vor dem Fenster regnet es. Der Meister fragt sie: »Hörst du die Regentropfen?« Die Schülerin bejaht dies. Der Meister sagt: »Dann höre einfach.«

Sehen, riechen, schmecken und tasten

Alle Sinneseindrücke eignen sich für formale ebenso wie für informelle Achtsamkeitspraxis. Gleich ob wir etwas sehen, riechen, schmecken oder tasten, wir können all diese Erfahrungen wie in der Übung zum achtsamen Hören nutzen, um sie neugierig und unvoreingenommen zu erforschen. Im nächsten Kapitel finden Sie eine interessante Anleitung für eine Übung zum achtsamen Sehen. Zum Abschluss dieses Kapitels möchte ich Ihnen eine Übung vorstellen, die alle Sinne anregt. Als Übung im achtsamen Essen ist es eine Praxis, bei der wir uns selbst auf allen Ebenen nähren. Zugleich eignet sie sich wunderbar für die Alltagspraxis und nicht nur in einer Zen-Küche, wie ich es auf Seite 29 erzähle.

ÜBUNG: EINE GANZE WELT IN EINER MÖHRE

Für diese Übung, eine Karotte achtsam vorzubereiten und dann zu essen, ist es hilfreich, mit der Absicht zu beginnen, dass Sie eine Übung in Achtsamkeitsmeditation ausführen. Ich möchte Ihnen einige Vorschläge machen, wie Sie sich der Übung nähern können, doch bitte erforschen Sie auch eigene Herangehensweisen.

Vielleicht haben Sie eine Tüte Karotten im Kühlschrank. Während Sie in die Tüte greifen, bemerken Sie, dass Ihre Hand weiß, wie man nur eine Karotte herausnimmt. Können Sie die anderen Karotten an Ihrer Hand spüren, wenn Sie die eine ergreifen? Spüren Sie das Papier an Ihrer Haut?
Wie ist die Temperatur der Möhre? Ist die Karotte rau oder glatt? Hat sie Ausbeulungen oder ist sie an manchen Stellen eingedrückt?
Welche Gedanken sind vorhanden, während Sie die Karotte hochnehmen, um sie anzuschauen? Überlegen Sie, ob Sie die Karotte schälen müssen oder nicht?
Ist die Farbe einheitlich oder gibt es hellere und dunklere Stellen? Ist sie intensiv oder blass? Sieht die Karotte trocken oder saftig aus? Welche anderen Dinge können Sie noch bemerken oder beobachten, von denen ich noch nicht gesprochen habe?

Eine intensive Reflexion könnte beginnen, wenn Sie sich fragen, wo die Karotte angebaut und geerntet wurde. Sich all die Menschen vorzustellen, die die Erde bearbeitet haben, Samen gepflanzt, die Karotte geerntet, gewogen und verpackt haben, wie sie in den Laden transportiert wurde, die Angestellten, die sie ins Regal gelegt haben ... Und an einem bestimmten Moment nahmen Sie die Karotte und trugen sie mit nach Hause. Wie erstaunlich!
Nehmen Sie sich Zeit, an der Möhre zu riechen. Schließen Sie die Augen und halten Sie sie unter die Nase. Woher wissen Sie, dass dies der Geruch einer Karotte ist? Und wie riecht sie? Würzig, scharf, muffig? Können Sie vom Geruch her sagen, ob die Karotte frisch oder alt ist?
Stellen Sie sich vor, Sie sollten den Geruch beschreiben. Welche Worte würden Sie gebrauchen?
Legen Sie die Karotte auf ein Schneidebrett. Nehmen Sie ein Messer und registrieren Sie dabei, dass die Hand weiß, wie man ein Messer hält. Stellen Sie auch fest, dass Ihre beiden Hände wissen, was sie zu tun haben, indem eine die Karotte hält und so hinlegt, dass die andere Hand schneiden kann. Welche Empfindungen spüren Sie, wenn Sie das Messer an die Karotte legen? Leistet die Karotte Widerstand oder

scheint die Klinge schon hineinzugleiten? Spüren Sie die Muskeln in Ihrem Arm und Ihrer Hand, während Sie sich zum Schneiden bereitmachen?

Bemerken Sie, wie Sie das Messer beim Schneiden handhaben. Führen Sie den Schnitt im Ganzen aus oder setzen Sie die Klinge oben an, um dann den Messergriff nach unten zu drücken?

Beginnen Sie nun damit, die Karotte in Scheiben zu schneiden. Stellen Sie fest, welche Größe Ihre Scheiben haben. Sind sie dick oder dünn oder mittel? Entsteht der Gedanke, die Scheiben zu halbieren? Wie arbeiten Ihre Hände zusammen, um das Schneiden zu bewerkstelligen?

Wie konzentriert sind Sie beim Schneiden? Sind Sie völlig präsent für jede Scheibe oder bemerken Sie, dass Ihre Aufmerksamkeit manchmal völlig da ist und Sie manchmal im Autopilot schneiden, in anderen Worten also Ihre Hände schneiden, Ihr Geist aber anderswo ist?

Stellen Sie fest, dass Sie im Autopilot sind, dann halten Sie inne. Legen Sie Messer und Karotte auf das Schneidebrett und platzieren Sie Ihre Hände auf den Bauch. Stehen Sie so und praktizieren Sie einige Momente Gewahrsein des Atems.

Wenn Sie sich ganz präsent fühlen, beginnen Sie wieder zu schneiden mit der Absicht, für jede Scheibe präsent zu sein, Scheibe für Scheibe.

Wenn Sie die Karotte fertig geschnitten haben, nehmen Sie eine Scheibe in die Hand und untersuchen Sie sie sorgfältig, so wie Sie zu Beginn die gesamte Karotte betrachtet haben.

Wenn Sie soweit sind, dann legen Sie die Karottenscheibe an Ihre Lippen und bemerken Sie, welche Empfindungen sich einstellen. Spüren Sie Weiche oder Härte? Wie erkennen Ihre Lippen die Temperatur?

Nehmen Sie die Karotte nun in den Mund, kauen Sie jedoch noch nicht. Bemerken Sie, dass Ihr Mund weiß, wie er die Karotte in Empfang zu nehmen hat. Berühren Sie die Karottenscheibe dann mit der Zunge und untersuchen Sie die Oberfläche. Welche Empfindungen spüren Sie, während die Zunge über die Karotte gleitet?

Welche Reaktionen sind im Mundraum sonst noch spürbar? Entsteht beispielsweise mehr Flüssigkeit? Welche Geschmäcker sind wahrnehmbar?

Nehmen Sie die Karotte zwischen die Backenzähne. Gibt es den Impuls, zuzubeißen? Oder taucht der Gedanke auf, wie es sein wird zu kauen? Sind Gefühle oder Stimmungen wahrnehmbar?

Beginnen Sie in Ihrer eigenen Zeit zu kauen. Mit welchem Druck haben Sie zugebissen? Haben Sie das Beißen als angenehm, unangenehm oder neutral empfunden? Waren Gedanken da oder Gefühle?

Haben Sie Empfindungen bemerkt? Vielleicht Anspannung im Kiefer? Oder Trockenheit im Mund?

Kauen Sie so langsam wie möglich. Bemerken Sie, wie die Karotte langsam kleiner wird. Welche Geschmäcker erleben Sie, während Sie kauen? Sind diese in allen Bereichen des Mundes gleich? Wenn Sie soweit sind, dann schlucken Sie, was von der Karotte noch übrig ist. Wie viel davon spüren Sie, während Sie schlucken und die Reste sich durch Ihre Speiseröhre bewegen? Welche Empfindungen nehmen Sie wahr?

Sobald der Prozess des Schluckens für Sie zuendegekommen ist, nehmen Sie sich einen Moment Zeit, um über das Schneiden und Essen der Karotte zu reflektieren. Welche Aspekte der Übung machen daraus eine Achtsamkeitsübung?

Indem Sie diese Fragen erwägen, entwickeln Sie ein Gespür für die Qualitäten informeller Achtsamkeitspraxis und wie diese eine wichtige Rolle in Ihrem Leben einnehmen kann. Es ist schließlich nicht die Handlung selbst, die bestimmt, ob es sich um eine Achtsamkeitsübung handelt oder nicht, sondern die Qualität unserer Aufmerksamkeit, die wir in die Übung einbringen.

Von der Achtsamkeit auf den Atem zu offenem Gewahrsein

Gewahrsein ist die stille und nicht-wählende Beobachtung dessen, was ist.

JIDDU KRISHNAMURTI

In den Sitzmeditationen, die ich in den vorherigen Kapiteln beschrieben habe, wurden die folgenden vier Meditationsanleitungen in Bezug auf Phänomene vorgestellt:

ACHTSAMKEIT AUF DEN ATEM
Diese grundlegende Anleitung kann sowohl als eigenständige Sitzmeditation wie zu Beginn aller Übungen in diesem Buch praktiziert werden (vgl. Seite 59).

ACHTSAMKEIT AUF KÖRPEREMPFINDUNGEN UND AUF DEN KÖRPER ALS GANZES
Nachdem wir einige Zeit mit der Achtsamkeit auf den Atem gesessen haben, können wir unsere Aufmerksamkeit auf auftretende Körperempfindungen und den Körper als Ganzes richten (vgl. Seite 81). Wir suchen dabei nicht nach Empfindungen, sondern werden uns ihres Auftretens und ihrer Qualitäten bewusst, wenn und falls sie entstehen. Wir beenden die Übung mit der Achtsamkeit auf den Atem.

ACHTSAMKEIT AUF GERÄUSCHE
Wir können eine Zeitlang Achtsamkeit auf den Atem üben, dann achtsames Hören praktizieren und mit achtsamem Atmen enden. In dieser Meditation erlauben wir uns, uns der Geräusche bewusst zu werden. Wir suchen nicht nach Geräuschen, sondern werden uns ihrer gewahr, wenn und falls sie auftauchen (vgl. Seite 92 / 93).

ACHTSAMKEIT AUF DEN PROZESS DES DENKENS (GEDANKEN)
Wir beginnen mit einer Periode von Atemachtsamkeit, praktizieren dann Achtsamkeit auf Gedanken und enden mit Achtsamkeit auf den Atem. Wir produzieren keine Gedanken und suchen nicht nach ihnen; wir bemerken sie einfach, wenn und falls sie auftauchen (vgl. Seite 88).

Ich möchte Ihnen vorschlagen, jede Sitzmeditation mit der Achtsamkeit auf den Atem zu beginnen und zu beschließen.

Eine 20-minütige Meditationssitzung, die Achtsamkeit auf alle der oben genannten Phänomene enthält, könnte wie folgt strukturiert werden:

ZEITRAUM	UNTERSCHIEDLICHE PHÄNOMENE
Von Minute 1 bis 5	Achtsamkeit auf den Atem
Von Minute 5 bis 8	Achtsamkeit auf den gesamten Körper
Von Minute 8 bis 12	Achtsamkeit auf Geräusche
Von Minute 12 bis 16	Achtsamkeit auf Gedanken
Von Minute 16 bis 20	Achtsamkeit auf den Atem

Am Ende jedes Abschnitts erlauben wir der Aufmerksamkeit, die auf ein Objekt gerichtet war, sich in den Hintergrund zurückzuziehen, und der nächsten Aufmerksamkeit, die sich auf ein anderes Objekt richtet, in den Vordergrund zu treten – vergleichbar mit dem Einblenden und Ausblenden in einem Kinofilm.

Warum üben wir auf diese Art?

Zu lernen, dass wir unsere Achtsamkeit auf unterschiedliche Phänomene lenken können, ist ein Grund, warum wir diese verschiedenen Ausrichtungen der Aufmerksamkeit üben. Das ist eine sehr wichtige Fähigkeit, die wir in der Achtsamkeitspraxis trainieren, denn sie unterstützt uns dabei, zu wissen, wo wir sind, wenn wir dort sind, statt uns im ganzen Durcheinander zu verlieren oder von der Hektik unseres Alltag mitgerissen zu werden.

Wir üben auch auf diese Art und Weise, um uns für die Meditationspraxis des offenen Gewahrseins vorzubereiten.

> **HINWEIS**
>
> Zwischendurch auf die Uhr zu sehen, um die Zeiten zu kontrollieren, ist nicht empfehlenswert. Schüler von mir, die dies ausprobierten, haben es als sehr störend für die Meditation beschrieben. Verstehen Sie die Minuteneinteilung bitte lediglich als Grobeinschätzung. Sie soll Ihnen einen Eindruck davon geben, nach welchem Zeitraum Sie proportional gesehen zum nächsten Meditationsabschnitt wechseln sollten.
> Es sind auch CDs mit geleiteten Meditationen erhältlich, die auf dieser Struktur beruhen. Eine ist auf meiner Website zu hören (siehe Anhang). Die Meditationen, die ich hier beschreibe, basieren auf der Praxis der Sitzmeditation, wie sie in der Stressbewältigung durch Achtsamkeit (MBSR) unterrichtet wird. (Sie finden CD-Vorschläge am Ende des Buches.)

Von der Achtsamkeit auf verschiedene Phänomene zu offenem Gewahrsein

Offenes Gewahrsein zu praktizieren bedeutet, sich des ganzen Feldes des Bewusstseins im gegenwärtigen Moment bewusst zu sein, in dem alle Phänomene (Atem, Körperempfindungen, Geräusche, Gedanken und Gefühle) kommen und gehen. Der Geist öffnet sich der Fülle des gegenwärtigen Moments, statt sich auf nur eines dieser Phänomene zu konzentrieren. Wir üben uns darin, der unterschiedlichen Qualitäten dieser Phänomene gewahr zu sein, *während sie von selbst auftauchen* (Lautstärke oder Grad der Stille, Dauer, Intensität, etc.). Im offenen Gewahrsein, das man auch nichtwählendes Bewusstsein nennen könnte (der indische Philosoph Jiddu Krishnamurti sprach von »choiceless awareness«), schulen wir uns darin, diese Erfahrungen zu empfangen, statt sie aktiv zu suchen.

In den grundlegenden Übungen, wie ich sie weiter oben beschrieben habe, üben wir hingegen eine Form der sanften und gerichteten Konzentration ein. In diesen Anleitungen wurden Sie daher jedes Mal gebeten, Ihrer Aufmerksamkeit zu gestatten, sich auf *einem* Objekt (etwa dem Atem) niederzulassen und dann zu üben, von Moment zu Moment dort achtsam zu verweilen. In dem Moment, in dem Sie bemerken, dass Ihre Aufmerksamkeit zu einem anderen Objekt gewandert war (Geräusche, Empfindungen oder Gedanken), dann lautet die Anweisung, zuerst zu bemerken, wohin die Aufmerksamkeit abgedriftet war, und dann die Aufmerksamkeit wieder zurück zu dem Objekt zu bringen, das der Fokus Ihrer Übung ist.

Zur Verdeutlichung möchte ich Ihnen gerne beschreiben, was geschieht, wenn ein Auto an Ihrem Haus vorbeifährt, und zwar einmal aus der Perspektive gesehen, dass Sie Achtsamkeit auf den Atem üben, einmal unter der Prämisse, dass Sie offenes Gewahrsein praktizieren.

ACHTSAMKEIT AUF DEN ATEM PRAKTIZIEREN: EIN AUTO FÄHRT VORBEI
- Achtsamkeit auf den Atem üben
- Sich bewusst werden, dass ein Auto vorbeifährt
- Das Geräusch des fahrenden Autos wahrnehmen
- Die Aufmerksamkeit von der Fokussierung auf das Auto abziehen
- Zur Aufmerksamkeit auf den Atem zurückkehren

OFFENES GEWAHRSEIN PRAKTIZIEREN: DASSELBE AUTO FÄHRT VORBEI
Ich beschreibe lediglich ein Beispiel dessen, was in Ihrer Erfahrung auftauchen könnte. Es geht nicht darum, dass Sie den unten genannten Schritten folgen, sondern in ähnlicher Weise mit *Ihrer eigenen* Moment-zu-Moment-Erfahrung präsent zu sein.

- Sich bewusst sein, dass Sie offenes Gewahrsein üben
- Den Gedanken haben: »Ein Auto fährt vorbei.«
- Sich des vorbeifahrenden Autos bewusst werden (das brummende Geräusch wahrnehmen, das Sie mit einem Automotor assoziieren)
- Sich dem Geräusch öffnen und seine Qualitäten bemerken (tief, grollend, an Lautstärke zunehmend)
- Sich eines Gedankens über das Geräusch bewusst werden: »Das ist sehr laut. Ich hoffe, das dauert nicht mehr lang.«
- Bemerken, dass die Lautstärke des Geräusches abnimmt
- Bemerken, dass das Geräusch nicht mehr zu hören ist
- Ein auftauchender Gedanke: »Das Auto ist weg.«
- Sich einer juckenden Stelle am Nacken bewusst werden. Die Empfindung auf der Haut wahrnehmen
- Gewahrsein mehrerer ineinanderfließender Gedanken: »Das ist unangenehm. Ich möchte mich kratzen. Nein, das sollte ich nicht tun.«
- Bemerken, wie der Juckreiz an Intensität zunimmt
- Sich bewusst werden, dass das Jucken nach oben zum Hinterkopf wandert
- Ein Gefühl der Wärme am Hinterkopf spüren
- Einen Gedanken bemerken: »Die Meditationszeit ist fast vorüber.«
- Sich des Gedankens bewusst werden: »Ich werde zur Achtsamkeit auf den Atem zurückkehren, bis der Meditations-Timer losgeht.«
- Wahrnehmen, dass der Klang des Timers die Ende der Sitzperiode anzeigt

Wer diese Punkte liest, mag meinen, dass eine ganze Menge Zeit verstrichen ist. Tatsächlich könnten diese Sätze jedoch eine Periode von etwa einer Minute widergeben.

Die Übung des offenen Gewahrseins

Eine Herausforderung beim Üben von offenem Gewahrsein liegt darin, dass wir uns schnell überwältigt davon fühlen können, wenn wir versuchen, jedes auftauchende Phänomen zu registrieren. An einem bestimmten Punkt, und der ist manchmal bereits nach wenigen Minuten erreicht, meint man, die Kontrolle zu verlieren. Es ist, als wollten Sie einen Stift von Ihrem Schreibtisch aufheben, und er fällt Ihnen aus den Fingern. Sie versuchen es erneut und heben ihn auf, doch er fällt wieder herunter. Das geschieht wieder und wieder und Sie beginnen, ihn stärker festzuhalten, und doch fällt er erneut auf den Tisch. Sie bemerken Frustration, Ärger, Enge, Entschlossenheit, vielleicht Hilflosigkeit und so weiter.

Wenn wir offenes Gewahrsein praktizieren, versuchen wir nicht, irgendetwas festzuhalten. Wir versuchen nicht, jedes Geräusch, jeden Gedanken, jedes Bild, jede Empfindung zu registrieren. Wir versuchen nicht, etwas zu erreichen in dem Sinne, wie wir das Wort üblicherweise verstehen. Offenes Gewahrsein meint nicht, etwas zu tun, sondern gegenwärtig dafür zu sein, wie sich alles entfaltet. Es ist eine entspannte und sehr präsente Art des Gewahrseins, die sich eher mit dem Geisteszustand vergleichen lässt, der bereits im Abschnitt »Den Geist ruhen lassen« beschrieben wurde (vgl. Seite 39).

Und um einen sehr wichtigen Hinweis noch einmal zu wiederholen: Offenes Gewahrsein hat absolut nichts damit zu tun, wegzudämmern oder mental abzuheben. Es ist klares, präsentes Gewahrsein, ganz im gegenwärtigen Moment, wach und bewusst.

ZEITRAUM	UNTERSCHIEDLICHE PHÄNOMENE
Von Minute 1 bis 3	Achtsamkeit auf den Atem
Von Minute 3 bis 6	Achtsamkeit auf den gesamten Körper
Von Minute 6 bis 10	Achtsamkeit auf Geräusche
Von Minute 10 bis 13	Achtsamkeit auf Gedanken
Von Minute 13 bis 17	Offenes Gewahrsein
Von Minute 16 bis 20	Achtsamkeit auf den Atem

Struktur einer Meditation in offenem Gewahrsein

Wenn Sie offenes Gewahrsein in einer 20-minütigen Meditation üben wollen, möchte ich Ihnen vorschlagen, die Sitzperiode in etwa so zu strukturieren, wie es in der Übersicht angegeben ist. Mit der Zeit können Sie die Abschnitte so verlängern, dass Sie schließlich auf eine Gesamtdauer von 30 Minuten kommen.

Wenn Sie in der Praxis achtsamer Sitzmeditation Stabilität erlangt haben, können Sie den Zeitraum des offenen Gewahrseins während einer Sitzperiode auch verlängern. Sie könnten beispielsweise für das erste und das letzte Viertel der Zeit Achtsamkeit auf den Atem üben und die restlichen 50 Prozent offenes Gewahrsein praktizieren.

Es geht mir bei diesen Anleitungen nicht darum, die Praxis mechanisch oder künstlich zu machen. Es sollte eine sanfte Präzision in der Praxis liegen, eine weiche und zugleich klare Energie, die beständig fließt. Die rechte Balance zu finden, sodass unsere Achtsamkeit weder zu lax noch zu streng wird, erfordert Zeit. Und es wird immer wieder Momente geben, in denen es Ihnen vorkommt, als haben Sie diese Balance gefunden, und andere, wo sie Ihnen zu entgleiten scheint.

Stellen Sie sich vor, Sie würden in den Bergen wandern und wissen, dass unter Ihnen ein unterirdischer Fluss fließt. Vielleicht spüren Sie ihn manchmal sehr stark und seine Strömung vibriert unter Ihren Fußsohlen. Zu anderen Zeiten nehmen Sie ihn kaum wahr. Doch Sie wissen, dass er da ist, weil Sie ihn zuvor gespürt haben. Und so gehen Sie weiter in der ruhigen Gewissheit, dass der Fluss unter Ihren Füßen dahinströmt.

Es gibt keine Störung

In der Übung des offenen Gewahrseins erlauben wir allem, was in das Feld der Achtsamkeit tritt, zu kommen und zu gehen, ohne uns auf etwas Bestimmtes zu fokussieren. Geräusche kommen und gehen, danach Gedanken, dann Empfindungen, wieder Gedanken, und dann spüren wir den Atem. Empfindungen. Wir suchen nach nichts und wir hängen an nichts.

Wir erlauben dem Feld des Geistes, sich auszuweiten, ohne uns auf etwas Spezifisches auszurichten.

Und die Phänomene kommen und gehen.

Nichts ist ausgeschlossen. Nichts ist am falschen Ort.

Es gibt keine Störung.

Offenes Gewahrsein. Nichtwählendes Bewusstsein.

Wir sind präsent in diesem Moment. Und dieser Moment ist grenzenlos.

Lehrer und Lehrerinnen aller kontemplativen und meditativen Weisheitstraditionen durch die Jahrhunderte deuten auf diesen Seinszustand als den Grund von Weisheit und Mitgefühl. Und sie sagen, dass diejenigen, die auch nur einen Moment damit in Berührung kommen, eine tiefe Verbindung zu der Quelle von Weisheit und Mitgefühl in unserem eigenen Wesen aufnehmen. Wir begreifen, dass wir nicht länger außerhalb unserer selbst nach ihr suchen müssen.

Sie ist in uns, schon seit Anfang an.
Und in jedem Moment.
Von Moment …
zu Moment.

Die Gehmeditation

Wege entstehen dadurch, dass man sie geht.
FRANZ KAFKA

Gehen ist eine sehr wirksame Methode, um zur Ruhe zu kommen. Gerade dann, wenn man sich sehr unruhig fühlt und kaum still sitzen kann, ist das Gehen eine wunderbare Alternative zur Sitzmeditation. Aus meiner Erfahrung als Tai Chi- und Qi Gong-Lehrerin weiß ich, wie wichtig und stabilisierend die Praxis der Meditation in Bewegung ist.

Eine Pilgerschaft ins Hier und Jetzt

Vor vielen Jahren sah ich einen Film mit dem damals noch kaum bekannten vietnamesischen Zen-Meister *Thich Nhat Hanh*, der mittlerweile zu den wichtigsten Lehrern der Achtsamkeit zählt. Oft können wir ihn auf Bildern bei der Gehmeditation sehen. Auch in dem Film damals ging er während des Sprechens achtsam hin und her. Ich weiß heute nicht mehr, was das Thema seines Vortrags war, doch sein Gehen hat einen unauslöschlichen Eindruck bei mir hinterlassen. Das war für mich der eigentliche Vortrag. Klar und entspannt, gesammelt und doch locker strahlte Thich Nhat Hanh eine große Ruhe aus, die sich allein durch das Zuschauen auf mich übertrug. Ich fühlte mich ruhig und friedlich. Und während ich ihm beim Gehen zusah, spürte ich mich selbst sehr bewusst im gegenwärtigen Moment.

Etwas Ähnliches erlebte ich, als ich vor vielen Jahren in New York am East River entlang joggte. Plötzlich sah ich im Augenwinkel jemanden eine ganz langsame Bewegung machen. Dies ist in der rastlosen und schnellen Stadt, die immerzu in Bewegung ist, etwas völlig Unerwartetes. Deshalb blieb ich stehen und blickte mich um. Da stand ein alter chinesischer Mann in einer Qi Gong-Haltung. Ich selbst hatte zu dieser Zeit eben erst mit Qi Gong angefangen. Während ich ihm gebannt zusah, fühlte ich, wie mich eine große Ruhe durchströmte. Durch mein Zuschauen geriet ich selbst in einen Zustand der Meditation. Als er schließlich seine Bewegungsmeditation beendet hatte, schaute er mich einen kurzen Moment direkt an, lächelte und ging in Richtung Chinatown davon.

Diese Begegnungen faszinierten mich deshalb so sehr, weil sie mir verdeutlichten, wonach ich mich selbst sehnte: ein Leben in Präsenz. Stille in der Bewegung und Bewegung in der Stille. Beides sind Aspekte der gleichen Sache. Als ich mit der Meditationspraxis begann und dabei die Gehmeditation einübte, erkannte ich, dass es sich dabei um eine Art Pilgerschaft handelt. Eine Pilgerschaft ins Hier und Jetzt. Eine Pilgerschaft zu uns selbst.

Traditionell führen Pilgerschaften an einen heiligen Ort. Mich selbst hatten meine Forschungsarbeiten im Rahmen meiner Doktorarbeit an viele heilige Orte geführt. Es sind besondere Orte, an die es die Menschen zieht. »Heilig« ist ein Wort mit einem breiten Bedeutungsspektrum und es beinhaltet die gleiche Wurzel wie »Heilen«. An einem Wallfahrtsort finden wir etwas, das heilsam und heilend ist. Doch wovon wollen wir geheilt werden? Wir wollen von der Trennung geheilt werden, die wir in unserem Leben als schmerzhaft erfahren – die Trennung von uns selbst, von anderen, von der Welt. Das Gefühl, nicht in Kontakt zu sein, die Ahnung, dass uns etwas Grundlegendes fehlt. Jeder Mensch mag dies zwar anders erleben, doch wir alle spüren, dass etwas nicht ganz ist und dass wir uns auf die Suche nach dem machen müssen, was uns wieder vollständig und heil macht.

Die Gehmeditation ist eine Reise zum heilenden Ort des gegenwärtigen Moments. Nur im gegenwärtigen Augenblick kann die Trennung geheilt werden, unter der wir leiden. In der Achtsamkeitspraxis erfahren wir, dass die Trennung gar nicht existiert und dass sie noch nie existierte. Wir glauben nur, dass sie da wäre. Die grundlegende Erfahrung, wenn wir im gegenwärtigen Augenblick ankommen, ist: Im Grunde unseres Seins gibt es keine Trennung. Am Anfang ist und war alles ganz.

ALLTAGSPRAXIS: EINFACH GEHEN

Achtsames Gehen verdient das Prädikat »besonders alltagstauglich«. Nachdem wir jeden Tag viele kleine Strecken zurücklegen (vom Schlafzimmer zum Badezimmer, den Flur zu unserem Büro entlang, die Stufen zur U-Bahn hinunter), bietet achtsames Gehen immer neue Möglichkeiten zum Üben – ohne zusätzlichen Zeitaufwand, ohne dass es von außen jemand merkt. Das Einzige, was wir tun müssen, ist, uns daran zu erinnern.

Nutzen Sie eine kleine Wegstrecke, um ein paar Augenblicke aus dem Gedankenkarussell auszusteigen. Lassen Sie die Schultern sinken, die wir so oft automatisch anziehen. Nehmen Sie wahr, wie die Fußsohlen den Boden berühren, wie die Fußballen abrollen und wie sich Ihre Knie bewegen. Spüren Sie, dass Ihr Körper beweglich ist und dass Sie jetzt, in diesem Moment, lebendig sind.

Die ganze Reise ist in einem Schritt

Manche Menschen finden es weit einfacher, im Gehen statt im Sitzen zu meditieren. Dafür gibt es verschiedene Gründe. Einer ist, dass man sich mitunter einfach zu aufgewühlt und rastlos für das ruhige Sitzen fühlt. Wenn man sich dann zur Ruhe bringen will, fühlt man sich oft nur noch ruheloser als zuvor. Daher kann eine Gehmeditation an dieser Stelle durchaus anzuraten sein.

Manche Meditierende benutzen die Gehmeditation auch als Einstimmung für die anschließende Sitzmeditation. Sie gehen fünf oder zehn Minuten und setzen sich auf das Kissen, wenn sie sich dafür bereit fühlen. Oftmals wird angenommen, dass die Gehmeditation einfacher sei als die Sitzmeditation. Das ist jedoch nur bedingt der Fall. Die Gehmeditation erfordert sogar gesteigerte Achtsamkeit, da wir dem Gehen in der Regel so wenig Aufmerksamkeit schenken. Solange wir keine Schmerzen beim Gehen verspüren oder nicht auf einem Untergrund laufen, der unsere volle Aufmerksamkeit erfordert, sind wir uns des Gehens meist gar nicht bewusst. Daher ist die Tendenz sehr groß, beim Gehen auf Autopilot zu schalten. Die Gehmeditation erfordert daher viel Aufmerksamkeit. In der folgenden Anleitung zur Gehmeditation können Sie dies üben.

ÜBUNG: GEHMEDITATION

Die Gehmeditation kann sowohl als formale wie auch als formlose Achtsamkeitsübung praktiziert werden. Ich lade Sie dazu ein, beide Formen auszuprobieren.

FORMALE GEHMEDITATION
Wählen Sie einen Platz, der es Ihnen gestattet, eine Strecke von drei bis vier Metern Länge ungestört zu gehen. Sie werden in dieser Gehmeditation bis ans Ende dieser Strecke gehen, dann umdrehen und dieselbe Strecke wieder zurückgehen. Es kann anfangs hilfreich sein, wenn die Strecke durch eine Mauer oder Ähnliches begrenzt wird. Sie können sich auch zwei Stöcke als Begrenzung auf den Weg legen.

- Beginnen Sie die Meditation damit, dass Sie sich schulterbreit hinstellen. Richten Sie Ihren Blick, ohne etwas Besonderes zu fokussieren, auf den Platz vor Ihnen.
- Werden Sie sich Ihres Körpers in der stehenden Haltung bewusst. Spüren Sie den Kontakt Ihrer Füße zur Erde. Verlagern Sie nun Ihr Gewicht so, dass es auf der Mitte Ihrer Füße ruht. Spüren Sie, wie Ihr Kopf ausbalanciert auf Ihren Schultern sitzt. Richten Sie Ihr Rückgrat auf.
- Finden Sie eine angenehme Haltung für Ihre Hände. Sie können diese übereinander auf den unteren Teil Ihres Bauches legen, hinter Ihrem Rücken verschränken oder entspannt an den Seiten herunterhängen lassen.

- Wenn Sie möchten, können Sie einen kurzen Scan durch Ihren Körper vornehmen, beginnend bei den Füßen, an den Beinen empor, Oberkörper, Arme, Nacken und schließlich den Kopf. Stehen Sie für mindestens zwei Minuten regungslos.
- Wenn Sie bereit sind, dann verlagern Sie Ihr Gewicht langsam auf das rechte Bein. Fühlen Sie dabei den Kontakt des rechten Fußes mit der Erde und spüren Sie, wie das Gewicht auf dem linken Bein geringer wird. Wenn das rechte Bein vollständig belastet ist, dann heben Sie langsam das linke Bein, bewegen Sie es nach vorne und setzen Sie es entweder mit der Ferse zuerst oder mit dem ganzen Fuß auf den Boden auf. Der Schritt sollte nicht zu groß sein, sondern in etwa die halbe Länge eines normalen Schrittes sein.
- Verlagern Sie nun Ihr Gewicht nach vorne, so dass der linke Fuß auf die Erde gepresst wird. Wenn das Gewicht so weit als möglich auf diesem ruht, dann rollen sie die rechte Ferse zur Vorbereitung auf den nächsten Schritt ab.
- Heben Sie nun den rechten Fuß und setzen Sie ihn einen halben Schritt nach vorne, indem Sie Ferse oder Fuß den Kontakt mit der Erde ermöglichen.
- Halten Sie dabei Ihren Oberkörper mit einem Gefühl der inneren Würde in einer aufrechten Position. Falls Sie die Tendenz feststellen, sich zu weit nach vorne oder nach hinten zu lehnen, dann korrigieren Sie sanft Ihre Haltung.
- Wenn Sie auf die Art und Weise schließlich am Ende des Weges ankommen, dann bleiben Sie gesammelt in einer Meditationshaltung stehen. Wenden Sie sich dann 90 Grad nach rechts und bleiben Sie einige Sekunden gesammelt in dieser Richtung stehen. Dann wenden Sie sich weitere 90 Grad nach rechts und blicken in die Richtung, aus der Sie kamen. Gehen Sie dann in der gleichen Art und Weise zurück.
- Die Geschwindigkeit, in der Sie gehen, sollte die langsamste sein, die Ihnen möglich ist. Das ist für viele Leute eine Herausforderung, da es ungewöhnlich ist, so langsam zu gehen. Wie jede neue Fertigkeit, braucht es eine gewisse Zeit, um sich daran zu gewöhnen.
- Praktizieren Sie diese Gehmeditation für 15 Minuten.

Mit der Zeit können Sie die Gehmeditation – ähnlich wie Ihre Sitzmeditation – auf 30 bis 45 Minuten ausdehnen. Falls möglich, stellen Sie sich einen Timer, der am Ende der Meditation leise läutet, sodass Sie nicht ständig auf die Uhr blicken müssen.

EINE VARIATION DER GEHMEDITATION
Führen Sie die Gehmeditation für zehn Minuten in der Art und Weise aus, wie oben beschrieben. Gehen Sie dieses Mal aber in jede beliebige Richtung und ohne sich dabei eine bestimmte Entfernung zu setzen. Beginnen Sie dann damit zu experimentieren, indem Sie die Geschwindigkeit langsam verändern. Finden Sie heraus, ob es Ihnen möglich ist, verschiedene Abstufungen zu erkennen, ohne dass Sie dabei zu schnell die Geschwindigkeit erhöhen. Gehen Sie einige Zeit in der für Sie normalen Geschwindigkeit und bleiben Sie sich dabei bewusst, dass es sich um eine Gehmeditation handelt.

- Ist es Ihnen möglich, die Aufmerksamkeit für Ihre Füße und auf die Gewichtsverlagerung zu behalten, während Sie die Geschwindigkeit erhöhen?
- Stellen Sie fest, dass Sie sich nun weiter nach vorne lehnen?
- Was tun Sie mit Ihren Händen? Spüren Sie vermehrte Anspannung in den Händen oder Schultern?
- Spüren Sie sich von der Aufforderung, schneller zu werden, unter Druck gesetzt?
- Beginnen Sie zu vergessen, dass Sie eine Gehmeditation machen?

INFORMELLE GEHMEDITATION
Informell können Sie Gehmeditation zu jeder Gelegenheit üben, wo Sie zu Fuß unterwegs sind. Dabei brauchen Sie kein auffällig langsames Tempo wählen. Experimentieren Sie mit unterschiedlichen Geschwindigkeiten, um eine zu finden, bei der Sie die Achtsamkeit auf das Gehen aufrechterhalten können, die für Ihren Alltag aber auch praktikabel ist. Seien Sie sich beim Gehen schlicht Ihrer Füße und Ihres sich bewegenden Körpers bewusst. Viele Menschen machen gute Erfahrungen damit, eine oder mehrere ganz bestimmte Wegstrecken zu wählen, um sie regelmäßig zur Gehmeditation zu nutzen, z.B. die Treppenstufen zur U-Bahn hinunter, den Flur zu ihrem Büro entlang oder den Weg von der Haustür zur Mülltonne.

Herausforderungen annehmen

Hindernisse sind wichtiger Bestandteil des Weges. Pilgerschaften sind oft körperlich anstrengend, sie sind häufig mit Fasten und dem Verzicht auf Komfort verbunden. Ihr Sinn besteht darin, den gewöhnlichen Alltag zurückzulassen, sich der Unsicherheit auszuliefern, nicht zu wissen, was vor einem liegt und was einem begegnen wird. Sich einfach auf den Weg machen. Die ganze Welt im Rucksack haben. In der Einfachheit ankommen. Viele Pilger machen die Erfahrung, dass der Weg zu sich selbst, gemeinsam mit Menschen, die ebenfalls auf dem Weg zu sich selbst sind, heilend ist.

Den Berg erklimmen

Der Croagh Patrick ist der wichtigste heilige Berg Irlands. Er ist St. Patrick gewidmet. Einmal im Jahr, am Wallfahrtstag am letzten Sonntag im Juli, besteigen ihn Zehntausende Pilger. Als ich selbst im Jahre 1985 den Croagh Patrick bestieg, traf ich auf dem Weg eine Amerikanerin, die ihre Schuhe im Auto gelassen hatte, um den Berg wie viele andere auch barfuß zu erklimmen. Auf meine Frage, weshalb sie dies tue, sagte sie kurz angebunden, dass sie etwas zu erledigen hätte. Als ich sie auf dem Rückweg wieder traf, waren ihre Füße blutig und sie war völlig erschöpft. Mein Angebot, ihr zu helfen, lehnte sie jedoch entschieden ab. Plötzlich kam sie ins Rutschen und fiel hin. Sie begann zu weinen. Ein sehr großer Mann, der gerade vorbeikam, nahm sie trotz ihres Widerspruchs kurz entschlossen in die Arme und trug sie nach unten. Währenddessen weinte sie in seinen Armen. Der Mann sagte die ganze Zeit, die er sie trug, kein Wort. Unten angekommen, setzte er sie auf einen Stein und sagte: »Nun ist alles wieder gut«. Und er ging weiter.

Ich setzte mich zu ihr und wir kamen ins Gespräch. Sie sagte mir, dass sie sich mit ihrer Wallfahrt beweisen wollte, dass sie es alleine schaffen könne. Sie wollte sich damit Mut machen, eine neue Arbeitsstelle zu finden. Deshalb hatte sie so entschieden jegliche Hilfe abgelehnt. Was sie jedoch am Ende des Tages erfahren hatte, war, dass die wirklich heilsame Erfahrung ihrer Pilgerschaft darin bestand, dass sie Hilfe erfuhr, als sie alleine nicht mehr weiter wusste.

Der Schatz des Moments ist genau dort, wo wir gehen. Diese Geschichte macht deutlich, dass wir auf unserer Reise oft etwas ganz anderes erleben als das, was wir uns anfangs vorgestellt oder erhofft hatten. In der Gehmeditation ist ebenso wie in den anderen Formen der Achtsamkeitspraxis jeder Augenblick einzigartig. Und was im nächsten Augenblick geschehen wird, wissen wir nicht.

Die Begegnung mit der Frau auf dem Berg hat mir selbst etwas Entscheidendes vor Augen geführt. Oft trennen unsere Ideen und Vorstellungen uns von den Menschen, mit denen wir gerade zusammen sind. Erlauben wir uns, im gegenwärtigen Moment anzukommen! Dann können wir vielleicht wie diese Frau erkennen, dass alles, was wir brauchen, da ist, wenn wir es uns nur erlauben, uns zu öffnen und es anzunehmen.

In der Begebenheit am Croagh Patrick drückt sich auch ein Thema aus, von dem viele alte Weisheitsgeschichten erzählen: Oft müssen wir weite Wege zurücklegen, bevor wir erkennen, dass das, was wir so lange gesucht haben, bereits da ist. So wie in der Gehmeditation. Der Schatz liegt immer unter unseren Füßen. Schritt für Schritt.

TEIL 3

In den Stürmen des Lebens: Schwierigkeiten mit Weisheit begegnen

Eine sehr erfahrene Achtsamkeitslehrerin sagt zu den Teilnehmerinnen und Teilnehmern in ihren Kursen: »Ich habe eine gute und eine schlechte Nachricht für Sie. Die gute lautet: Achtsamkeit führt dazu, dass Sie mehr wahrnehmen. Die schlechte lautet: Achtsamkeit führt dazu, dass Sie mehr wahrnehmen.« Unser Leben wird reicher durch Achtsamkeit, weil wir die Fülle unserer Existenz bewusster spüren. Doch diese Fülle besteht nicht nur aus angenehmen Dingen. Wer mehr Gewahrsein entwickelt, wird auch feinfühliger für die Aspekte, die schmerzlich, beängstigend oder frustrierend sind. Glücklicherweise ist die Achtsamkeitspraxis auch eine Geistes- und Herzensschulung, die uns lehren kann, weise mit den zehntausend Freuden und den zehntausend Leiden der Welt umzugehen, wie Meditationslehrer Jack Kornfield es ausdrückt.

Der dritte Teil des Buches beschäftigt sich daher mit diesen Fragen: Wie begegnen wir heftigen Gefühlen und körperlichem Leid? Kann Selbstmitgefühl uns helfen, wenn die Wellen des Lebens über uns zusammenzuschlagen scheinen? Und wie gelingt in herausfordernden Situationen ein Perspektivwechsel, aus dem sich neue Handlungsmöglichkeiten ergeben?

Die Perspektive überprüfen

In der Achtsamkeitspraxis geht es nicht darum, von etwas frei zu sein, sondern mit etwas frei zu sein.
QUELLE UNBEKANNT

Meist reagieren wir auf schwierige Situationen auf immer gleiche Art und Weise. Wir haben eingefahrene Verhaltensmuster, mit denen wir dann auch immer wieder gegen die gleichen Barrieren anlaufen. Und da uns diese Verhaltensmuster ebenso wie die Barrieren, gegen die wir anlaufen, so vertraut sind, kommen wir gar nicht auf die Idee, andere Optionen auszuprobieren. Achtsamkeitspraxis ermöglicht uns, Situationen mit einem neuen Blick zu betrachten und uns damit neue Perspektiven zu eröffnen. Wie eine Kamera mit verschiedenen Linsen unterschiedliche Blickwinkel erzeugen kann, vom Zoom bis zum Weitwinkel, so können auch wir verschiedene Perspektiven unseres Lebens ausleuchten und unser Erfahrungsspektrum erweitern.

Wir interpretieren die Wirklichkeit

Oftmals nehmen wir bestimmte Perspektiven in unserem Leben ein, ohne diese zu hinterfragen. Deshalb üben wir in der Achtsamkeitspraxis, alles in diesem Augenblick in einer neutralen Art und Weise wahrzunehmen. Was verlangt das von uns? Es verlangt von uns, genau anzuschauen, was ist, um dadurch festgefahrene Vorstellungen und Identifikationen loszulassen. Das ist nicht so einfach, denn viele Denkweisen begleiten uns bereits seit vielen Jahren und sind uns lieb und vertraut geworden. Da sie sich so vertraut anfühlen, halten wir an ihnen selbst dann fest, wenn sie negative Auswirkungen auf unser Leben haben. Wir haben diese Gedankenmuster durch unsere Erziehung, durch die Kultur und Gesellschaft, in der wir leben, sowie durch unsere eigenen Erfahrungen verinnerlicht und sind daher auf das Engste mit ihnen identifiziert. Deshalb fällt es uns so schwer zu erkennen, dass es sich bei unserer Wahrnehmung nur um eine der vielen möglichen Interpretationen der Wirklichkeit handelt.

Wenn wir genau hinschauen, können wir erkennen, dass unsere Gedanken eine Reaktion auf unsere bisherigen Erfahrungen und damit weit davon entfernt sind, die Komplexität der Wirklichkeit zu erfassen, geschweige denn, ihr gerecht zu werden. Die Interpretationen der Wirklichkeit sind so zahlreich und vielfältig wie es Menschen gibt, sie sind beweglich, flexibel und ändern sich unablässig. Das erklärt, weshalb mehrere Menschen, wenn sie mit der gleichen Situation konfrontiert sind, diese meist gänzlich verschieden interpretieren und erleben.

Schwierigkeiten neu begegnen

Ich las vor einiger Zeit den Bericht einer Frau, die mit einem inoperablen Gehirntumor im Hospiz lag. Ihr Text trug den Titel: »Hier bin ich im Paradies«. Das hat mich zutiefst bewegt. Wie gelingt es einem sterbenden Menschen umgeben von Sterbenden einen solchen Blickwinkel einzunehmen? Ist dies nur besonders weisen, um nicht zu sagen begnadeten Menschen möglich? Oder steht uns allen die Möglichkeit offen, einen solch lebensbejahenden Blickwinkel selbst noch in extrem schwierigen Lebenssituationen einzunehmen?

Die Fähigkeit, Perspektiven zu verändern und Situationen aus unterschiedlichen Blickwinkeln zu betrachten, gilt als ein Schlüsselaspekt im Umgang mit schwierigen Lebenssituationen. Wir alle kennen die Heftigkeit, mit der Probleme in unser Leben treten, und wir kennen auch den Impuls, diese Probleme so schnell wie möglich und

ALLTAGSPRAXIS: VOM UMGANG MIT SCHWIERIGKEITEN

Um klug mit Schwierigkeiten umzugehen, ist es nützlich, unsere eigenen gewohnheitsmäßigen Reaktionen zu kennen. Neigen Sie dazu, schnell aufzugeben, wenn etwas schwierig wird? Denken Sie: »Es ist ja nicht so wichtig« und nehmen dann umgehend einen bequemeren Weg? Wenn dem so ist, dann experimentieren Sie in der Achtsamkeitspraxis damit, wie es sich anfühlt, bewusst in einer schwierigen Situation zu bleiben. Für diejenigen unter uns, die es sowieso gewohnt sind, die Zähne zusammenzubeißen und durchzuhalten, gilt diese Aufforderung nicht. Wenn Sie zu den Menschen gehören, die sehr streng mit sich umgehen, erlauben Sie sich stattdessen einmal ein wenig Nachgiebigkeit und Weichheit.
Beobachten Sie: Was geschieht, wenn Sie sich anders als gewohnt verhalten? Welche Gedanken und Gefühle entstehen dabei?
Entdecken Sie alte innere Glaubenssätze, wenn Sie Ihr Verhaltensspektrum erweitern?

in der uns vertrauten Art und Weise aus dem Weg zu räumen. Wir sind es gewohnt, immer gleich nach Lösungen zu suchen, zu agieren und dadurch Kontrolle über letztlich unkontrollierbare Ereignisse zu gewinnen. Ausgelöst wird dieser Aktionismus durch Ängste und Emotionen, die uns beunruhigen und die wir umgehend zu bewältigen suchen. Genau an diesem Punkt einmal innezuhalten und zur Ruhe zu kommen kann uns darin unterstützen, unsere Perspektive zu verändern und damit unsere Handlungsmöglichkeiten zu erweitern. Je mehr Hintergrundinformationen wir haben, desto leichter können wir die jeweilige Situation aus verschiedenen Perspektiven betrachten.

Abstand gewinnen

Indem wir immer wieder zum Atem zurückkehren und unsere Gedanken und Gefühle für einen Augenblick bewusst wahrnehmen, gewinnen wir mit der Zeit den benötigten Abstand von ihnen. Verstehen Sie mich richtig: Es geht dabei nicht darum, sich von Gedanken und Gefühlen zu trennen, sondern sie bewusst und interessiert wahrzunehmen. Gedanken und Gefühle sind essenzielle Bestandteile unseres Lebens. Wenn sie jedoch sehr stark sind, dann füttern sie zugleich unsere Identifikationen. Besonders besetzen uns die Gedanken, die wir bereits lange mit uns herumtragen und deren Werturteile für uns fast selbstverständlich geworden sind. Etwa ein Gedanke wie: »Ich bin nicht gut genug.« Diese fünf Worte haben eine geradezu vernichtende Wirkung. Sie beeinflussen unser gesamtes Leben. Deshalb geht es in der Achtsamkeitspraxis darum, den Gedankenprozess zu entschärfen und unsere Identifikation mit den Gedanken aufzulösen. Im zweiten Teil des Buches haben Sie davon bereits ausführlich gelesen.

»Meine Gedanken sind meist negativ und haben große Macht über mich. Wie kann ich ihren Einfluss verringern?«

Indem wir die Gedanken beobachten, können wir erkennen, welchen Effekt sie auf unsere Gefühle und unseren Körper haben. Wir versuchen dabei nicht, die Gedanken zu ändern, sondern wir ändern unsere Einstellung ihnen gegenüber. Gedanken neutral zu beobachten ist weit effektiver als gegen sie anzukämpfen.

Was kann uns darin unterstützen? Indem wir in Kontakt mit unseren Bedürfnissen und unserer eigenen Geschichte kommen. Wir haben zu fast jedem Thema eine Geschichte, die sich aus unseren Lebenserfahrungen speist. Diese unsere Lebenserfahrungen sind sehr wertvoll, doch wir sollten uns davor hüten, sie zur allgemeingültigen Wahrheit zu erklären. Denn genau dies führt zu dem verengten Blickwinkel, den wir in vielen Situationen unseres Lebens haben. Wir sehen nicht, was da ist, wir sehen nur das, was wir bereits kennen. Das aber bewirkt eine weitreichende Einschränkung unserer Möglichkeiten. Deshalb geht es in der Achtsamkeitspraxis zuerst einmal um ein Innehalten und um das Zurückhalten von automatischen Reaktionen.

Die Bereitschaft, in einem offenen und undefinierten Raum zu bleiben, hilft uns dabei, Informationen aufnehmen und verarbeiten zu können. Hierfür nehmen wir bewusst Kontakt mit unserem Atem und unserem Körper auf. Indem wir uns stabilisieren und zentrieren, können wir unsere Perspektive erweitern und damit all die verschiedenen Aspekte der jeweiligen Situation erkennen. Wir erhalten einen klaren Blick, bevor wir Entscheidungen treffen. Wir entwickeln die Kraft, uns den offenen Fragen zu stellen.

Der Indianer und die Wölfe

Ein alter Indianer erzählte seinem Enkel von einer großen Tragödie und wie sie ihn nach vielen Jahren immer noch beschäftigte.
»Was fühlst du, wenn du heute darüber sprichst?«, fragte der Enkel.
Der Alte antwortete: »Es ist, als ob zwei Wölfe in meinem Herzen kämpfen. Der eine Wolf ist rachsüchtig und gewalttätig. Der andere ist großmütig und liebevoll.«
Der Enkel fragte: »Welcher Wolf wird den Kampf in deinem Herzen gewinnen?«
»Der Wolf, den ich füttere!«, sagte der Alte.

Die Fülle auskosten

Eine klassische Unterweisung im Buddhismus lautet, dass man durch die Meditationspraxis vom Leid befreit werden könne. Leid wird in diesem Zusammenhang als Unzufriedenheit und Unvollkommenheit definiert. Die Möglichkeit, frei von Leid zu werden, erweckt in uns umgehend den Wunsch, dies zu erleben. Deshalb ist es eine weit verbreitete Erwartung an die Meditation, dass sie uns zu einem glücklicheren Leben verhelfen möge. Wir erhoffen uns, fortan weniger Probleme und weniger unangenehme und schmerzhafte Gefühle, Gedanken oder Körperempfindungen zu haben. Tauchen diese dann doch in der Meditation auf, dann befürchten wir, dass wir etwas falsch gemacht hätten und uns noch mehr anstrengen müssten, um diese wieder loszuwerden. Doch so funktioniert das nicht. Denn auch das ist bereits eine weitere Identifikation. Und das, wogegen wir ankämpfen, wird dadurch nur umso stärker. Der Sinn der Meditationspraxis liegt vielmehr darin, die wahre Natur des Geistes und unseres Wesens zu erfahren. Wenn wir dorthin unterwegs sind, gehört es dazu zu sehen, welche Erwartungen und Vorstellungen wir haben und welchen Selbstbildern und Gedanken wir dabei anhaften.

Das führt uns in die Mitte des Lebens, in die »volle Katastrophe des Lebens«, wie Jon Kabat-Zinn es nannte, dorthin, wo wir die

ÜBUNG: ACHTSAMES SEHEN

Ein Schlüsselaspekt der Praxis der Achtsamkeit ist es, sich bewusst zu werden, dass wir eine Situation möglicherweise nicht werden ändern können, sehr wohl aber die Art unserer Wahrnehmung. Wenn wir gestresst sind, sehen wir die Dinge oft nur aus einer Perspektive.

Eine Übung des achtsamen Sehens kann uns helfen, zu erkennen, wie sich unsere eigenen Vorstellungen von der Welt entweder erweitern oder verengen. Führen Sie die folgende Übung in einem Raum durch, der vielerlei Gegenstände enthält. Sie können sich auch dazu entscheiden, außerhalb Ihres häuslichen Umfeldes zu üben, vielleicht in einem Geschäft oder im Freien.

Sie sollten Ihre Übungszeit zeitlich begrenzen, legen Sie daher eine Uhr oder ein Handy mit Weckfunktion bereit. Außerdem benötigen Sie noch etwas zum Schreiben.

Beginnen Sie mit der Übung, indem Sie fünf Minuten an Ihrem Übungsort umherlaufen. Jedes Mal, wenn Sie etwas Rotes sehen, schreiben Sie auf, was Sie gesehen haben. Es kann sich beispielsweise um ein Kissen, ein Stück Teppich oder einen Türknauf handeln.

Führen Sie die Übung fünf Minuten lang durch und achten Sie darauf, sie exakt nach Ablauf der Zeit zu beenden. Lesen Sie bitte den anschließenden Absatz zur Reflexion erst, nachdem Sie die Übung tatsächlich durchgeführt haben.

REFLEXION DER ÜBUNG

Nachdem fünf Minuten vergangen sind, nehmen Sie sich einen Moment Zeit, um über Ihre Übungserfahrung zu reflektieren. Dafür können Ihnen die folgenden Fragen nützlich sein:

Ist es Ihnen am Anfang leicht gefallen, rote Objekte zu finden, und als die Zeit voranschritt, war dies dann nicht mehr so leicht möglich? Was hat zu dieser Schwierigkeit geführt?

Fiel Ihnen auf, dass Sie sich fragten, ob etwas tatsächlich rot ist? Möglicherweise haben Sie bemerkt, dass Sie anfingen, nach Dingen Ausschau zu halten, die Schattierungen der Farbe aufwiesen, also nicht eindeutig rot waren, aber noch immer eine Nuance von Rot enthielten.

Bemerkten Sie, ob Sie neugierig, zweifelnd, gelangweilt oder aufgeregt waren? Wie beeinflussten diese Stimmungen Ihre Suche nach der Farbe Rot? Wurden Sie etwa aktiver oder fühlten Sie sich eher abgelenkt?

Stellten sich Gedanken ein wie: »Das ist dumm, warum mache ich um Himmels willen diese Übung überhaupt?« Oder etwa: »Wow, das ist aber interessant, ich werde diese Übung auch anderen zeigen!«

Überraschte es Sie, wie viel Rot im Raum zu finden und warum Ihnen dieser Umstand bisher noch nie aufgefallen war?

gesamte Fülle des Lebens mit all seinen Freuden und Leiden, den Höhen und Tiefen mit einem offenen Herzen erfahren und auskosten können.

Wenn Sie die Übung zum achtsamen Sehen ausprobiert haben, dann haben Sie vielleicht auch folgende Erfahrung gemacht: Indem wir das gesamte Bild erfassen und auch mehr Details des Bildes wahrnehmen können, bekommen wir gleichsam das Gefühl, als säße uns eine neue Brille auf der Nase. Mit der alten Brille würden wir zwar auch weiterhin zurechtkommen, jedoch sehen wir mit dem neuen Exemplar einfach sehr viel schärfer und detailreicher. Wir könnten natürlich mit der alten Brille immer so weiter leben und dabei die Gelegenheit, eine verfeinerte Sicht zu erhalten, verpassen. In diesem Fall haben wir die Wahl. Im achtsamen Sehen geht es darum, diese Wahlmöglichkeit als Geschenk des klaren Sehens aufzufassen, das wir uns selbst aus einer fürsorglichen und freundlichen Haltung heraus geben können.

Über den Umgang mit Emotionen

*Die Menschen werden nicht durch die Ereignisse selbst,
sondern durch ihre Sicht der Ereignisse beunruhigt.*

EPIKTET

Die Achtsamkeitspraxis ist ein Geistestraining, das auf vielen Jahrhunderten der Auseinandersetzung mit folgender Frage basiert: Was ist Leid? Wie wird es verursacht und wie lässt es sich beenden? Es schult uns im Umgang mit unseren Emotionen. In der Achtsamkeitspraxis sind alle Emotionen willkommen, keine gilt als unangemessen. Alle Emotionen dürfen sein. Wir geben ihnen die Erlaubnis, hochzukommen und da zu sein, ohne dass wir darauf mit Ablehnung, Beurteilung, Anhaftung oder Widerstand reagieren. Dadurch wird es uns möglich, einen zunehmend unkomplizierten und selbstverständlichen Umgang mit unseren Emotionen zu entwickeln.

In einem Gleichnis unterscheidet der Buddha zwischen unmittelbaren Emotionen und solchen, die aus unseren Reaktionen darauf entstehen.

Die Geschichte von den zwei Pfeilen

Einst fragte der Buddha: »Wenn jemand von einem Pfeil getroffen wird, ist das schmerzhaft?« Ja! Der Buddha fragte weiter: »Und wenn dieser Mensch von einem zweiten Pfeil getroffen wird, ist dies noch schmerzhafter?« Natürlich! Daraufhin erklärte der Buddha, dass wir, solange wir leben, schmerzhafte Erfahrungen nicht vermeiden können. Das ist der erste Pfeil. Oft entsteht das Leid jedoch nicht durch die Emotion selbst, sondern durch die Art und Weise, wie wir mit ihr umgehen. Wenn wir den ersten Pfeil verachten, verurteilen, ablehnen oder verdrängen, dann ist dies, als würden wir von einem zweiten Pfeil getroffen werden. Der zweite Pfeil lässt sich also vermeiden. Die Achtsamkeitspraxis kann uns darin unterstützen.

GIL FRONSDAL

Der Pfeil unserer Reaktivität

Für die Praxis der Achtsamkeit bedeutet die Geschichte der zwei Pfeile: Solange wir leben, werden wir schmerzhafte Erfahrungen machen. Das ist der erste Pfeil. Entscheidend ist jedoch unsere Reaktion auf den Schmerz.

Überlassen wir uns ihm oder steigern wir uns gar in ihn hinein, bis er schließlich ganz von uns Besitz ergreift?

Lehnen wir ihn ab und verdrängen ihn, weil wir ihn nicht akzeptieren wollen?

Verurteilen wir uns vielleicht sogar dafür, dass wir Schmerz spüren?

All diese Reaktionen sind wie ein zweiter Pfeil. Ich nenne diesen den Pfeil der Reaktivität. Denn oft ist das Leiden, das einer schmerzhaften Erfahrung folgt, nicht durch diese selbst ausgelöst, sondern durch das, was wir daraus machen und schlussfolgern. Das Ausmaß des Schmerzes wird somit zu einem großen Teil durch unsere Reaktionen auf den Schmerz bestimmt. Wenn wir die ursprüngliche Emotion ablehnen, uns dafür schämen oder Angst vor ihr haben, so ist dies wie ein zweiter Pfeil, der sich in unser Fleisch bohrt.

Dies macht deutlich: Auf den ersten Pfeil haben wir keinerlei Einfluss, auf den zweiten hingegen schon!

Das eigene Drama inszenieren

Anfangs ist es uns noch gar nicht bewusst, dass es zwei Pfeile gibt. Die beiden treffen uns so schnell hintereinander, dass wir sie als einen Pfeil erleben. Erst wenn wir achtsam und bewusst mit unseren Emotionen umzugehen lernen, können wir erkennen, dass es zwei Pfeile sind: die ursprüngliche Emotion und unsere Reaktion darauf.

Vielleicht lässt sich dies am besten anhand eines Beispiels von einer körperlichen Empfindung verdeutlichen: Nehmen wir an, Sie stellen während der Sitzmeditation fest, dass Ihr Knie zu schmerzen beginnt. Es kann eine Empfindung des Brennens, Stechens oder Ziehens sein. Die Empfindung des Schmerzes ist der erste Pfeil. Der Schmerz ist zunächst einmal eine unkomplizierte Empfindung, ausgelöst wahrscheinlich durch das lange bewegungslose Sitzen in der Meditationshaltung. Die Komplikationen entstehen durch die Gedanken und Befürchtungen, die der Schmerz nun in Ihnen auslöst. Das ist der zweite Pfeil, und der kann Ihr Leid beträchtlich vergrößern. Denn an diesem Punkt beginnen die meisten von uns damit, ihr eigenes Drama zu inszenieren, das mit der Realität des Schmerzes nicht mehr viel zu tun hat. Bevor wir uns versehen, eskalieren unsere Gedanken, wir beginnen uns um unsere Gesundheit zu sorgen, haben Angst, das Meditationsretreat wegen der Schmerzen abbrechen zu müssen und sehen uns im Geiste bereits auf dem Operationstisch des nächsten Krankenhauses liegen. Und so inszenieren wir in Windeseile unser eigenes kleines Katastrophenstück, mit dem wir uns die Zeit auf dem Meditationskissen vertreiben.

Echte Gefühle befreien

Es geht in der Achtsamkeitspraxis auch nicht darum, diese Reaktionen zu bagatellisieren oder zu verurteilen, denn dann würden wir ja noch einen dritten Pfeil abschießen. Es geht vielmehr darum, uns unserer Gefühle bewusst zu werden und zu erkennen, wie wir reagieren. Je mehr wir mit unseren Reaktionen vertraut werden, desto einfacher wird es, echte Gefühle wie Freude oder Traurigkeit zu empfinden, die nicht mit Reaktionen wie Schuld, Wut, Bedauern, Scham oder Verurteilung vermischt sind.

Als vor kurzem mein Hund sehr krank war, konnte ich sehr deutlich den Einschuss der beiden Pfeile wahrnehmen. Was ich anfangs spürte, waren große Angst und Sorge um meinen Hund. Das sind nahe liegende und verständliche Emotionen. Als Reaktion darauf kamen jedoch umgehend Schuldgefühle und Selbstvorwürfe hinzu: Hätte ich mich doch nur besser um ihn gekümmert. Hätte ich es doch nur früher erkannt. Hätte ich ihn nicht so viel alleine gelassen. Und, und, und ... Diese Selbstvorwürfe fütterten sich förmlich gegenseitig. Doch half es meinem Hund, dass ich mich mit Schuldgefühlen quälte und mit Selbstvorwürfen überhäufte? Nein! Meinem Hund half ich dadurch, dass ich ihn zum Arzt brachte, ihm die beste Medizin besorgte und mich so gut wie möglich um ihn kümmerte.

All die Komplikationen unserer Emotionen lähmen uns nur und hindern uns daran, entschieden und kompetent zu handeln. Im Sumpf der Vorwürfe steckenzubleiben, ist hingegen nicht hilfreich. Durch die Praxis der Achtsamkeit können wir erkennen, wenn wir in diesem Sumpf feststecken, und sie ermöglicht uns auch, aus unserer Erfahrung zu lernen. Beispielsweise können wir die Gefühle, die wie der zweite Pfeil in uns schmerzen, umwandeln. So kann daraus eine Quelle wichtiger Lebenserfahrung werden, die unsere zukünftigen Handlungen beeinflusst.

Die Freiheit, die uns die Achtsamkeitspraxis in Aussicht stellt, ist daher nicht die Freiheit von schmerzhaften Emotionen, sondern die Befreiung von den Komplikationen unserer Emotionen. Je deutlicher wir zwischen den beiden Pfeilen unterscheiden lernen, desto mehr unnötiges Leid können wir uns ersparen. Schmerz und Schicksalsschläge sind in unserem Leben nicht zu verhindern. Doch es liegt in unserer Hand, wie wir darauf reagieren und wie wir damit umgehen.

ÜBUNG: UMGANG MIT SORGEN

Nehmen Sie Ihren Atem wahr. Lenken Sie Ihre Achtsamkeit auf den Atem und erlauben Sie ihm zu kommen und zu gehen, so wie er kommt und geht. Geben Sie Ihrem Körper Zeit anzukommen und ebenso Ihrem Geist. Ich möchte Sie nun bitten, Ihre Aufmerksamkeit auf eine Situation in Ihrem Leben zu lenken, die Sie zurzeit sehr beschäftigt, Sie beunruhigt und mit Sorge erfüllt.

In dieser Übung möchte ich Sie dazu einladen, nicht über diese Situation nachzudenken, sondern nur in die Aufmerksamkeit zu gehen. Wenn Sie nun Ihre Aufmerksamkeit auf dieses Gefühl der Sorge richten, ist es wichtig, dabei nicht etwas hinzuzufügen oder wegzunehmen, sondern es zuerst einmal zuzulassen und sein zu lassen.

Ihr Geist wird wahrscheinlich darauf reagieren. Vielleicht fängt er umgehend damit an, mit Ihnen zu diskutieren. Wenn Sie das merken, treten Sie einfach einen Schritt zurück und nehmen Sie wieder Kontakt mit dem Atem auf. Wenn Sie sich ein wenig gesammelt haben, dann öffnen Sie Ihre Achtsamkeit erneut für dieses Gefühl. Wenn Sie feststellen, dass es sehr dominant ist und Sie keinen Platz und keinen Abstand davon gewinnen können, dann kehren Sie wieder zum Atem zurück.

Vielleicht entscheiden Sie sich an diesem Punkt auch dafür, für diese Übung ein Gefühl zu wählen, das momentan nicht so dominant ist. Geben Sie diesem nun Platz und Zeit, einfach zu sein. Sie müssen nichts tun, Sie müssen die Sorge nicht lösen und Sie brauchen sie deshalb auch nicht wegzuschieben. Nehmen Sie eine innere Haltung dazu ein, die so freundlich ist wie möglich. Erlauben Sie es der Sorge, erst einmal da zu sein. Schaffen Sie Platz in Ihrem Geist. Es gibt nichts zu tun. Es geht auch nicht darum, das Problem zu lösen. Es kann sein, dass Sie einen Menschen vor sich sehen, mit dem Sie Probleme haben, oder eine schwierige Situation. Betrachten Sie das erst einmal, erlauben Sie diesem inneren Bild oder Gefühl, präsent zu sein.

Und jetzt gehen Sie einen Schritt weiter und lassen Sie die Gedanken zu, die zu diesem Thema kommen. All die Gedanken, die die meiste Zeit durch uns hindurchströmen, ohne dass wir es richtig bemerken. Beobachten Sie die Gedanken. Sie müssen nichts dabei tun. Lassen Sie die Gedanken einfach da sein. Vielleicht kommen sie langsam, vielleicht stürmen diese auf Sie ein. Steigen Sie nicht in deren Eskalation ein. Fragen Sie nicht, warum etwas so ist, wie es ist. Lassen Sie die Gedanken einfach kommen und gehen. Dadurch schaffen Sie Platz und Raum in sich. Und erkennen Sie: Es handelt sich dabei nur um Gedanken, nicht um die Realität. Begegnen Sie all diesen Gedanken mit einer Haltung von Freundlichkeit und Offenheit. Wenn sich dies als schwierig

> herausstellen sollte, dann kehren Sie wieder zurück zum Atem. Entscheiden Sie bewusst, beim Atem zu sein. Lenken Sie Ihre Aufmerksamkeit nun darauf, wie sich Ihr Körper anfühlt. Spüren Sie das Thema, die Sorge in Ihrem Körper? Gibt es da eine Schwere? Eine Festigkeit? Ein Gefühl von Enge, einen Schmerz? Wo spüren Sie die Sorge? Tun Sie nichts, versuchen Sie nicht, es wegzubekommen, sondern nehmen Sie es einfach nur wahr.
> Wenn Sie feststellen, dass Sie in Gedanken versinken, lenken Sie Ihre Aufmerksamkeit wieder auf den Körper. Sanft, doch bestimmt. Geben Sie Platz und Raum für sich. Die Sorgen sind nicht Sie. Die Sorge ist nur ein Teil der Komplexität unseres Seins. Indem wir uns dies bewusst machen, kultivieren wir einen offenen und freundlichen Platz in uns für die Ganzheit.
> Lenken Sie nun zum Abschluss Ihre Aufmerksamkeit auf Ihren Atem zurück und spüren Sie, wie Sie einatmen und ausatmen. Spüren Sie die Erdung, die in Ihrem Körper ist, die Stabilität, die Zentriertheit. Benutzen Sie den Atem als Anker, als Zeugen des gegenwärtigen Moments. Diese Übung der Präsenz wird Sie darin unterstützen, immer wieder im gegenwärtigen Moment anzukommen, wo immer Sie auch sind.
>
> (Diese Übung basiert auf einer Meditationsanleitung meines Kollegen Dr. Edel Maex, MBSR-Lehrer aus Belgien.)

Was uns beim Umgang mit Gefühlen hilft

In der westlichen Vipassana-Tradition spricht man von vier Aspekten, die uns dabei helfen können, Achtsamkeit zu praktizieren. Sie werden »Die vier Grundlagen achtsamen Wandels« genannt und sind besonders hilfreich für den Umgang mit unseren Emotionen.

Über drei dieser Aspekte möchte ich hier ausführlicher sprechen.

ERKENNEN: Ein Grundprinzip des Lebens ist, dass wir keine wirkliche Freiheit erfahren können, solange wir nicht erkennen, was geschieht. Emotionen zu erkennen, sobald sie erscheinen, ist jedoch nicht so einfach, wie es klingt. Denn es wurde uns bereits frühzeitig beigebracht, dass manche unserer Gefühle nicht angemessen sind und dass wir sie besser nicht empfinden sollten und wenn doch, sie dann zumindest verbergen sollten. Deshalb gibt es Emotionen, die wir nicht mögen und tunlichst nicht wahrhaben wollen, denn sie lösen Angst, Scham und Schuldgefühle und vieles mehr in uns aus.

Der Vipassana-Lehrer Gil Fronsdal berichtet in seinem Buch davon, wie wütend er sich oft fühlte, wenn die Meditationspraxis nicht so verlief, wie er sich das vorgestellt hatte. Gleichzeitig war es ihm aber nicht möglich, seine Wut anzuerkennen, da dies sein Idealbild vom friedlichen Buddhisten zerrüttet hätte. Erst als er schließlich seine Wut erkannte und anerkannte, begann für ihn der wirkliche Reifungsprozess.

Solange wir das Bild von uns haben, friedliche Menschen zu sein, können wir unsere Wut nicht zulassen und versuchen, diese zu dämpfen oder wegzudrängen. Wenn wir jedoch bereit sind, an die Wurzel der Wut zu gehen und ihr Raum zu verschaffen, dann kann sie sich zeigen, ohne dass wir sie ausagieren müssten. Ist es möglich? Ja. Ist es leicht? Nein. Denn wir sind es nicht gewohnt, so achtsam mit uns selbst und unseren Gefühlen umzugehen. Indem wir bereit sind, sie mit der Taschenlampe der Achtsamkeit anzustrahlen, können wir sie immer klarer erkennen und werden nicht mehr unbewusst von ihnen dominiert und überflutet. Wir erlangen die Fähigkeit, bei dem zu bleiben, was ist, und damit in der Gegenwart zu verweilen. Und je bewusster wir mit unseren Emotionen umzugehen verstehen, desto leichter können wir sie auch wieder loslassen. Um den Aspekt des Erkennens in der Achtsamkeitspraxis zu unterstützen, ist es sehr hilfreich, die Emotionen, die wir spüren, zu benennen. Die Benennung unserer Gefühle als Freude, Wut, Traurigkeit, Glück, Langeweile … ermöglicht es uns, wach zu sein für all das, was wir gerade erfahren. Es ist zugleich eine wirkungsvolle Methode, die uns daran hindert, uns zu stark mit dem jeweiligen Gefühl zu identifizieren. Oft identifizieren wir uns gerade mit einer heftigen Emotion so sehr, dass wir nicht mehr erkennen können, dass sie nur eine Emotion von vielen ist und dass sie ebenso wie alle anderen Emotionen vor und nach ihr vergänglich ist.

Es geschieht rasch, dass wir in einem Gefühl gefangen bleiben. Manchmal fühlen wir uns so glücklich, dass wir diesen Zustand unbedingt erhalten wollen. Oder wir fühlen uns ängstlich und werden von der Angst komplett besetzt. Sowohl positive als auch negative Emotionen können uns gänzlich vereinnahmen. Indem wir das jeweilige Gefühl benennen, schaffen wir uns eine Möglichkeit, die Emotion von einem neutraleren Punkt aus zu identifizieren. Volkstümliche Geschichten in allen Kulturen erzählen davon, dass ein Drache seine Kraft verliert, sobald ihm ein Name gegeben wird. In ähnlicher Weise können Emotionen an Kraft über uns einbüßen, wenn wir sie beim Namen nennen.

Wichtig ist auch, uns klarzumachen, dass die vorherrschende Emotion nicht die einzige Wahrheit in uns ist und dass es daneben noch andere Empfindungen und Gefühle in uns gibt. Die Formulierung »Ich bin wütend« oder »Ich bin ängstlich« suggeriert, dass wir nichts anderes wären als unsere Wut oder unsere Angst. Sie können daher damit experimentieren, stattdessen zu sagen: »Ich habe Wut« oder »Ich empfinde Angst« oder auch »In mir gibt es Wut« oder »Ich merke, dass Angst in mir aufsteigt«. So verliert das Gefühl ein Stück von seiner Übermacht.

AKZEPTIEREN: Akzeptieren ist ein sehr aufgeladenes Wort für die Teilnehmerinnen und Teilnehmer meiner Kurse. Oft befürchten sie, sie müssten alles akzeptieren und zu allem Ja sagen, egal, was es ist. Das ist damit jedoch nicht gemeint. In der Achtsamkeitspraxis erlauben wir unseren Emotionen präsent zu sein, egal, um welche Emotionen es sich dabei handelt. Wir müssen nicht alles akzeptieren und hinnehmen, aber wir können akzeptieren, dass etwas, z.B. ein bestimmtes Gefühl, gerade da ist. In diesem Sinne könnten wir das Wort »akzeptieren« auch ersetzen durch den Begriff »anerkennen«.

Die Meditation bietet uns die Möglichkeit, alles, was auftaucht, anzuerkennen. Das ist eine große Erleichterung vor allem hinsichtlich der Emotionen, für die wir uns schämen oder verurteilen. Wohlgemerkt: Es bedeutet nicht, dass wir nun alle Emotionen in der Welt ausagieren könnten. Manche von diesen würden zweifelsohne erheblichen Schaden anrichten. Doch wir gestatten ihnen, sich zu zeigen, wir erfahren sie, wir lassen sie durch uns hindurchgehen. Indem wir keinerlei Widerstand bieten, sie aber auch nicht zusätzlich nähren, verlieren sie ihre Macht über uns.

Ich selbst hatte lange Zeit Schwierigkeiten damit, Menschen um etwas zu bitten. Viel leichter fiel es mir, zornig zu werden, wenn sie von sich aus nicht das taten, was ich mir erhofft hatte. Ich brauchte lange, um meine Angst vor Ablehnung zu erkennen, die sich hinter meinem Zorn versteckte. Anstatt dieses sanfte und verletzliche Gefühl wahrzunehmen, hatte ich all meine Kraft dafür eingesetzt, unverletzbar und stark zu sein. Dieses Handlungsmuster hatte ich mir bereits in meiner Kindheit antrainiert. Erst durch die Übung der Achtsamkeit erhielt ich Zugang zu dem ursprünglichen Gefühl und lernte es Schritt für Schritt anzunehmen.

ERFORSCHEN: In der Achtsamkeitspraxis werden wir zu Erforschern unserer selbst. Wir nehmen immer wieder einen Beobachterposten ein, der uns einen gewissen Abstand zu unseren Emotionen ermöglicht. Dies bietet uns die Gelegenheit, mit einem klaren Blick und einer erweiterten Perspektive auf Situationen zu blicken und in Folge weise Entscheidungen zu treffen.

Achtsamkeit bedeutet deswegen nicht, emotional neutral zu sein. Sie öffnet vielmehr die volle Bandbreite, mit der wir Emotionen spüren können, ohne dabei von diesen überwältigt zu werden. Wir werden deshalb keineswegs immer ruhig und ausgeglichen sein, wie manche Leute es sich von der Meditationspraxis erhoffen. Vielmehr erweitert sich unser Gefühls- und Handlungsrepertoire und wir erhalten die Fähigkeit, zu unseren Emotionen zu stehen und damit unseren Platz in der Welt selbstbewusst einzunehmen.

Den Widerstand aufgeben

Eine Meditationslehrerin, die ich kenne, war früher Rodeoreiterin. Sie erzählte einmal, dass die besten Rodeoreiter diejenigen sind, die nicht gegen das Pferd ankämpfen, sondern ganz eins werden mit ihm. Sobald man Widerstand leistet, so ihre Erfahrung, wird man vom Pferd abgeworfen. Ähnlich ist es auch mit unseren Gefühlen in der Meditationspraxis. Wenn Sie sich also inmitten eines Rodeos Ihrer Emotionen befinden, bleiben Sie auf Ihrem Kissen! Lassen Sie sich nicht abwerfen, indem Sie Widerstand leisten. Werden Sie vielmehr eins mit ihnen. So erhalten Sie Zugang zu Ihren ursprünglichen und kraftvollen Gefühlen: Einfach Freude spüren, einfach Trauer spüren, einfach Schmerz spüren, einfach Liebe spüren. (Und dabei erkennen, wenn es nicht einfach ist. Und weitergehen.)

Achtsamkeit hilft uns, machtvollen Gefühlen und Emotionen ohne Angst zu begegnen. Diese sind einfach nur Energie. Wenn sie erkannt, akzeptiert und erforscht werden, dann werden wir frei vom Anhaften. Dann haben wir die Wahl. Auf jene, die eine Antwort erfordern, können wir reagieren, die anderen aber können wir mit der Energie des Lebens sich verströmen lassen.
JACK KORNFIELD: DAS WEISE HERZ

Das volle Potenzial anerkennen

Wenn mich etwas ärgert, werde ich wütend. Das ist eine ganz natürliche Reaktion. Das zeigen uns Kinder, die ihre Gefühle noch ganz offen leben. Sie schreien und schlagen um sich, wenn sie wütend sind. Auch als Erwachsene werden wir zornig, doch wir zeigen dies nur selten offen. Viele von uns haben gelernt, ihre Wut so erfolgreich zu verdrängen, dass sie diese kaum mehr wahrnehmen. Wir haben Angst vor unserer Wut, weil wir befürchten, wir würden diese ausagieren und dadurch andere verletzen. Wir scheuen unsere Wut, weil sie sich so stark anfühlt und weil wir nicht wissen, ob wir sie unter Kontrolle bekommen können. Deshalb stecken wir unsere Wut hinter Schloss und Riegel. Und gehen dabei oft so rigoros gegen uns selbst vor, als wären wir unser ärgster Feind.

Wie können wir als Erwachsene etwas von der Spontaneität und Ehrlichkeit kindlicher Emotionen zurückgewinnen, ohne von deren Stürmen mitgerissen zu werden? Wie können wir ehrliche und spontane Gefühlsreaktionen zeigen, die abgeschmeckt sind mit Weisheit und Erfahrung? Der Weg dorthin führt einzig durch die Erkundung und Anerkennung *aller* in uns vorhandenen Emotionen. Indem wir diese anschauen, erkennen, sie fragen, was sie uns lehren wollen, indem wir sie annehmen und umarmen. Gefühle sind elementare Kräfte unserer Lebensenergie und jedes von ihnen hat seine eigene Schwingung und Aufgabe. Sie sind damit wesentlich für unsere Gesundheit und unser Wohlbefinden.

Wir meinen oft, unser Leben sollte vor allem angenehm und nett sein und wir möchten uns immer ruhig, ausgeglichen und gelassen fühlen. Doch das Leben ist nicht so – auch nicht, wenn wir noch so viel meditieren. Gerade der rechte Umgang mit schwierigen Emotionen, zu denen der Zorn zweifelsohne zählt, ist für unser geistiges und körperliches Wohlbefinden außerordentlich wichtig. Schwierige Emotionen sind wie Nährstoffe, die unser Leben anreichern und bereichern. Im Umgang mit ihnen erhalten wir die Kraft, ein Leben in Fülle zu leben und das volle Potenzial unseres Lebens zu entfalten.

Der Weg der Achtsamkeit führt daher nicht um unsere Emotionen herum oder an ihnen vorbei, sondern mitten hindurch. In der Achtsamkeitspraxis bauen wir wie im Fitnessstudio Muskeln auf, wir trainieren uns darin, nicht wegzuschauen oder wegzulaufen, sondern hinzublicken und darauf zuzugehen. Es geht nicht darum, frei vom Zorn zu werden. Viele Menschen sehen darin ein Ziel ihrer Meditationspraxis. Das ist ein Missverständnis. Solange wir frei von etwas sein wollen, sind wir davon gefangen. Es geht nicht darum, frei *von* etwas zu sein, sondern vielmehr frei *mit* etwas zu sein. Es geht darum, das Leben mit dem zu leben, was es uns präsentiert.

» Wird mit der Meditation die Wut nicht irgendwann weniger? «

Bei Menschen, die mit der Meditation anfangen, herrscht oft die Vorstellung, dass Fortgeschrittene immer gelassen wären und keine Wut mehr spüren würden. Die Wahrheit ist jedoch, dass Fortgeschrittene gelernt haben, anders mit der Wut umzugehen. Die Wut ist deshalb immer noch da. Die Meditation löscht nicht einfach Gefühle aus. Doch der Umgang mit Gefühlen verändert sich im Laufe der Zeit. Wir reagieren anders auf sie. Durch die Achtsamkeit erweitern sich unsere Möglichkeiten im Umgang mit unseren Gefühlen. In uns entwickelt sich Kraft und Stabilität, um mit schwierigen Emotionen umzugehen. Es geht dabei nicht darum, besser zu werden. Es geht darum, ein reifer Mensch zu werden. Und Reife hat weniger mit Gutsein zu tun als vielmehr mit der Bereitschaft, Verantwortung für sich selbst und seine Gefühle zu übernehmen. Reife beinhaltet die Bereitschaft, in das eigene Herz zu blicken und sich ehrlich und unerschrocken anzusehen, was man dort vorfindet.

» Ich habe versucht, während der Meditation mit meinen Gefühlen mit Achtsamkeit umzugehen, aber sie sind zu stark. Ich kann die Gefühle nicht aushalten. «

Der achtsame Umgang mit Gefühlen ist eine große Ressource der Achtsamkeitsmeditation. Doch wie überall, wo wir etwas Neues lernen, kann es hilfreich sein, sich eine gute Begleitung zu suchen. Das gilt besonders dann, wenn der Umgang mit den Gefühlen einen zu großen Raum in der Meditationspraxis einnimmt. Zu groß kann u.a. heißen, dass Sie immer wieder von Gefühlen überschwemmt werden und sich stark davon belastet fühlen. In diesem Fall ist es ratsam, das Gespräch mit einer qualifizierten Achtsamkeitslehrerin, einem Therapeuten oder einem erfahrenen Coach zu suchen.

Solche Erfahrungen gilt es zu unterscheiden von Gefühlszuständen, die in der Meditation auftauchen und die zwar stark sind, von denen Sie aber merken, dass sie kommen und gehen. Wir können z.B. Trauer spüren, wenn die Erinnerung an jemanden, der gestorben ist, in uns aufsteigt. Oder wir spüren Wut, wenn wir an eine Situation denken, die uns sehr geärgert hat. Gefühle zu spüren gehört zum Leben und zum Reichtum des Menschseins.

Wann immer Sie unsicher sind, ist es am besten zu fragen und etwas zu unternehmen. Das ist ein Schritt in Richtung eines liebevollen Umgangs mit uns selbst.

(Spiel)Räume eröffnen

In der Achtsamkeitspraxis üben wir, den Atem zu spüren, körperliche Empfindungen zu registrieren, Gedankenprozesse zu beobachten und das Entstehen und Vergehen von Gefühlen wahrzunehmen. Das sind die Grundlagen des klassischen Übungsweges der Achtsamkeit. Dadurch kann die wahre Natur dieser Phänomene verstanden werden, um Abstand zu erlangen und die starke Identifizierung mit ihnen aufzulösen. Hierbei beginnen wir zu erkennen, dass nicht alles, was geschieht, mit uns zu tun hat. Wir tendieren nämlich dazu, uns selbst sehr wichtig zu nehmen, und daher alles, was geschieht, persönlich zu nehmen. Wir gehen unhinterfragt davon aus, dass das Verhalten der anderen eine Reaktion auf unser Verhalten darstellt. Oft sind wir deshalb wütend auf Menschen, denen es jedoch ganz fern lag, uns zu verletzen. Wie auf Autopilot geschaltet reagieren wir umgehend und unreflektiert auf alles, was uns widerfährt. Etwas geschieht, wir reagieren. Das gilt insbesondere für den Zorn. Denn kein anderes Gefühl überwältigt uns mit einer solchen Heftigkeit. Dies geschieht oft so schnell, dass andere Handlungsoptionen weder vorstellbar noch zugänglich sind. Im Umgang mit Zorn ist es daher wichtig, den (Spiel)Raum zwischen Emotion und Handlung zu vergrößern, um bewusst agieren und nicht nur reagieren zu können.

Was uns die Wut lehrt

Manchmal geschieht es, dass sich Praktizierende während der Meditation ihrer Wut bewusst werden und sich sehr unwohl damit fühlen. Sie spüren ein Engegefühl im Brustbereich oder im Bauch, Unruhe setzt ein und der Wunsch, aufzuspringen und davonzulaufen. Dies kann völlig unvermittelt geschehen. Eine starke Emotion scheint aus dem Nichts aufzutauchen und enthüllt etwas, dessen man sich bis dahin gar nicht bewusst war. Dies fühlt sich alles andere als angenehm an. Doch es ist eine ideale Gelegenheit, um Achtsamkeit zu praktizieren. Vielleicht fühlen Sie sich im ersten Augenblick von der Situation überfordert und überwältigt. Sie brauchen sich dafür nicht zu schelten und auch keinen Druck auf sich auszuüben. Kehren Sie erst einmal zu Ihrem Atem zurück. Der Atem ist immer da und trägt Sie. Stellen Sie sich vor, Sie wären ein Berg, über den die Stürme des Lebens hinweg ziehen und über dem sich der Himmel danach wieder öffnet. Haben Sie Mitgefühl mit sich selbst. Sagen Sie sich innerlich einige aufbauende und mitfühlende Worte. Wenn Sie sich schließlich bereit fühlen, dann können Sie sich Ihrer Wut zuwenden und erforschen, was sie Ihnen mitteilen möchte.

Wenn Sie feststellen, dass Ihre Gefühle so stark sind und dass Sie von Ihrer Wut überwältigt werden, dann könnte es hilfreich sein, mit jemandem darüber zu sprechen. Eine Möglichkeit wäre, sich an einen erfahrenen Achtsamkeitslehrer zu wenden. Vielleicht spüren Sie, dass Ihnen bei der Suche für die tiefer liegenden Gründe therapeutische Unterstützung helfen würde. Das ist weder ein Zeichen von Schwäche noch eine Niederlage. Es ist vielmehr ein Zeichen innerer Reife zu wissen, wann wir die Unterstützung anderer Menschen brauchen.

Der Schmerz unter der Wut

Ich selbst kenne die Wut sehr gut. Sie begleitete mich seit meinen Kindertagen. Ich wuchs unter schwierigen Verhältnissen auf und musste daher bereits sehr früh sehr stark sein. Die Wut erschien mir als beste Verteidigung. Sie half mir, meine Verletzlichkeit zu verstecken und mich selbst anderen gegenüber stark zu fühlen. Meine Reaktion auf Verletzungen und schmerzhafte Gefühle waren heftige Wutanfälle, mit denen ich die Menschen um mich herum erschreckte und in Panik versetzte.

Als ich begann, meine Wut auf dem Meditationskissen zu erforschen, kamen immer wieder neue Schichten von starken und schmerzhaften Empfindungen an die Oberfläche. Manchmal fühlte es sich an wie ein Vulkanausbruch, manchmal wie ein Waldbrand, der bereits erloschen schien und plötzlich erneut in Flammen ausbrach. Durch erfahrene Anleitungen und eigenes Bemühen habe ich gelernt, die Wut in meine Meditationspraxis zu integrieren. Mit

ÜBUNG: UMGANG MIT SCHWIERIGEN GEFÜHLEN

Es ist völlig normal, dass während der Sitzmeditation unangenehme und mitunter auch schmerzhafte Gefühle auftauchen. Das Beste, was Sie in diesem Fall tun können, ist, sich diesen Gefühlen mit Interesse und Aufmerksamkeit zuzuwenden. Nehmen Sie das Gefühl wahr und geben Sie ihm einen Namen, z.B. Angst. Wo können Sie dieses Gefühl in Ihrem Körper spüren? Wo hat es seinen Entstehungsort und seinen Sitz? Spüren Sie hierfür besonders in den Bauch- und Brustbereich hinein. Gibt es Gedanken, die dieses Gefühl begleiten? Entsteht in Ihnen Widerstand gegen das Gefühl und den damit einhergehenden Gedanken? Was sind die körperlichen Begleiterscheinungen? Spüren Sie ein Gefühl der Enge? Druck? Kälte oder Hitze?

Nehmen Sie einfach nur wahr, ohne zu bewerten und ohne sich mit dem Gefühl zu identifizieren. Nehmen Sie das Gefühl nicht als »meine Angst«, sondern einfach nur als »Angst« wahr. Das erlaubt Ihnen die notwendige Distanz zu dem Gefühl.

Nehmen Sie wahr, wie sich die Intensität des Gefühls verändert, wie die Angst kommt und wieder geht. Wenn die Angst anhält, bleiben Sie dabei, diese zu beobachten. Wenn sie zu stark wird, dann bringen Sie Ihre Aufmerksamkeit auf Ihren Atem zurück. Atmen Sie einige Male bewusst ein und aus. Sie können Ihre Aufmerksamkeit auch auf Ihre Sitzhaltung richten und sich in eine aufrechte und stabile Position bringen. Stellen Sie sich vor, Sie sitzen wie ein Berg. Fühlen Sie Ihre Verbindung mit dem Boden unter Ihnen.

Wenn Sie sich wieder geerdet haben, können Sie zur Beobachtung der Gefühle zurückkehren.

Hilfe einer Familientherapie und der ausgezeichneten Supervision eines Zen-Lehrers gelang es mir, die Gründe für mein Verhalten zu erkennen und zu entwirren und nicht mehr länger anderen die Schuld zu geben, sondern selbst die Verantwortung für meine Wut zu übernehmen. Ich erkannte unter der Wut den Schmerz, den ich seit meinen frühen Jahren tief in mir verborgen hatte. Während ich auf meinem Meditationskissen saß, kamen all diese Bilder aus der Vergangenheit in mir hoch und mit ihnen lang verdrängte Gefühle von Traurigkeit, Verlust und Einsamkeit. Ich begann, Mitgefühl mit mir selbst zu praktizieren. Damit wuchs auch mein Verständnis für andere Menschen und ich konnte denen, die mich verletzt hatten, verzeihen. Die glühende Lava der Wut wurde so über die Jahre zur fruchtbaren Erde meines Lebens.

Der Schmerz als Weggefährte

Der Schmerz ist der große Lehrer der Menschen.
Unter seinem Hauche entfalten sich die Seelen.
MARIE VON EBNER-ESCHENBACH

Wenn wir ehrlich sind, dann hegen wir doch fast alle irgendwo die Hoffnung, dass die Meditationspraxis uns Schutz vor Schmerzen und Krankheiten bieten könnte. Viele Menschen, die mit der Achtsamkeitspraxis beginnen, erhoffen sich davon die Stabilität, um die Schwierigkeiten und Widrigkeiten ihres Lebens besser bewältigen zu können, und nicht wenige beginnen mit der Meditation, weil bereits etwas in ihrem Leben geschehen ist, das sie mit einem Gefühl von Hilflosigkeit und Schutzlosigkeit konfrontierte. Oft sind es Lebenskrisen, die Menschen auf das Meditationskissen zwingen – der Verlust eines geliebten Menschen, eine schwere Krankheit, der Verlust des Arbeitsplatzes oder chronische Schmerzen. An solchen Wünschen ist nichts verkehrt, sie sind menschlich und normal. Und tatsächlich zeigen etliche wissenschaftliche Studien, dass Achtsamkeitspraxis und Meditation eine Vielzahl an positiven Auswirkungen auf unser körperliches, emotionales und geistiges Wohlbefinden haben. Und dennoch lassen sich die Wellen des Lebens nicht aufhalten.

Wenn wir schließlich feststellen müssen, dass auch die Meditationspraxis keine Gewähr für ein sorgen- und schmerzfreies Leben bietet, fühlen wir uns wahrscheinlich erst einmal enttäuscht und betrogen. Diese Gefühle schilderte die Zen-Lehrerin Darlene Cohen in ihrem Buch *Dein Bewusstsein ist stärker als jeder Schmerz* in eindrücklicher Weise.

Sie berichtet, wie sie nach Jahren intensiver Meditationspraxis plötzlich starkes Rheuma bekam und in der Folge von Schmerzen und Verzweiflung überwältigt wurde. Offen erzählt sie davon, wie sie von Bitterkeit überschwemmt wurde, wenn sie an die unzähligen Stunden dachte, die sie auf dem Meditationskissen auf der Suche nach Glückseligkeit und der Überwindung von Leid verbracht hatte. Nun hatte sie ihre Praxis mitten ins Zentrum des Leids geleitet, anstatt sie über dieses hinauszuführen. Sie fühlte sich von der Meditation im Stich gelassen.

Sich dem Wunder öffnen

Nach ihrer ersten Erschütterung begann Darlene Cohen festzustellen, dass sie trotz der starken Schmerzen, die ihren Körper schwächten, über eine immense Stabilität verfügte. Mittels ihrer jahrelangen Meditationspraxis hatte sie ein Fundament errichtet, eine innere Haltung, die sie nun unterstützte und ihr dabei half, mit dem Schmerz bewusst und behutsam umzugehen. Durch das jahrelange Training in Achtsamkeit war es ihr möglich, ihren Blickwinkel zu erweitern und verschiedene Perspektiven einzunehmen. Dadurch konnte sie neben dem Schmerz auch das wahrnehmen, was zeitgleich ebenfalls existierte: der eigene Atem, der Lichtstrahl der aufgehenden Sonne, die Wärme des Tees, die Blumen auf der Fensterbank. All diese Wahrnehmungen erschienen ihr gerade in der Anwesenheit des Schmerzes als neu, frisch, faszinierend und zutiefst tröstlich.

Indem sie ihr Bewusstsein weitete, konnte sie erkennen, dass das Leben aus einem Feld von angenehmen und unangenehmen, schönen und schmerzhaften Empfindungen besteht, die alle zeitgleich miteinander und nebeneinander existieren. Indem sie sich für all die vielen Empfindungen und Sinneseindrücke des täglichen Lebens öffnete, bewahrte sie sich davor, von ihren Schmerzen dominiert zu werden. Ihre tägliche Praxis der Achtsamkeit verhalf ihr zu einer ganz neuen Beziehung mit den alltäglichen Begebenheiten des Lebens. Alles wurde ihr zu einer neuen und bereichernden Erfahrung: die Tasse auf den Tisch zu stellen, sie mit Tee zu füllen, sie zum Mund zu führen. Die Beziehung zu den Gegenständen um sie herum vertiefte sich. Indem es ihr gelang, den Reichtum in den vielen alltäglichen Dingen des Lebens zu erkennen, entzog sie dem Schmerz die Macht über sie.

Sich dem öffnen, was da ist

In der Achtsamkeitsmeditation können wir bewusst entscheiden, uns für die Empfindungen zu öffnen, die da sind. Wenn Sie Schmerzen haben, dann spüren Sie genau hin. Wo haben diese ihren Sitz? Wo ist ihr Ursprung? Wo sind sie am stärksten? Wie genau fühlen sie sich an? Welche Qualität hat der Schmerz? Ist er pochend, bohrend, ziehend, drückend, brennend? Ist er stark oder schwach? Nimmt er an Intensität ab oder zu? Kommt er in Wellen oder ist er gleichmäßig und beständig?

Indem Sie den Schmerz erforschen, machen Sie sich mit ihm vertraut. Je mehr Sie ihn kennen, desto weniger Angst kann er Ihnen einjagen. Damit eröffnen Sie sich verschiedene Möglichkeiten, um mit ihm umzugehen. Anstatt ihn einfach nur weghaben zu wollen und gegen ihn anzukämpfen, können Sie eine neue Haltung ihm gegenüber entwickeln. Sie eröffnen sich die

Freiheit, verschiedene Perspektiven einzunehmen, und Ihren Blickwinkel zu verändern. Stellen Sie sich vor, Sie blicken mit einer Fotokamera auf den Schmerz. Mit Ihrem Objektiv haben Sie die Möglichkeit, ihn mit einem Weitwinkel aus der Ferne zu beobachten und dadurch Distanz von ihm zu gewinnen. Ebenso können Sie entscheiden, ihn ganz genau zu erforschen und ihn mit dem Zoom heranzuholen und zu betrachten. Sie können sich mit Ihrer Kamera auch auf die Suche nach den Orten Ihres Körpers machen, wo er am stärksten ist, und die Orte finden, die gänzlich unberührt sind vom Schmerz.

Manchen Menschen hilft es, wenn sie sich Schmerzen wie Wellen vorstellen, die über den Ozean ziehen. Sie sehen sich vor ihrem inneren Auge über die Wellen dahingleiten. Manchmal sind die Wellen klein und sie können mühelos auf diesen reiten. Manchmal türmen sie sich zu Wogen auf und drohen einen zu überwältigen. Hier können Ihnen Übungen der Selbstliebe helfen. Haben Sie Mitgefühl mit sich selbst! Sprechen Sie sich Trost zu: »Das fühlt sich wirklich sehr schmerzhaft an. Doch ich vertraue darauf, dass ich damit umgehen kann.« Zur Stabilisierung können Sie jederzeit zu Ihrem Atem zurückkehren. Der Atem ist Ihr Verbündeter, der Sie immer begleitet und durch alles trägt.

Je mehr Handlungsoptionen wir uns im Umgang mit dem Schmerz erschließen, desto weniger Angst macht er uns. Wir verlieren unsere innere und äußere Unruhe und hören auf, vor dem Schmerz und uns selbst davonzulaufen.

»Ich weiß nicht, wie ich meine Schmerzen annehmen soll, ich will sie einfach nur loshaben.«

Niemand will Schmerzen haben. Unsere natürliche Reaktion auf Schmerzen besteht darin, sie loshaben zu wollen. Die Abwehr ist eine fast automatische Gegenbewegung. Wir können und wollen den Schmerz nicht akzeptieren, wir lehnen ihn ab und versuchen, ihn so schnell wie möglich loszuwerden. Je mehr wir aber etwas ablehnen, desto mehr Macht erhält dies über uns. Daher ist der Schlüssel im Umgang mit Schmerzen in unserem Widerstand zu finden. Kritisieren und verurteilen Sie sich nicht dafür, wenn Sie den Schmerz nicht mögen und ablehnen. Das ist eine natürliche menschliche Reaktion. Es macht keinerlei Sinn, eine natürliche menschliche Reaktion abzulehnen. Denn wenn Sie Widerstand gegen Ihren Widerstand aufbauen, fügt dies Ihrem körperlichen Schmerz auch noch emotionalen Schmerz hinzu.

Sie müssen sich nicht dazu zwingen, den Schmerz anzunehmen. Sie müssen sich auch nicht einreden, dass Schmerzen okay sind, wenn Sie selbst nicht davon überzeugt sind. Darin liegt nicht der Sinn der Achtsamkeitspraxis. Was wir üben, ist, wahrzunehmen, was da ist. Das bedeutet in diesem Fall, neben dem Schmerz auch den Widerstand gegen den Schmerz wahrzunehmen. Die Achtsamkeitspraxis lehrt einen gänzlich anderen Umgang mit dem Schmerz, als er in unserer Gesellschaft und in unserem Gesundheitssystem sonst üblich ist. Anstatt vor dem Schmerz wegzulaufen, ihn zu bekämpfen oder zu unterdrücken, wenden wir uns ihm zu und machen uns bereit, ihm zu begegnen, ihn wahrzunehmen und uns für ihn zu öffnen. Damit erschließen sich uns eine Vielzahl neuer Möglichkeiten, mit ihm umzugehen.

Zusammenhänge erkennen

Wissenschaftliche Studien haben nachgewiesen, dass es einen Zusammenhang zwischen unseren Gefühlen und unserer Schmerztoleranz gibt. Wer hätte noch nicht die Erfahrung gemacht, dass wir mit Schmerzen leichter umgehen können, wenn wir in guter Stimmung sind, uns in angenehmer Gesellschaft und einer schönen Umgebung befinden? Es ist, als wären wir auf einem »Urlaub vom Schmerz« oder besser gesagt: auf einem »Urlaub mit Schmerz«. Der Schmerzpegel mag zwar objektiv gemessen noch genauso hoch sein, doch subjektiv nehmen wir ihn als weit weniger belastend wahr. Die Haltung, die wir dem Schmerz gegenüber einnehmen, hat Einfluss auf dessen gefühlte Intensität.

Wenn wir uns der Gefühle bewusst werden, die der Schmerz in uns auslöst, können wir auch die verschiedenen Stufen seiner Intensität erspüren und seine Begleitsymptome erkennen. Angst, Scham, Wut, Verzweiflung und Hoffnungslosigkeit sind einige der am häufigsten wahrgenommenen Gefühle von Meditierenden mit chronischen Schmerzen. All diese unterschiedlichen Empfindungen und Gefühle so ehrlich wie möglich zu erforschen, führt zu einem tieferen Verständnis der Schmerzen und eröffnet neue Räume für Selbstliebe und Heilung.

Das Ziel der Achtsamkeitspraxis liegt nicht darin, dass Beschwerden so schnell wie möglich verschwinden, sondern darin, gegenwärtig zu sein für all die Momente, in denen sich das Leben vollzieht. Nicht genau zu wissen, wie es sein wird, doch darauf zu vertrauen, dass das Leben sich von selbst offenbart, ist eine starke Lektion über das Loslassen und das Sein-Lassen. Das ist es, was die Achtsamkeit auf unsere schwierigen Empfindungen uns für unser Leben lehren kann.

Achtsamkeit und chronischer Schmerz

Um von hier nach dort zu kommen, bedarf es manchmal nur weniger Schritte, manchmal aber auch der Überquerung eines Ozeans. Für Schmerzpatienten fühlt sich die

Vorstellung, mit ihren Schmerzen zu meditieren, fast wie der Flug über den Atlantik oder mehr noch, wie die Reise in eine weit entfernte Galaxie an. Weshalb sollten sie eine Reise antreten, die auf den ersten Blick unmöglich erscheint: 20 Minuten still und bewegungslos zu sitzen und dabei sehr wahrscheinlich mit all den Teilen des Körpers in Berührung zu kommen, die schmerzen oder nicht mehr richtig funktionieren? Wieso sollten sie sich absichtlich dem aussetzen, was sie sonst so entschieden wie möglich versuchen, zu vermeiden?

Schmerzpatienten sind neben ihren körperlichen Empfindungen einer ganzen Reihe von schwierigen Emotionen wie Ärger, Frustration und Enttäuschung ausgesetzt. Ihre Schmerzen lösen eine ganze Mixtur an Gedanken und Emotionen aus. Manche empfinden die emotionalen Schmerzen gar als schwieriger zu ertragen als die körperlichen selbst. Sie befinden sich in einem ständigen Unruhe- und Alarmzustand. Sie fühlen sich bedroht, weil sie das Gefühl haben, dass ihr Schmerz im Hinterhalt lauert. Sie empfinden sich als ausgeliefert, weil sie nicht wissen, wann er wieder zuschlagen und sich ihrer erneut bemächtigen wird. Und viele haben darüber verlernt, ihrem Körper zu vertrauen, der ihnen wie ein Fremder, wenn nicht gar wie ein Feind vorkommt.

Zuwenden

Indem wir uns heftigen und unangenehmen Körperempfindungen trotz unseres Widerstands zuwenden – und sei es auch nur für einen Moment oder zwei –, machen wir entscheidende Baby-Schritte, freundlich zu unserem Körper zu sein und eine ganzheitliche und nicht-antagonistische Haltung einzunehmen.

Anfangs lehnen fast alle Betroffenen die Idee rigoros ab, sich dem Schmerz zuzuwenden. Natürlich ist es verlockender, Schmerzen auszublenden und sich abzulenken, um sie nicht mehr spüren zu müssen. Die Erfahrungen von Schmerzpatienten haben in den vergangenen Jahren jedoch gelehrt, dass sich ihnen das Tor zu einer ganz neuen Welt öffnet, wenn sie sich zum Schmerz hinwenden.

Für Menschen mit chronischen Schmerzen ist es bereits eine Erleichterung, wenn sie durch die achtsame Erforschung des Schmerzes feststellen, dass dieser gar nicht – wie bislang angenommen – immer da ist. Wenn sie genau hinspüren, erkennen sie, dass es Momente gibt, an denen die Schmerzen abklingen und schwächer sind als sonst. Sie stellen fest, dass die Schmerzen nicht immer gleich sind, dass sie in Wellen kommen und gehen, dass sie nicht statisch sind, sondern ebenso wie alles andere im Leben vergänglich sind. Das gibt gerade Schmerzpatienten das Gefühl, den Schmerzen nicht hilflos ausgeliefert zu sein.

Für den Umgang mit Schmerz gilt wie für alle anderen Erfahrungen in unserem Leben: Je weniger wir verdrängen und je entschiedener wir uns dem zuwenden, was ist, desto größer wird unser Handlungsspielraum. Wir fragen uns nicht länger, wie wir den Schmerz kontrollieren können, sondern wie wir ihm begegnen können. Wir bringen uns selbst die Güte und das Verständnis entgegen, die wir anderen Menschen, die unter Schmerzen leiden, entgegenbringen würden. Es ist völlig normal, sich entmutigt zu fühlen, wenn man häufig unter Schmerzen leidet und spürt, dass die eigenen Ressourcen knapp werden. Es ist auch völlig normal, mitunter zornig zu werden, wenn das eigene Leben von Schmerzen überschattet wird. Was wir in der Achtsamkeitspraxis üben, ist, die Identifikation mit dem Schmerz aufzulösen. Uns zu fragen: »Wenn ich nicht der Schmerz bin – wer bin ich?«

Die Achtsamkeitspraxis weist uns einen Weg, *mit* Schmerzen zu leben anstatt *trotz* der Schmerzen. Sie hat nichts mit Abwenden oder Verdrängen zu tun. Wir machen uns bereit, im gegenwärtigen Moment mit all dem zu sein, was er mit sich bringt. Solange wir einen Körper haben, können wir Schmerzen nicht vermeiden. Wie wir jedoch mit den Schmerzen umgehen, die uns auf dem Weg begegnen, darauf haben wir einen entscheidenden Einfluss.

Schmerzen bei der Meditation

Früher oder später wird jeder auf dem Meditationskissen von Beschwerden oder unangenehmen Empfindungen heimgesucht. Diese verfügen über die Kraft, unsere Aufmerksamkeit auf sich zu ziehen. Im Gefolge dieser Empfindungen kommen Gedanken und Gefühle, die ihrerseits abhängig sind von der Intensität der körperlichen Empfindungen.

Unsere erste und geradezu automatische Reaktion darauf ist Abwehr. Denn wir wollen sie weder haben, noch uns damit auseinandersetzen. Sie sollen nur einfach wieder verschwinden. Während der Achtsamkeitsmeditation machen wir die Empfindungen und das, was sie auslösen, zum Gegenstand unserer Meditation. Wir betrachten sie nicht als eine Störung unserer Meditation, nicht als etwas, was sich außerhalb der Meditation vollzieht, sondern wir stellen diese Empfindungen in das Zentrum unserer Meditation. »

Nun habt ihr wenigstens was zum Üben anstatt nur dumpf rumzusitzen«, pflegte mein Meditationslehrer lächelnd zu sagen. Es dauerte einige Zeit, bis ich verstand, was er damit meinte. Ich stellte fest, dass die Fähigkeit, starke Empfindungen in der Meditation zuzulassen und zu erforschen, mich darin unterstützte, mit diesen auch in meinem täglichen Leben besser umzugehen.

> **ÜBUNG: DEN SCHMERZ KENNENLERNEN**
>
> Was ist Ihre Reaktion auf Schmerzen, wenn sie bei der Meditation auftauchen? Erforschen Sie dies, indem Sie Ihre Gedanken erkunden, die mit dem Auftauchen von Schmerzen einhergehen. Indem Sie Ihre Haltung auf den Schmerz herausfinden, eröffnet Ihnen dies neue Möglichkeiten im Umgang damit. Hier einige typische Reaktionen.
>
> - Ich unterdrücke den Schmerz und tue so, als ob er gar nicht da wäre
> - Ich versuche ihn unter Kontrolle zu bekommen (»Ist doch nur halb so schlimm.«)
> - Ich verhandle mit mir selbst (»Nur noch fünf Minuten!«)
> - Ich habe das schon früher erlebt und weiß, dass der Schmerz kommt und auch wieder geht
> - Ich beschuldige mich selbst (»Schön blöd, mir das zuzumuten.«)
> - Ich finde es zwar nicht angenehm, doch ich kann damit umgehen
> - Ich spüre Angst (»Vielleicht schade ich mir durch die Sitzmeditation noch mehr.«)
> - Ich versuche, den Schmerz durchzusitzen (»Ich halte das aus, und wenn es mich meine letzte Kraft kosten sollte.«)
> - Ich fühle mich hoffnungslos (»Ich werde das nie schaffen!«)
> - Ich spüre genau hin, wie sich der Schmerz jetzt anfühlt.

»Ich habe einmal gehört, Schmerzen gehörten beim Meditieren einfach dazu. Muss das so sein?«

Wenn Sie in der Meditation Schmerzen aufgrund des langen und bewegungslosen Sitzens spüren, müssen Sie diese keineswegs stoisch ertragen. Der Umgang mit Schmerzen in der Meditation ist viel differenzierter und nicht schwarz-weiß. Es ist hilfreich, in Kontakt mit der Motivation zu kommen, die hinter dem Wunsch liegt, weiter mit den Schmerzen zu sitzen bzw. sich zu bewegen. Worum geht es Ihnen, wenn Sie diesen Wunsch verspüren? Ich möchte Ihnen vorschlagen, mit dieser körperlichen Erfahrung zu experimentieren, sich dem Schmerz zuzuwenden und ihn kennenzulernen.

Manchmal ist es angemessen, so sanft und behutsam wie möglich Ihre Körperhaltung zu ändern. Das gilt insbesondere dann, wenn wir merken, dass unsere körperliche Haltung zu Schmerzen führt, weil wir von einem anatomischen Standpunkt aus »falsch« gesessen haben. Vielleicht sitzen wir im Hohlkreuz, die Schultern sind hochgezogen oder wir lehnen uns zu einer Seite. Hier ist eine Korrektur der Haltung während der Meditation angemessen. Führen Sie diese bewusst aus, so ist das eine Achtsamkeitsübung, kein Weglaufen vor dem Schmerz. Es ist weder besonders mutig noch weise und schon gar kein Anzeichen einer fortgeschrittenen Meditationspraxis, Schmerzen aushalten und durchsitzen zu wollen, nur um uns selbst zu beweisen, wie großartig oder stark wir sind. In Wirklichkeit verschließen wir uns vor uns selbst.

Vielleicht spüren Sie während der Meditation immer wieder eine alte Verletzung, die erneut zu schmerzen beginnt. Sehen Sie dies als eine Gelegenheit, sich diesem Schmerz liebevoll und behutsam zuzuwenden. Es ist für viele von uns tatsächlich schwieriger, Mitgefühl und Sanftheit mit uns selbst zu entwickeln, als sich durch Schmerzen durchzubeißen. Wir gehen oft sehr rücksichtslos, geradezu aggressiv mit unserem Körper um und sind uns dessen noch nicht einmal bewusst. Das sind Relikte einer Erziehung, die von uns forderte, uns zusammenzureißen. An der Wurzel des harten Umgangs mit uns selbst ist häufig eine Angst aus unserer Vergangenheit zu finden. In der Achtsamkeitspraxis machen wir uns auf die Spurensuche nach dem Gefühl, das den Schmerzen zugrunde liegt. Und wir können uns bewusst dafür entscheiden, uns zu erlauben, uns zu bewegen – als Ausdruck von Freundlichkeit uns selbst gegenüber und als Ausdruck des Wunsches, für uns selbst zu sorgen.

Sich selbst mit Freundlichkeit begegnen

Achtsamkeit ist die Grundlage für Selbstmitgefühl.
CHRISTOPHER GERMER

Vor einigen Jahren fand ein Treffen des Dalai Lama mit westlichen buddhistischen Lehrern und Therapeuten statt. Dabei sprach ein Teilnehmer über den Selbsthass der Menschen im Westen. Bei dem Versuch, diesen Begriff für den Dalai Lama zu übersetzen, kam es zu großen Schwierigkeiten, da es in der tibetischen Sprache kein Wort für ein solches Gefühl gibt. Der Dalai Lama zeigte sich tief erschüttert über die Tatsache, dass Menschen sich selbst hassen können.

Diese Begebenheit macht deutlich, dass es sich bei der mangelnden Selbstachtung, unter der so viele Menschen im Westen leiden, um keine allgemein menschliche Eigenschaft handelt, sondern um ein Erbe unserer eigenen Kultur und Erziehung. Viele von uns leiden unter der Vorstellung, dass wir nicht gut genug wären. Wir spüren, dass uns etwas fehlt, und glauben, dass es uns deshalb fehlt, weil wir uns nicht genügend angestrengt hätten. Wir sind hart und streng uns selbst gegenüber und schelten uns innerlich für Fehler und tatsächliche oder imaginäre Unzulänglichkeiten.

Das führt dazu, dass wir auch die Meditation dafür benutzen wollen, um zu einem besseren Mensch zu werden. Die Achtsamkeitspraxis ist jedoch keine Methode zur Selbstoptimierung. Ihr geht es vielmehr darum, Gedanken, Empfindungen und Gefühle ehrlich und ohne Wertung zu erforschen und wahrzunehmen. Ihr geht es darum, klar zu sehen, wer wir sind, in welcher Lebenssituation wir uns befinden, wie wir uns selbst und andere Menschen behandeln und wie wir mit all den vielfältigen Aspekten unseres täglichen Lebens umgehen.

Finde dein eigenes Licht

Die Meditationspraxis kann zu einem Licht werden, das unseren inneren Raum erleuchtet. Als der Buddha im Sterben lag und seine Schüler ihn um eine letzte Unterweisung baten, sagte er: »Finde dein eigenes Licht.« Diese Aufforderung gilt für jeden von uns. Der Schlüssel hierfür liegt in der Bereitschaft, klar zu sehen, wer wir sind und was wir tun. Und er liegt in der Sanftheit und Freundlichkeit dem gegenüber, was wir dabei entdecken. Indem wir uns darin üben, unsere Schwierigkeiten und Probleme mit Klarheit, liebevoller Zuwendung und Großherzigkeit zu betrachten, öffnen wir einen weiten Raum in uns. Wir fühlen uns nicht länger von der Welt abgeschnitten und getrennt, sondern als lebendiger und integrierter Teil mit dieser verbunden.

» Seitdem ich mit der Achtsamkeitspraxis begonnen habe, nehme ich immer mehr Verhaltensweisen an mir wahr, die ich nicht mag. Früher sind sie mir gar nicht aufgefallen. Wie werde ich diese bloß los?«

Wie gesagt: Meditation ist kein Selbstverbesserungsprogramm. Es geht nicht darum, besser zu werden, als wir sind. Es geht darum, zu sein, wer wir bereits sind. Der Wunsch nach Selbstveränderung beinhaltet immer auch eine Komponente von Gewalt sich selbst gegenüber. Wir versuchen, gewisse Teile in uns zum Wachsen zu bringen und andere wie in einem chirurgischen Eingriff herauszuschneiden. Damit schneiden wir aber oft gerade die Teile weg, die wesentlich sind und die uns zu wichtigen Erkenntnissen und Einsichten führen könnten. Denn unsere Neurosen und unsere Weisheit sind aus dem gleichen Stoff gemacht. Wenn wir unsere Neurosen über Bord werfen, dann werfen wir eine Quelle unserer Weisheit gleich hinterher. Wer etwa versucht, durch Meditation seinen Hang zum Zorn zu unterdrücken, knebelt damit zugleich seine Lebenskraft und Energie. In der Achtsamkeitspraxis üben wir daher, den Zorn mit Sanftheit zu betrachten und uns mit ihm anzufreunden. Die Sanftheit, von der hier die Rede ist, bewirkt, dass wir den Zorn nicht unterdrücken, ihn aber auch nicht ausagieren. Statt uns wegzudrehen von einem Charakterzug, der uns nicht behagt, wenden wir uns ihm zu und heißen ihn mit offenem Herzen willkommen. Oft befürchten wir, dass dieser Teil noch stärker werden könnte, wenn wir ihn annehmen. Doch ganz im Gegenteil: Wenn wir ihn vollständig erfahren und angenommen haben, können wir ihn schließlich loslassen. Die Lösung liegt also nicht darin, unerwünschte Teile von uns loswerden zu wollen, sondern alles gründlich kennenzulernen und Freundschaft damit zu schließen.

Freiheit durch radikale Akzeptanz

In ihrem Buch *Mit dem Herzen eines Buddha*, das im englischen Original den Titel *Radical Acceptance* (Radikale Akzeptanz) trägt, erzählt Tara Brach die Geschichte von Mohini, der weißen Königstigerin, die viele Jahre im Zoo von Washington lebte. Dort war sie in einem vier mal vier Meter großen

ÜBUNG: FREUNDSCHAFT MIT SICH SELBST SCHLIESSEN

Die folgende Übung kann Sie darin unterstützen, Fürsorge und Mitgefühl mit sich selbst zu entwickeln.

Setzen Sie sich hierfür in eine angenehme und möglichst bequeme Meditationshaltung.

Stellen Sie sich nun vor, was Sie sich von Ihrem besten Freund bzw. Ihrer besten Freundin wünschen. Sie können sich dabei an einem Menschen orientieren, den es wirklich gibt. Oder Sie stellen sich einen solchen Menschen in Ihrer Fantasie vor.

Denken Sie an all die Eigenschaften, die Sie mit einem guten Freund bzw. einer guten Freundin verbinden, einem Menschen also, der Sie sehr mag und Ihnen liebevoll zugetan ist. Einen Menschen, auf den Sie bauen können und der auch in schwierigen Lebenssituationen für Sie da ist. Einen Menschen, der auch Ihre Schwächen und Schattenseiten kennt, Ihr Verhalten auch einmal kritisch beleuchtet, doch trotzdem ungebrochene Zuneigung und Sympathie für Sie empfindet. Einen Menschen, der Sie vorbehaltlos darin unterstützt, zu wachsen und sich zu entwickeln.

Spüren Sie, wie Ihr Herz bei dem Gedanken an diesen Menschen ganz warm und weich wird. Sie fühlen sich aufgehoben, angenommen und sehr lebendig. Sie fühlen sich rundum wohl in der Gegenwart dieses Menschen.

Stellen Sie sich nun vor, dass Sie selbst Ihr bester Freund oder Ihre beste Freundin sind. Dass Sie sich selbst liebevoll zugetan sind. Dass Sie selbst der Mensch sind, auf den Sie sich in harten Zeiten völlig verlassen können. Dass Sie zwar durchaus dazu in der Lage sind, Ihr Verhalten prüfend zu hinterfragen, dabei jedoch immer in einer zugewandten und liebevoll motivierten Grundhaltung bleiben.

Sonnen Sie sich in dieser Zuneigung und erlauben Sie Ihrem Herzen, sich noch mehr zu öffnen und immer weiter zu werden. Genießen Sie diese Wärme und spüren Sie, wie Ihr Herz ganz weich und weit wird.

Wenn Sie nun diese Freundschaft für sich selbst fühlen können, dann geben Sie den Fragen Raum, die in Ihnen eine Resonanz auslösen.

- Bin ich bislang wie eine gute Freundin oder wie ein guter Freund mit mir umgegangen?
- Habe ich mir die Aufmerksamkeit und Fürsorge geschenkt, die ich mir von meinem besten Freund erwarten würde?

- Konnte ich mich bei mir selbst aufgehoben, warm, lebendig und beschützt fühlen?
- Gibt es Bereiche und Situationen, in denen ich mir kein so guter Freund/ keine so gute Freundin bin, wie ich es mir wünschen würde?
- Wie werde ich in Zukunft für diese Freundschaft mit mir selbst besser sorgen?

Nehmen Sie all das wahr, was diese Fragen in Ihnen bewegen.
Nehmen Sie alle Ideen und Impulse auf, die kommen, und sammeln Sie diese zuerst innerlich. Wenn Sie diese Sammlung abgeschlossen haben, nehmen Sie sich einige Minuten Zeit, um in Stille alle Gedanken, Impulse und Ideen aufzuschreiben.

(Diese Übung basiert auf einer Meditationsanleitung von mir, die von meiner Kollegin Dr. Ulla Franken weiterentwickelt wurde.)

Käfig mit Eisenstäben im Löwenhaus untergebracht. Sie verbrachte ihre Tage mit dem rastlosen Auf- und Abwandern von einer Seite des Käfigs zur anderen. Schließlich setzten sich Tierschützer dafür ein, dass eine natürliche Umgebung für sie geschaffen wurde. Voller freudiger Erwartung entließen sie Mohini eines Tages in ihr neues, weiträumiges Gehege. Doch es war zu spät. Mohini suchte umgehend Zuflucht in einer Ecke des großen Freigeheges, die sie fortan nicht mehr verlassen sollte. Für den Rest ihres Lebens lief sie dort auf einer Fläche ihres ursprünglichen Käfigs hin und her, bis auf diesen 16 Quadratmetern kein Gras mehr wuchs.

Was kann uns die Geschichte der Königstigerin lehren? Die vielleicht größte Tragödie unseres Lebens besteht darin, dass Freiheit zwar jeden Augenblick möglich ist, wir uns aber dafür entscheiden, in alten Mustern gefangen zu bleiben. Wir haben uns bereits daran gewöhnt, in unserem Käfig der Unzufriedenheit hin- und herzulaufen, anstatt in Freiheit zu leben. Dabei wünschen wir uns doch nichts sehnlicher, als die Weite des Lebens auskosten zu können, die gesamte Schönheit des Lebens in uns aufzunehmen und die Welt und die Menschen so zu lieben, wie sie es verdienen. Doch Tag für Tag hören wir auf eine innere Stimme, die uns die Fähigkeit dazu abspricht und unser Leben kleinredet.

*Bedenke, wer die Gedanken erzeugt.
Warum bleibst du im Gefängnis,
obwohl die Tür weit geöffnet ist?
Befreie dich aus dem Gestrüpp des
Angst-Denkens.
Lebe in Stille.
Fließe abwärts und immer weiter
abwärts
in ständig weiter werdenden Ringen
des Seins.*

RUMI

Wie gelangen wir in die Freiheit? Ein erster Schritt aus dem Käfig könnte darin bestehen, uns bewusst zu werden, was in unserem Geist und Körper vor sich geht, ohne dies zu beurteilen oder davor zurückzuweichen. Wir üben uns darin, jeden Augenblick liebevoll anzunehmen und unser Leben zu akzeptieren. Radikale Akzeptanz bedeutet, klar zu erkennen, was in unserem Inneren vorgeht, und das Wahrgenommene mit offenem Herzen anzuschauen. Dies wird in der Praxis oft als das klare Sehen beschrieben: Es ist die Qualität eines Gewahrseins, das genau erkennt, was in unserem Leben in jedem Augenblick geschieht, das wach ist für alle Aspekte des Körpers, des Geistes und der Gefühle. Indem wir uns darin schulen, in Kontakt mit all diesen Aspekten zu sein, öffnen wir uns für die Freiheit und Wahlmöglichkeiten unseres Lebens. Indem wir immer wieder innehalten und uns fragen: »Was ist jetzt?«, schaffen wir die Möglichkeit, uns bewusst zu entscheiden und den jeweils richtigen Weg einzuschlagen. Dies unterstützt uns auch darin, nicht von Gefühlen und Gedanken überwältigt zu werden. Wenn wir in Kontakt mit uns sind, haben wir immer eine Wahl. Unser aufmerksames Gegenwärtigsein ist bedingungslos und offen. Wir bleiben bei dem, was ist, selbst wenn wir uns bei dem Wunsch ertappen, dass es anders sein sollte. Indem wir diesen Wunsch wahrnehmen, wird auch er zum Bestandteil dessen, was wir akzeptieren. Radikale Akzeptanz heißt letztlich, auch das zu akzeptieren, was wir nicht akzeptieren. Akzeptanz ist wahres Erkennen von all dem, was ist.

Die Wurzel ist das Selbstmitgefühl

Für eine solche tiefe Akzeptanz bedarf es des Mitgefühls mit uns selbst und der Fähigkeit, liebevoll und verständnisvoll mit dem umzugehen, was wir wahrnehmen. Freundlichkeit zu uns selbst ist einer der schwierigsten Aspekte der Achtsamkeitspraxis und fällt entsprechend vielen Menschen schwer. Viele von uns sind in einer Umgebung aufgewachsen, in der Werte wie Erfolg und Arbeit wichtig waren, dominiert von der Überzeugung, dass man hart mit sich selbst sein muss, wenn man etwas erreichen will, dass Freundlichkeit und Sanftheit nichts anderes als Schwäche ist, dass Menschen nur dann etwas wert sind, wenn sie etwas leisten. Diese Prägung kann unser gesamtes Berufsleben ebenso wie unser Privatleben bestimmen.

Von Kindesbeinen an wurde vielen von uns beigebracht, andere wichtiger zu nehmen als uns selbst. Sich selbst gegenüber freundlich und wohlwollend zu sein, gilt vielen Menschen immer noch als ein Zeichen von Egoismus. Christopher Germer schreibt dazu in seinem Buch *Der achtsame Weg zur Selbstliebe: Wie man sich von destruktiven Gedanken und Gefühlen befreit:*

»Manche Menschen denken, dass Selbstmitgefühl eine Art privater Kokon ist, der sie selbstbezogen und egoistisch macht und der sie von anderen Menschen abschließt. Genau das Gegenteil ist der Fall: Je warmherziger wir mit uns selbst umgehen, desto verbundener fühlen wir uns mit dem ganzen Leben. Selbstmitgefühl ist die Quelle für das Mitgefühl für andere.«

Hören Sie einmal genau hin, mit welcher Stimme Sie sich während der Meditationsübung selbst zur Achtsamkeit aufrufen. Ist es vielleicht eine strenge und ungeduldige Stimme, die Ihnen zuraunt, dass Sie sich jetzt endlich mal zusammenreißen sollen? Ist es eine beurteilende Stimme, die Ihnen weismacht, dass Sie das sowieso nie lernen werden? Oder eine erschöpfte Stimme, die Ihnen zuflüstert, dass Sie einfach nicht gut genug für diese Praxis sind? Kultivieren Sie Freundlichkeit sich selbst gegenüber, indem Sie dieser Stimme erst einmal zuhören und gleichzeitig eine sanftere Haltung sich selbst gegenüber einnehmen. Freundlichkeit mit sich selbst fühlt sich zu Anfang manchmal forciert und unecht an, weil viele Menschen es gar nicht gewohnt sind, diese freundliche Stimme zu hören. Umso wichtiger ist es, ihr Raum zu geben! Die Kraft der Freundlichkeit sich selbst gegenüber ist die Grundlage von Mitgefühl. Seien Sie so sanft wie möglich mit sich und mit allem, was Sie auf Ihrem Übungsweg vorfinden.

Mein eigener Weg zu mehr Selbstmitgefühl

Ich war 16 Jahre alt, als mein Vater plötzlich am Küchentisch zusammenbrach und mit Blaulicht ins Krankenhaus gebracht wurde. Die Ärzte fanden in seinem Gehirn ein Aneurysma, eine Erweiterung der Schlagader, die eine sofortige Operation erforderlich machte. Wenn er diesen Eingriff überleben sollte, so sagten sie, wäre es nicht sicher, inwieweit seine mentalen Fähigkeiten wiederhergestellt werden könnten. Meine Mutter kämpfte eine ganze Nacht mit der Entscheidung, ob sie der Operation zustimmen sollte oder nicht. Als der Operateur am nächsten Morgen kam, gab sie ihm die Erlaubnis für den Eingriff. »Sind Sie sich ganz sicher?«, fragte dieser. »Nein«, antwortete sie, »doch was immer auch geschieht, ich werde es bis zum Ende durchziehen.«

Und das tat sie auch. Mein Vater erlitt einen schweren Schaden seines Kurzzeitge-

> **ÜBUNG: SELBSTLIEBE-PAUSE**
>
> Wann immer Sie das Gefühl haben, dass Sie etwas Freundlichkeit und Selbstmitgefühl in Ihrem Leben brauchen könnten, rate ich Ihnen die folgende kleine, doch sehr effektive Übung von Christopher Germer und Kristin Neff an: Legen Sie beide Hände übereinander auf Ihren Herzbereich.
> Fühlen Sie die Wärme und den sanften Druck Ihrer Hände. Werden Sie sich des Hebens und Senkens des Brustkorbs unter Ihren Händen bewusst.
> Wiederholen Sie nun bewusst und sanft den inneren Satz: »Möge ich freundlich zu mir selbst sein.«

dächtnisses. Meine Mutter bekam die Situation in den Griff und das Leben ging weiter. Als sie vier Jahre später die Diagnose Brustkrebs erhielt, erzählte sie niemandem davon, da sie meine anstehende Hochzeit damit nicht überschatten wollte. Eine Woche nach der Hochzeit bat sie mich darum, sie in das Krebszentrum nach Manhattan zu fahren. Während wir auf ihre Aufnahme in die Klinik warteten, setzte sie mich davon in Kenntnis, dass es sich bei der Operation am nächsten Morgen um eine radikale Brustentfernung handeln würde. »Geh heim und kümmere dich um deinen Vater«, sagte sie abschließend zu mir. Der entschlossene Ausdruck in ihren Augen gestattete keine weitere Diskussion.

Erst viele Jahre später begann ich zu verstehen, dass ich in schwierigen Situationen ähnlich reagierte. Während andere ihre Angst zeigten, sich Unterstützung und Rat einholten, handelte ich in Krisensituationen selbstbeherrscht, rational und effizient. Ganz gleich, ob es sich um Krankheiten in meiner Familie, finanzielle Schwierigkeiten oder andere Probleme handelte, ich ging sie mit der Selbstbeherrschung eines Hochseilkünstlers an.

Hatte mir in jungen Jahren diese Stärke dabei geholfen, schwierige Zeiten zu überstehen und das zu tun, was getan werden musste, wurde sie mir als erwachsene Frau zum Hindernis, um mir selbst und anderen Menschen nahe zu kommen. Die Entwicklung von Selbstmitgefühl wurde daher zu einer meiner wichtigsten Übungen in der Meditationspraxis. Denn ich erkannte, dass sich hinter meiner vermeintlichen Stärke viel Angst und Schmerz verbargen.

Kristin Neff, eine Pionierin im Bereich des Selbstmitgefühls, hat eine Art »Selbstmitgefühl-Mantra« entwickelt. Sie ermutigt Menschen dazu, sich in schwierigen Momenten entweder mit dem folgenden Mantra Mut zu machen oder ein eigenes Mantra zu entwickeln.

Was ich jetzt spüre, ist Leid.
Und Leid ist ein Teil des Lebens.
Möge ich mir selbst das Mitgefühl
geben, das ich jetzt brauche.

Wenn alles zusammenbricht

Geh an die Orte, die du fürchtest.
PEMA CHÖDRÖN

Die buddhistische Lehrerin Pema Chödrön erblickt in den unangenehmen und schmerzhaften Gefühlen die wahren Lehrer unseres Lebens. In ihrem Buch *Wenn alles zusammenbricht* beschreibt sie eindrücklich, wie Zorn, Eifersucht, Angst und Enttäuschung zu den besten Lehrern unseres Lebens werden. Sie sind es, die uns die Gelegenheit bieten, aufzuwachen, uns dem Leben zu öffnen, anstatt uns vor ihm zu verschließen. Es sind die dramatischen Ereignisse unseres Lebens – der Verlust eines geliebten Menschen oder eine schwere Krankheit –, die uns das Herz aufreißen und uns mit der Frage konfrontieren: »Wer bin ich, wenn alles zusammenbricht?« Pema Chödrön weiß, wovon sie spricht. Ihr eigenes Leben stürzte ein, als ihr Mann nach 25 gemeinsamen und glücklich verbrachten Jahren plötzlich die Scheidung einreichte. Diese Lebenskrise führte sie zur Meditation. Mittlerweile ist sie eine der weltweit anerkanntesten buddhistischen Lehrerinnen. Sie schreibt: »Die wirklich kostbaren Augenblicke des Lebens sind die, in denen uns die Kontrolle über unser Leben entgleitet. Wenn wir keine Möglichkeit mehr haben, die Situation zu beherrschen und sie ohne Gesichtsverlust zu bewältigen. Wenn uns kein Trick und keine Klugheit mehr hilft, weil das Leben uns festgenagelt hat.« Es ist, so beschreibt es Pema Chödrön anschaulich, als würden wir in den Spiegel blicken und aus diesem blicke uns plötzlich ein Gorilla entgegen. Der Spiegel ist real und was wir sehen, ist erschreckend. Und so sehr wir auch versuchen, den Spiegel zu drehen und zu wenden, um besser auszusehen, immer blickt uns dieser Gorilla entgegen. Das heißt es, vom Leben festgenagelt zu sein.

Und genau in dem Moment, in dem wir das Gefühl haben, nicht mehr nach vorn, nach hinten, rechts oder links ausweichen zu können, sind wir in unserem Leben angekommen. Wer sich dieser Situation ausliefert, kommt in Kontakt mit einer tiefen Wahrheit in sich selbst und erkennt: Alles ist in Ordnung, so wie es ist. Auch wenn ich es ganz anders haben möchte. Auch wenn es furchtbar schmerzt. Wir spüren, wie kostbar, wie einzigartig alle Momente unseres Lebens sind. Manchmal braucht es einen

Schicksalsschlag, um das zu realisieren, manchmal reicht ein Vogelruf am Morgen oder ein Blick in die Abendsonne.

Sich dem Leben ausliefern

Mit einer solchen Situation der Unausweichlichkeit sah sich eine Freundin von mir vor einigen Jahren konfrontiert. Sie war durch ihre Heirat aus ihrer Heimat in Südamerika in die USA gekommen. Seit ihrer Kindheit litt sie unter einer schweren Diabetes. Trotzdem hatte sie sich zusammen mit ihrem Mann für ein gemeinsames Kind entschieden, wissend, dass eine Schwangerschaft aufgrund ihrer Erkrankung ein Risiko darstellte.

Bereits während der Schwangerschaft verlor sie das Sehvermögen auf einem Auge. Als ihr Kind geboren war, begann sie das Sehvermögen auf dem anderen Auge zu verlieren. Sie wusste, dass sie in Kürze völlig erblinden würde. Es gab keine Möglichkeit, dies zu verhindern. Und sie wusste, um ihr Kind aufziehen zu können, musste sie sich dieser Tatsache stellen und lernen, sich blind in dieser Welt zurechtfinden. Sie erkundete ihre Umwelt mit all ihren Sinnen, sie ertastete jeden Winkel in ihrer Wohnung, rutschte auf Knien durch alle Räume und entwickelte dadurch eine ungeheure Sensibilität. Ihre Motivation war groß, da sie es nicht nur für sich, sondern für ihr Kind und ihren Mann tat. Sie musste sich der neuen Situation völlig hingeben und ausliefern, um in ihr all das zu lernen, was sie fortan brauchte. Ihr Weg führte sie durch die Dunkelheit und durch die Verzweiflung. Doch sie hat es geschafft, als blinde Mutter ihr Kind großzuziehen. Jahre später sagte sie mir, dass sie erst mit ihrer Erblindung die wahre Bedeutung ihres Namens erkannt hatte. Ihr Name war Esperanza, was übersetzt »Hoffnung« heißt.

Die Waffen strecken

Die Meditationspraxis bietet ein ideales Übungsfeld, sich den Herausforderungen des Lebens zu stellen. Früher oder später kommen wir in der Meditation alle an einen Punkt, an dem wir nicht mehr weiter wissen und wir uns völlig am Ende fühlen. Doch auch wenn wir lieber davonlaufen würden, ist dies eine Situation, der wir uns stellen sollten. Denn nur so können wir erkennen, was in unseren Gedanken und Gefühlen wirklich vor sich geht. Wir beginnen zu spüren, wann und wo wir uns verschließen, an welchem Punkt wir davonlaufen und uns verstecken wollen, damit unser Herz nicht berührt wird. Es ist genau dieser Punkt, an dem Erkenntnis und Weisheit wachsen und wahres Mitgefühl entsteht: wenn die Verblendung wegfällt, unsere Selbstbezogenheit schwindet, wenn wir unsere Ängste umarmen können und ihnen erlauben, da zu sein; wenn keine Notwendigkeit mehr besteht, unsere Standpunkte und Meinungen zu verteidigen und gegen das, was uns das Leben präsentiert, anzukämpfen.

Habe Geduld
gegen alles Ungelöste in deinem
Herzen
und versuche,
die Fragen selbst liebzuhaben,
wie verschlossene Stuben und wie
Bücher,
die in einer sehr fremden Sprache
geschrieben sind.
Forsche jetzt nicht nach den
Antworten,
die dir nicht gegeben werden können,
weil du sie nicht leben könntest.
Und es handelt sich darum:
alles zu leben.
Lebe jetzt die Fragen!
Vielleicht lebst du dann allmählich,
ohne es zu merken,
eines fernen Tages
in die Antwort hinein.
        RAINER MARIA RILKE: BRIEFE AN
            EINEN JUNGEN DICHTER

TEIL 4

Wellengang auf dem Kissen: Herausforderungen in der Praxis

»Die Meditationspraxis ist vom ersten bis zum letzten Atemzug eine Abfolge von narzisstischen Verletzungen«, sagte der amerikanische Psychologe Bill Morgan. Als Meditationslehrerin kann ich ihm da nur zustimmen. Zwar hilft die Meditation uns anfangs dabei, ruhiger zu werden und uns zu stabilisieren. An dem Punkt, an dem Stabilität eingetreten und Konzentration aufgebaut ist, werden wir jedoch mit der Frage konfrontiert, ob wir weitergehen und uns auf die tiefere Ebene der Meditation einlassen wollen. Das ist eine Einladung, die uns an unsere Grenzen und mitunter weit über diese hinausführen wird. Denn die Meditation konfrontiert uns mit unserem Leben und hält uns jeden Augenblick einen Spiegel vor. Und der ehrliche Blick in diesen Spiegel ist nicht immer angenehm, denn er konfrontiert uns mit all dem, was wir meist zu übersehen versuchen.

In diesem Teil geht es daher um häufige Schwierigkeiten, die Menschen begegnen, wenn sie sich auf den Weg der Achtsamkeit und der Meditation machen. Wie gehen wir mit Zweifel und Blockaden um? Was tun bei Motivationsschwierigkeiten und inneren Widerständen?

Hindernisse als Gelegenheiten erkennen

*Auch aus Steinen, die einem in den Weg gelegt werden,
kann man Schönes bauen.*
JOHANN WOLFGANG VON GOETHE

Wir kommen mit großen Erwartungen zur Meditation. Wir sehnen uns nach Ruhe und Entspannung und erhoffen uns Ausgeglichenheit, Harmonie und Zufriedenheit. Doch bald schon sehen wir uns mit den ersten ernsthaften Hindernissen konfrontiert. Jede Weisheitstradition kennt diese Schwierigkeiten, denen der Mensch auf dem Übungsweg begegnet. In der christlichen Tradition werden sie »Dämonen« genannt. Der Buddhismus nennt sie die fünf Haupthindernisse auf dem Weg. Diese sind: Zweifel, Rastlosigkeit, Trägheit, Wut und Gier.

Ich selbst finde die Bezeichnung »Hindernis« nicht so gelungen, da dies die Assoziation von Blockierung erweckt. Ich betrachte Hindernisse vielmehr als Gelegenheiten auf dem Weg. Sie laden uns ein, zu üben und an Schwierigkeiten zu wachsen. Solange wir Schwierigkeiten als Blockaden betrachten, bleiben sie tatsächlich Hindernisse. Sie erscheinen uns schwer zu bewältigen und wir suchen nach Möglichkeiten, um sie herumzugehen oder gar vor ihnen wegzulaufen. Damit vergeben wir uns aber die Chance, von ihnen zu lernen. Wenn es uns gelingt, unsere Schwierigkeiten als eine Einladung zum Wachsen zu begreifen, dann werden sie zum Tor, das eine neue Qualität unseres Lebens eröffnet.

Wenn der Teich trüb wird

In der buddhistischen Lehre steht als Metapher für den menschlichen Geist ein Teich. Seine ursprüngliche Klarheit wird von unseren Emotionen getrübt.

- Die Gier färbt den Teich.
- Wut lässt das Wasser des Teichs kochen.
- Müdigkeit und Trägheit sind wie Algen, die auf dem Teich treiben.
- Rastlosigkeit ist der große Sturm, der über das Wasser fegt.
- Der Zweifel ist der Schlamm am Boden des Teichs, der immer wieder aufgewühlt wird.

Alle diese Aspekte trüben den Geist. Sie trüben unsere Wahrnehmung der Wirklichkeit und hindern uns daran, klar zu sehen.

Im Zen gibt es hierfür das Bild vom Vollmond, der auf das Wasser des Teichs scheint. Der Mond gilt im Zen als Verkörperung der Wahrheit und das Wasser des Teichs als der menschliche Geist, in dem sich diese Wahrheit widerspiegelt. Wenn alles ruhig ist, ist die Reflexion des Mondes im Wasser deutlich zu sehen. Die Wahrheit strahlt und ist präsent. Wenn jedoch ein Sturm kommt und das Wasser bewegt, ist der Mond auf der Oberfläche des Wassers nicht mehr sichtbar. Doch trotzdem ist er da. Wenn das Wasser schließlich wieder zur Ruhe kommt, erstrahlt auch das Licht der Wahrheit erneut.

Der Vollmond, der sich im stillen See spiegelt, symbolisiert die natürliche Ruhe unseres Geistes. In dieser Weise einfach ruhig zu verweilen, das ist die Erfahrung des ursprünglichen Geistes. Diese Ruhe ist immer schon in uns. Es geht in der Meditation also nicht darum, etwas Neues zu entdecken, sondern wahrzunehmen, was unter all den ruhelosen Gefühlen bereits da ist: die stille, wache Präsenz unseres Geistes.

In der Achtsamkeitspraxis üben wir daher den Umgang mit starken Emotionen, die zu Hindernissen auf dem Weg werden könnten, in einer solchen Art und Weise, dass sie uns zum Tor werden für ein ausgewogenes und ausbalanciertes Leben und zur Basis von Klarheit und Weisheit.

Am Widerstand wachsen

Der Widerstand wird oft als ein Problem gesehen, als ein Hindernis in der Praxis. Die Menschen denken, sie würden etwas falsch machen, wenn er auftaucht. Dem liegt die irrige Vorstellung zugrunde, dass die Meditationspraxis mit unangenehmen oder schwierigen Gefühlen nichts zu tun hätte. In der Meditation der Achtsamkeit laden wir den Widerstand hingegen dazu ein, sich zu zeigen, um an ihm zu wachsen. Jeder Widerstand ist eine Gelegenheit, Achtsamkeit zu üben, er ist ein Tor zum Erwachen, er ist ein Schild, auf dem in großen Buchstaben »Willkommen« geschrieben steht. Der Widerstand zeigt, dass unsere Schutzmauern bröckeln und unsere Schutzmechanismen zusammenbrechen. Erst wenn wir starken Widerstand spüren, beginnt unsere Praxis Wirkung zu zeigen und Tiefe zu erlangen.

»Mein erster mehrtägiger Meditationskurs war furchtbar. Statt innerlich zur Ruhe zu kommen, war ich immer mehr genervt. Bin ich fürs Meditieren einfach nicht geeignet?«

Intensive Meditationskurse sind traditionell nicht kürzer als sieben Tage. Diese langen und stillen Tage auf dem Meditationskissen öffnen den Raum für die Entwicklung innerer Prozesse. Häufig ist der dritte Tag in einem Meditationsretreat der schwierigste, denn an diesem regt sich massiver Widerstand. Die Zweifel beginnen und die kritischen inneren Stimmen melden sich zu Wort. Alles beginnt einen plötzlich aufzuregen, der Husten der Nachbarin auf dem Meditationskissen, das gesunde Müsli am Morgen, das permanente Schweigen, das harte Kopfkissen und das Wetter sowieso. Schließlich geht uns auch noch unsere Lehrerin mit ihren ständigen Ermahnungen auf die Nerven.

Wir sind frustriert von unseren mangelnden Fortschritten, verärgert, müde und lustlos sitzen wir und warten darauf, dass die Zeit vergeht. Körperliche Schwierigkeiten tauchen auf und gehen nicht mehr weg, Rücken und Knie befinden sich im Dauerschmerz, Muskeln sind an allen möglichen und unmöglichen Stellen verspannt.

Wer bereits Erfahrung hat, weiß, dass all dies zu einem Meditationsretreat dazugehört. Die Anweisung in der Achtsamkeitspraxis lautet: Mach einfach weiter! Normalerweise brauchen wir einen guten Grund, um etwas zu tun. Aber so funktioniert das in der Meditationspraxis nicht. Es geht nicht darum, etwas zu erreichen. Es geht um das Tun an sich, frei von Erwartungshaltung. Denn es waren ja unsere Erwartungen, die uns auf dieses Hamsterrad unseres täglichen Lebens gesetzt haben, in dem wir nun rastlos laufen, ständig in Bewegung, ständig am Suchen, Ausprobieren und schnell die Richtung ändernd, wenn etwas nicht so klappt, wie wir es uns wünschen. Es ist diese Konsummentalität, die mittlerweile auch im therapeutischen und spirituellen Bereich zu finden ist. Die Klienten gehen von einer Methode zur nächsten, manche bleiben genau bis zu dem Zeitpunkt, an dem es unangenehm wird, und brechen dann ab. Physiotherapeuten ebenso wie Psychotherapeuten kennen dieses Phänomen sehr gut: Solange die Behandlung angenehm und schmerzlos ist, kommen die Patienten, doch sobald es intensiv wird, bleiben die Ersten weg. Es ist der schmerzhafte Teil der Therapie, der sie abbrechen lässt. Dabei ist genau dies der Zeitpunkt, an dem der wirkliche Heilungsprozess einsetzt.

Die volle Katastrophe leben

In der Achtsamkeitsmeditation fordern wir Menschen dazu auf, durch schwierige Etappen hindurchzugehen und diese als Gelegenheit zu ergreifen, sich selbst zu erforschen. Schauen Sie sich selbst einmal genau an, wo und wann Widerstand in Ihnen auftaucht. Was ist der Grund des Widerstands? Zweifel können in unterschiedlichster Gestalt auftreten, sogar in Form eines Überlegenheitsgefühls: »Das kann ich doch schon längst, ich warte mal auf die wirklichen Herausforderungen.« Oder: »Das habe ich schon so viele Jahre geübt. Das brauche ich nicht mehr zu tun.« In diese Falle geraten vor allem die Fortgeschrittenen. Sie denken, dass sie schon längst alles könnten. Doch je fortgeschrittener wir uns fühlen, desto weiter sind wir vom Ziel entfernt. Die wirklichen Meister und Meisterinnen erhalten sich bis ins hohe Alter ihren Anfängergeist. Jeder neue Augenblick stellt für sie eine Gelegenheit zur Übung dar.

Ich habe viele Biografien von großen Menschen gelesen. Sie alle haben schwierige Zeiten erlebt, mit tiefen Krisen und großen Zweifeln, Zeiten, in denen sie mit mächtigen Widerständen zu kämpfen hatten. Was sie offensichtlich alle dabei lernten, war, die volle Katastrophe des Lebens anzunehmen. Denn das Leben ist eine Katastrophe, ruft Alexis Sorbas in dem gleichnamigen Film zu Recht aus. Und doch gilt er als der Lebenskünstler per se – denn er verstand es, im Glück ebenso wie im Unglück zu tanzen. Er hieß das Leben mit all seinen Licht- und Schattenseiten gleichermaßen willkommen.

Die rosa Brille abnehmen

In der Regel betrachten wir unser Leben wie durch einen Filter. Und dies ist uns normalerweise nicht einmal bewusst. Dieser Filter besteht aus all den Erfahrungen und Konditionierungen unseres Lebens, er setzt sich zusammen aus Erziehung, Bildung, Kultur, Weltanschauungen … Und dann gibt es auch noch die »rosa Brille«, die wir aufsetzen, um uns die Realität so zurechtzurücken, wie wir sie uns erhoffen und erträumen. Wir haben ständig Brillen und Filter vor den Augen und wissen es nicht. Der erste Schritt in der Achtsamkeitspraxis ist es daher, dies erst einmal zu erkennen und sich zu fragen: Was sind meine persönlichen Muster und Erwartungen, die meine Sicht auf die Realität so stark einfärben, dass ich sie gar nicht wahrnehmen kann, wie sie ist, sondern nur so, wie ich sie haben will?

Wir nehmen das Leben in sehr dualistischer Weise wahr. Gefällt es mir oder gefällt es mir nicht? Wenn wir eine Situation als angenehm empfinden, dann bewerten wir sie als positiv, wenn sie unangenehm ist, dann bewerten wir sie umgehend als negativ, wenn sie uns emotional nicht berührt, dann ist sie uns egal. Was bedeutet das aber, wenn wir unser Leben ständig dahingehend untersuchen, ob es uns passt oder nicht passt? Wenn wir unser Leben in verschiedene Kästchen packen und sobald eines der Kästchen auftaucht, das wir nicht mögen, es sofort wegschließen? Unser Leben wird dadurch immer enger und unser Erlebnis- und Handlungsradius immer kleiner. Wir funktionalisieren unser Leben und schaffen damit die Basis einer konsumorientierten Haltung, die nur Schönes und Positives und Angenehmes einkauft. Indem wir Situationen bewerten und ablehnen, verstricken wir uns im Kampf mit dem Leben. Wir bleiben im Widerstand gegen unser Leben.

Könnten wir uns angesichts unangenehmer Ereignisse nicht vielmehr fragen: »Ist dies die einzig mögliche Perspektive? Wie kann ich damit umgehen? Was kann ich daraus lernen?« Gerade in der Fähigkeit, mit den unangenehmen Aspekten unseres alltäglichen Lebens umzugehen, liegt die Wurzel menschlicher Reife. Unsere eigenen Kinder, unsere Eltern, die Partnerin oder der Partner sind hierfür ein ideales Lern- und Übungsfeld.

ALLTAGSPRAXIS: RAUM FÜR DEN WIDERSTAND

Sobald Sie Widerstand spüren, blicken Sie genau hin. Gehen Sie nicht sofort in den Handlungsmodus und suchen Sie auch nicht nach Problemlösungen. Geben Sie dem Widerstand, der auftaucht, ausreichend Raum, um sich zu zeigen. Was will er Ihnen sagen? Wogegen richtet er sich? Welches Gefühl möchte er nicht zulassen?

Beobachten Sie in Ruhe. Atmen Sie mit dem Widerstand ein und aus. Das heißt es, dem Leben zu begegnen. Die Bereitschaft, sich dem Leben mit all seinen Facetten zu stellen. Manchmal ist es schwer und manchmal ist es leicht. Das heißt es, die volle Katastrophe des Lebens zu leben.

Den Zweifel willkommen heißen

36 Jahre habe ich nach dem Schwertträger gesucht.
Wie oft habe ich es erlebt, dass die Blätter fallen und die Äste zerbrechen.
Als ich die Pfirsichblüten sah, kam ich direkt ins Hier und Jetzt.
Kein Zweifel bleibt zurück.

LEHRGESCHICHTE AUS DEM ZEN

In einer alten Lehrgeschichte aus dem Zen schreibt ein Meister des Schwertkampfes dieses Gedicht, nachdem er tiefes Verständnis von der Schönheit und Einfachheit des Lebens erlangt hat. Zuvor hatte er immer die beste Ausrüstung ausgesucht. Weil er jedoch stets auf der Suche nach dem vermeintlich Besten war, konnte er nicht schätzen, was er bereits hatte. Er zweifelte an dem Wert all dessen, was er hatte, oder nahm es gar nicht erst wahr. Die Schönheit der sich wandelnden Jahreszeiten erkannte er nicht.

Der Zweifel war für ihn ein zweischneidiges Schwert. Einerseits löste er viel sehnsuchtsvolles Leid in ihm aus. Zugleich war jedoch sein Zweifel daran, ob das, was er hatte, gut genug war, eine motivierende Kraft, die ihn bewog, weiterzugehen. Ich habe immer wieder ähnliche Begegnungen mit dem Zweifel in meiner eigenen Meditationspraxis erlebt. Einmal kam sie in Form einer Auseinandersetzung mit einer traditionellen Lehrgeschichte des Zen, die mein Lehrer mir vor vielen Jahren während eines Retreats als Aufgabe stellte: »Welche Schneeflocke fällt an den falschen Ort?«

Ich wusste keine Antwort. Frustriert kehrte ich auf mein Kissen zurück, fühlte mich unfähig und wurde in tiefe Zweifel hinsichtlich meiner Praxis, mir selbst und meinem Lehrer gestürzt.

Der Zweifel gilt in der buddhistischen Lehre zu Recht als eines der schwierigsten Hindernisse. Er ist sehr subtil und schwer zu fassen. Und er kann uns auf allen Stufen der Praxis befallen. Wir zweifeln an der Übung selbst: Was bringt mir das, sollte ich nicht etwas anderes machen, nichts passiert, ist das überhaupt mein Weg … Wir zweifeln an unseren Fähigkeiten: Kann ich das überhaupt schaffen, habe ich dafür die Ausdauer … Wir zweifeln an der Lehre: Stimmt das denn überhaupt, was mir hier erzählt wird?

Vom Sinn und Unsinn des Zweifels

Wenn wir dem Zweifel anheimfallen, so der Meditationslehrer Jack Kornfield, dann kann er unsere Praxis völlig blockieren, bis wir uns schließlich wie gelähmt fühlen. Alle Arten von Zweifel können uns überfallen, Zweifel an uns selbst und unseren Fähigkeiten, Zweifel an unseren Lehrern, Zweifel an der Achtsamkeitspraxis an sich. »Ich meditiere und meditiere und es passiert nichts anderes, als dass meine Knie wehtun und ich mich schrecklich unruhig fühle.« Wir zweifeln daran, ob der Übungsweg, den wir gewählt haben, der richtige ist. »Vielleicht wusste der Buddha auch nicht so recht, worüber er da sprach.« Unsere Praxis erscheint uns plötzlich als zu hart, zu ernst, zu leicht, zu langweilig. »Vielleicht sollte ich es lieber mit Sufi-Tanz probieren oder über glühende Kohlen laufen.« Oder wir glauben, es sei zwar die richtige Praxis, aber der falsche Zeitpunkt dafür. Oder es sei die richtige Praxis und der richtige Zeitpunkt, aber unser Körper sei einfach nicht in der richtigen Verfassung. Letztlich spielt es keine Rolle, woran sich der Zweifel festmacht. Wenn der skeptische Geist uns im Griff hat, stecken wir erst einmal fest.

Die Stimme des Skeptikers hat in unserer Kultur ein großes Gewicht und sie wird im öffentlichen Diskurs gepflegt und kultiviert. Da sich der Zweifel so normal und daher auch richtig anfühlt, sind wir uns seines Einflusses und seiner Auswirkungen oft nicht wirklich bewusst. Zumal die Stimme des Zweifels durchaus auch ein wichtiger Ratgeber im täglichen Leben sein kann. Sie kann uns darin unterstützen, Wichtiges von Unwichtigem zu unterscheiden, sie verleiht uns die Fähigkeit zu differenzieren und unser Leben zu analysieren. Was in manchen Bereichen von Nutzen ist, kann sich jedoch in anderen Bereichen als Hindernis erweisen. Wenn die Stimme des Zweifels unreflektiert in die Achtsamkeitspraxis einsickert, beginnt sie uns wie ein Krake mit seinen hundert Tentakeln zu umschlingen und nimmt uns allmählich die Luft zum Atmen.

Im Zweifel beheimatet sein

Wir können den Zweifel jedoch auch als einen wichtigen Wegbegleiter begreifen. Denn keine Schneeflocke fällt am falschen Ort. Und der Weg der Achtsamkeit führt nicht über den Zweifel hinweg oder von ihm fort, sondern mitten durch ihn hindurch. Er führt in einen Zustand der Unsicherheit, in dem wir keine Lösung und auch keine Antwort parat haben. Wir wissen nicht einmal, wie und ob der Weg weitergehen wird. Das löst verständlicherweise Angst aus. Wir fühlen uns vielleicht bedroht und verloren. Doch wenn wir ehrlich sind: Oft wissen wir doch sowieso nicht, wo wir sind.

Wenn wir bereit sind, uns dieser Unsicherheit auszuliefern, kann die Fähigkeit in uns wachsen, den eigenen Weg zur Weisheit zu finden. Die Meditationspraxis nennt dies »das Licht in der Dunkelheit finden«. Normalerweise mögen wir die Dunkelheit nicht. Sobald wir einen dunklen Raum betreten, tasten wir nach dem Lichtschalter. Wenn dieser nicht funktioniert, dann suchen wir nach einer Taschenlampe. Der dunkle Raum an sich erscheint uns als unbetretbar. In der Meditation tun wir aber genau das Gegenteil. Wir gehen in den dunklen Raum hinein und vertrauen darauf, den Weg in der Dunkelheit zu finden. Wenn unsere gewohnten Möglichkeiten der Orientierung nicht mehr wirksam sind, können wir uns für neue Erfahrungen öffnen.

Vor kurzem besuchten meine Kollegen und Kolleginnen vom Institut ein sogenanntes Dunkelrestaurant. In diesem von blinden Menschen organisierten Restaurant findet alles in vollkommener Dunkelheit statt. Bevor sie den Raum betraten, erzählte meine Kollegin, wurden sie aufgefordert, alles, was Licht spenden könnte, abzugeben. Dann wurden sie in einen völlig verdunkelten Raum zum Essen geleitet, wo ihnen ein vollständiges Menü mit mehreren Gängen serviert wurde. Es war eine außergewöhnliche Erfahrung, etwas so Alltägliches wie zu essen in einer völlig neuen Art und Weise kennenzulernen. Etwas, das wir sonst oft völlig automatisch tun, bedurfte plötzlich aller verbleibenden Sinne, um es zu bewerkstelligen. In der Dunkelheit erlebte meine Kollegin auch die Gespräche untereinander neu. Sie kannten sich alle bereits seit einigen Jahren, doch diese gemeinsamen Stunden in der Dunkelheit wurden von vielen als ein Zuwachs an gegenseitigem Vertrauen erlebt. An diesem Abend gaben sie sich die Möglichkeit, in eine neue Erfahrung hineinzuwachsen. Das heißt es, im eigenen Zweifel beheimatet zu sein, sodass das, was einst Neuland war, zur Heimat wird.

Die Kontrolle aufgeben

Wir können das Leben nicht kontrollieren und auch nicht beherrschen. Letztlich können wir es nicht einmal verstehen. Wir versuchen es zwar, doch wenn unsere Vorstellungen davon, wie es sein sollte, durcheinander geraten oder gar zusammenbrechen, geraten wir sehr schnell in Panik. Erst wenn wir dazu bereit sind, die Kontrolle aufzugeben, können wir erfahren, was es heißt, sicher in der Unsicherheit zu sein und unsicher in der Sicherheit. Wir erlangen die Gewissheit, dass wir uns letztlich jeder Situation unseres Lebens anvertrauen können und dass wir nicht abhängig sind von einer bestimmten Art und Weise zu leben. Zweifelsohne gibt es Situationen im Leben, die uns zu überfordern drohen. Es gibt auch Menschen, die für diese Übung nicht die notwendigen Ressourcen haben.

Die Meditationspraxis setzt eine gewisse psychische Grundstabilität voraus. Und manche Themen im Leben sind so tiefgreifend und problematisch, dass sie erst einmal eine andere Intervention erforderlich machen, vielleicht mit Hilfe einer Therapie. All das gehört zum Weg durch die Dunkelheit mit dazu. Wer auf diesem bleibt, wird früher oder später die Unkontrollierbarkeit des Lebens erfahren und annehmen lernen. Darin beweist sich unsere Praxis. Alle Weisheitstraditionen lehren uns, dass wir erst dann, wenn wir alle Hoffnung aufgegeben haben, zur wahren Hoffnung finden werden.

Keine Schneeflocke fällt an einen verkehrten Ort. Und wer, wenn nicht wir selbst, sind diese Schneeflocken?

Dem Begehren neue Räume öffnen

Die Lehren des Buddha betonen, dass das Objekt unseres Begehrens uns immer zu einem gewissen Grad unbefriedigt lassen wird und dass unser Leiden daher dadurch verursacht wird, dass wir darauf beharren, dem wäre nicht so. Begehren an sich ist nichts Negatives. Wir können lernen, in diesem Zwischenraum zwischen Begehren und seiner Befriedigung zu verweilen, diesen Raum etwas mehr erforschen.

MARK EPSTEIN

In der Achtsamkeitspraxis geht es nicht darum, unsere Wünsche und Sehnsüchte »wegzumeditieren«. Damit würden wir nur ein neues Begehren kreieren: die Sehnsucht, von der Sehnsucht befreit zu werden. Es geht vielmehr darum, unsere Wünsche und Sehnsüchte, unser Verlangen und Begehren als Teil unserer Menschlichkeit anzunehmen und zugleich zu erkennen, in welchem Ausmaße wir von ihnen dominiert werden. Die Zen-Lehrerin Geri Larkin machte dies einmal in ihrer einfühlsamen und sehr praktischen Art und Weise deutlich: »Ich selbst habe mich immer erleichtert gefühlt, sobald ich mir eingestehen konnte, dass ich etwas unbedingt haben wollte. Denn dann konnte ich damit aufhören, so zu tun, als ob ich es nicht haben wollte. Und dann stellte sich das, was mir so begehrenswert erschienen war, als eine reine Wunschvorstellung dar. Wenn wir unsere Wünsche einfach als das sehen, was sie sind – Wünsche – dann verlieren sie ihre Macht über uns.«

Raum schaffen

Wir brauchen also nicht gegen unser Begehren anzukämpfen. Alles, wogegen wir ankämpfen, wird dadurch sowieso nur noch stärker. Ebenso wenig brauchen wir diese Gefühle zu verdrängen, denn das Verdrängte findet immer Schleichwege, um in verzerrter Form in unser Leben zurückzukehren.

Anstatt uns also von unseren Sehnsüchten und unserem Begehren abzuwenden, versuchen wir, diesen mit aller Offenheit zu begegnen. Dies hat mit Nachgiebigkeit übrigens nichts zu tun. Es beinhaltet vielmehr die Verpflichtung, so genau und sorgfältig wie möglich die Auswirkungen zu erforschen, die dieses Begehren in uns auslöst. Hierfür loten wir den Unterschied aus zwischen dem ursprünglichen Wunsch und dem daraus entstehenden Drang, diesen zu erfüllen. Wir schaffen einen Raum zwischen Spüren und Handeln, denn dann müssen wir nicht mehr sofort reagieren und dem ersten Impuls nachgehen. Wir bleiben erst einmal bei dem, was ist und was wir spüren. Dadurch erhalten wir neue Perspektiven und können uns bewusst zwischen verschiedenen Handlungsoptionen entscheiden – unter anderem auch für die Freiheit, uns bewusst gegen die Erfüllung unserer Wünsche und Sehnsüchte zu entscheiden. Wir werden nicht länger von diesen überwältigt und müssen ihnen auch nicht zwangsläufig nachgeben.

Sich die Freiheit nehmen

Kürzlich saß ich in einem Straßencafé, als neben mir drei junge Leute Platz nahmen und eine lebhafte Diskussion begannen. Anfangs war ich mir nur der lauten Stimmen bewusst, die an mein Ohr drangen. Da ich gerade an einem wichtigen Text saß, arbeitete ich an meinem Laptop weiter. Doch schließlich drangen immer mehr Worte und Satzfetzen in mein Bewusstsein. Die jungen Leute unterhielten sich angeregt über Ethik als Grundlage für erfolgreiches Management. Das begann mich zu interessieren. Meine intellektuelle Neugier war erwacht: Ich wollte herausfinden, was sie zu diesem Thema zu sagen hatten, und begann, erst mit einem Ohr und schließlich mit beiden zuzuhören. Natürlich verlor ich dadurch die Konzentration für meine Arbeit.

In dem Augenblick, in dem mir dies klar wurde, erkannte ich, dass ich eine Wahl hatte. Ich konnte mich dafür entscheiden, meinem Drang nachzugehen, zuzuhören und eventuell in das Gespräch einzusteigen. Ich konnte mich ebenso gut auch dafür entscheiden, mich wieder meinem eigenen Text zuzuwenden und weiterzuarbeiten. Da ich aus Erfahrung wusste, dass ich mich gerne und nur allzu bereitwillig in Gespräche hineinziehen lasse, öffnete ich meine Handtasche, fischte meine Ohrstöpsel heraus und steckte sie mir unauffällig in die Ohren. Die Stimmen verschwanden. Für einige Momente genoss ich noch die interessante Erfahrung, Menschen anzusehen, ohne zu hören, was sie sagten. Dann wandte ich mich wieder meinem Computer zu. Ich spürte, dass ich die richtige Entscheidung getroffen hatte.

Es sind immer diese alltäglichen Situationen, in denen wir eine achtsame Entscheidung treffen können. Um jedoch dazu in der Lage zu sein, eine Entscheidung zu treffen, muss man sich erst darüber bewusst sein, dass man eine Wahl hat.

Hungrige Geister

All die unerfüllten Wünsche und Sehnsüchte machen uns unzufrieden und führen zu einem nagenden Gefühl der Unvollkommenheit und des Mangels. Wenn wir doch dies oder jenes bekommen würden, wenn wir das noch erreichen würden, ja dann, so gaukelt uns dieses Begehren vor, wären wir schließlich glücklich und zufrieden. Oft merken wir noch nicht einmal, dass unser Begehren bereits die Züge von Gier angenommen hat. Wir wollen immer mehr. Und wenn wir bekommen haben, was wir wollten, dann wollen wir noch mehr. Es gibt keinen Ruhezustand, denn diese Gier kann nie erfüllt werden. Allen Formen von Begehren und Gier liegt ein Suchtmechanismus zugrunde, der uns rastlos vorantreibt. Diese Sehnsüchte und Wünsche vernebeln unseren Geist, beeinflussen unser Handeln und lassen uns Dinge tun, die wir im Nachhinein nicht allzu selten bedauern.

In der buddhistischen Geistesschulung gibt es hierfür die Metapher von den hungrigen Geistern. Diese werden als ausgezehrte Gestalten mit riesigen Bäuchen dargestellt. Die engen Münder und dünnen Hälse machen es ihnen unmöglich, ihren riesigen Bauch zu füllen. Sie essen zwar unablässig, doch sie können nie wirklich satt und niemals wirklich zufrieden werden. So geht es auch uns. Die rastlose Jagd nach glücklichen Momenten, nach Situationen, die unsere Sehnsucht stillen sollen, hindert uns daran, den Augenblick zu erleben. Wie wäre es, wenn wir jeden Bissen des Lebens wertschätzen könnten? Wenn jeder Moment in sich genug wäre? Wenn wir den Augenblick mit allen Sinnen auskosten könnten?

Der amerikanische Psychiater Mark Epstein beschrieb in seinem Buch *Gedanken ohne Denker* die hungrigen Geister als die verkörperte Verschmelzung von Zorn und Begehren. Das unerfüllbare Verlangen und die unerfüllte Befriedigung sind so quälend, weil sie Ausdruck früher und nicht erfüllter Bedürfnisse sind. Die hungrigen Geister haben eine entsetzliche Leere in sich selbst aufgedeckt, doch sie können die Vergeblichkeit ihres Begehrens nicht erkennen. Ihr hungriger Zustand verkörpert ihre Anhaftung an die Vergangenheit.

Die Bilder der hungrigen Geister haben etwas Verstörendes und zutiefst Beunruhigendes an sich. Sie gemahnen uns daran, welche unangenehmen Auswirkungen unser Verlangen haben kann, und weisen uns die Richtung hin zu einem achtsamen und heilsamen Umgang mit unseren Wünschen und Sehnsüchten. In der Achtsamkeitsmeditation gestatten wir es dem aufgewühlten Teich unseres Geistes, klar zu werden. Während wir still sitzen und atmen, klingt der Sturm ab, die Hitze wird geringer, der aufgewühlte Schlamm legt sich, das Wasser wird klar. Wir erhalten so die Gelegenheit, die vielen Teile und Aspekte unseres Geistes zu erleben und zu erforschen. Wir stellen fest, dass wir weit mehr sind als diese stürmischen, rastlosen, zweifelnden, gierigen Teile, die uns an der Oberfläche beherrschen und daher so normal und vertraut erscheinen.

Es ist genug

Das zugrundeliegende Gefühl, das unsere Sehnsüchte beständig anheizt, ist die Furcht, nicht genug zu haben. Damit geht die Vorstellung einher, dass wir glücklich würden, wenn wir nur endlich das bekommen, was wir uns ersehnen. Diese Form der Sehnsucht ist besonders stark und besonders schmerzvoll. Denn die ständige Anstrengung und die anschließende Enttäuschung führen nicht nur zu Unzufriedenheit, sondern auch zu Schmerzen. Immer wieder treibt uns der Gedanke »Wenn ich noch etwas mehr davon bekommen könnte, dann wäre es in Ordnung« zu weiterer Anstrengung an. Fakt aber ist: So wird es nie in Ordnung sein. Das will ich Ihnen mit der Geschichte einer jungen Frau verdeutlichen, die ich Sonja nennen möchte:

Sonja wuchs in einer Familie auf, in der das Geld knapp war. Sie verfügte nur über ein Paar Schuhe, drei Blusen und drei Röcke. Sie versuchte, ihre Kleidung so sauber und ordentlich wie möglich zu halten, doch da sie immer die gleichen Blusen und Röcke tragen musste, sahen diese bald abgewetzt aus. In der Schule war ihr anzusehen, dass sie aus ärmlichen Verhältnissen kam. Eines Tages las sie durch Zufall einen Eintrag ihrer Lehrerin über ihre schlechte Kleidung im Klassenbuch und verließ weinend vor Scham das Klassenzimmer. An diesem Tag entschloss sie sich, Geld zu verdienen, um sich neue Kleidung kaufen zu können. Sie arbeitete fortan jeden Samstag und Sonntag als Babysitter. Sie war erst zehn Jahre alt. Zeit zum Spielen hatte sie fortan keine mehr.

Jede Woche ging sie in Bekleidungshäuser, erstellte eine Liste der Dinge, die sie brauchte, und rechnete sich aus, wie viel Geld sie noch sparen musste, um sich die ersehnten Blusen und Röcke kaufen zu können. Jede Woche trug sie sich die neuen Zahlen in ihre Liste ein. Schließlich kam der ersehnte Tag. Sie hatte genug Geld zusammen, um sich die ausgesuchten Kleidungsstücke kaufen zu können. Ihre Mutter überredete sie jedoch in letzter Minute dazu, in einen anderen und exklusiveren Laden zu gehen. Dort konnte sie sich anstatt der ausgesuchten Blusen und Röcke jedoch nur einen Rock und ein Kleid kaufen. Ihr Traum, genug Kleider zum Wechseln zu haben, war erneut zerstört. Ihr lang erspartes Geld verschwand in der Ladenkasse. Sie war untröstlich.

Als sie diese Geschichte 40 Jahre später erzählte, musste sie ebenso weinen wie damals. Sie war mittlerweile eine erfolgreiche Frau mit einem florierenden Geschäft und einem Wandschrank voll mit Kleidern. Doch immer noch fühlte sie sich von den Geistern der Kindheit gejagt. In ihr hatte sich der Gedanke festgesetzt, dass das Leben ihr für das, was hinter ihr lag, etwas schulde. Dies hatte auch ihre Beziehung zu Menschen geprägt. Plötzlich erkannte sie, dass sie nicht nur ihre Kleidung schonte und es kaum wagte, sie zu tragen, weil sie befürchtete, dass diese abgenutzt werden könnte, sondern dass sie genauso auch mit ihren Freunden und Dingen, die ihr Vergnügen bereiteten, umging. Sie schien Angst davor zu haben, dass auch diese Abnutzungserscheinungen zeigen könnten. Und so hortete sie nicht nur Kleidung, sondern auch Menschen.

Nachdem ihr all das bewusst geworden war, begann sie mit einer täglichen Dankbarkeitsübung. Jeden Tag berichtete sie in einer Mail einer Freundin von dem, was sie dankbar machte. Mit zunehmender Verwunderung stellte sie fest, dass es gar nicht so sehr die großen Dinge waren, die sie dankbar stimmten, etwa der Abschluss eines wichtigen Auftrags, sondern es waren die kleinen Dinge, die sie mit Glück erfüllten: ein Vogel, der auf der Fensterbank landete, das Lächeln eines Nachbarn, der Cappuccino im Straßencafé um die Ecke.

ÜBUNG: MOMENTE DER DANKBARKEIT SAMMELN

Nehmen Sie sich täglich Zeit dafür, all das aufzuschreiben, wofür Sie dankbar sind. Vielleicht kaufen Sie sich dafür ein besonderes Notizbuch, in dem Sie Ihre Einträge sammeln. Nehmen Sie sich einen Zeitraum vor, für wie lange Sie diese Übung durchführen werden. Es kann eine Woche sein, ein Monat oder auch länger.
Manche Menschen finden es hilfreich, sich darüber mit einem Freund oder einer Freundin auszutauschen. Einmal am Tag schreiben sie dieser Person dann eine Mail oder eine SMS über etwas, was sie mit Dankbarkeit erfüllt. Wenn wir unsere Dankbarkeit mit jemandem teilen, ist dies nicht nur motivierend, sondern hat auch noch den Vorteil, dass andere an der Dankbarkeit Anteil erhalten. Viele Menschen, die mit der Dankbarkeitsübung angefangen haben, entscheiden sich nach Ablauf des Zeitraums zum Weitermachen, weil sie diese Übung als unterstützend und bereichernd für ihr Leben erfahren.
Sie werden dabei sicherlich einiges über sich selbst herausfinden. Tendieren Sie dazu, bestimmte Dinge als wertvoller zu erachten als andere? Vielleicht stellen Sie fest, dass es oftmals die kleinen Dinge im Leben sind, die Sie glücklich machen können. Vielleicht merken Sie, dass Sie für etwas dankbar sind, von dem Sie niemals dachten, dass Sie dafür dankbar sein könnten, z. B. für schmerzvolle Situationen.
Lassen Sie Dankbarkeit zu Ihrem Achtsamkeitslehrer werden. Sie können keinen besseren Lehrer und keinen hilfreicheren Freund finden.

Es einfach tun

Es geht ums Tun und nicht ums Siegen.
KONSTANTIN WECKER

Es einfach tun. In diesen drei kurzen Worten verdichtet sich die Essenz der Achtsamkeitspraxis. Einfach sitzen. Einfach gehen. Einfach essen. Einfach sein. Mit einem offenen Gewahrsein. Es einfach tun hat keinerlei Voraussetzung. Es ist nicht abhängig davon, dass etwas in einer bestimmten Art und Weise geschieht. Doch das ist gar nicht so einfach. Denn wir haben meist feste Vorstellungen davon, wie unser Leben sein sollte. Darüber versäumen wir das Leben, wie es wirklich ist. Wir vergleichen unablässig das, was wir erleben, mit dem, wie es unserer Meinung nach sein sollte, und laufen damit immer ein paar Schritte hinter unserem Leben her.

Wir müssen nicht siegen

Doch warum ist das so? Wir sehnen uns nach Frieden und Glück und hoffen, diesen Zustand zu erreichen – sei es durch Achtsamkeitspraxis und Meditation, durch Therapie, durch Coaching oder durch einen anderen Weg. Dann, so glauben wir, wären wir all unsere Probleme und Schwierigkeiten los. Solange wir dort nicht angelangt sind, so befürchten wir, ist unsere Übung unvollkommen und unser Leben mangelhaft. Dahinter steht die Überzeugung, dass wir etwas tun müssten, um besser zu sein. Es reicht uns nicht, was wir haben. Deshalb sind wir immerzu auf der Suche, angetrieben von einer inneren Stimme, die uns zuruft: »Verbessere dich, mach dies, mach jenes!« Wir leiden unter der Vorstellung, unvollkommen zu sein.

Bevor Menschen in der Achtsamkeitspraxis mit der Meditation beginnen, entzünden sie oft eine Kerze. Dieses Ritual symbolisiert die Motivation und den Geist der Praxis: einfach zu brennen. Indem eine Kerze angezündet wird, kann damit die Absicht bestätigt werden, diesen Weg der Achtsamkeit zu erforschen und zu praktizieren. Diese Kerze ist für mich ebenso ein Symbol wie die Flamme, die den Geist der Olympischen Spiele symbolisiert. »Das Wichtigste an den Olympischen Spielen ist nicht der Sieg, sondern die Teilnahme, wie auch das Wichtigste im Leben nicht der

Sieg, sondern das Streben nach einem Ziel ist«, heißt es in deren Statuten. Oft wird dieser Geist zwar pervertiert, da es vielen nur noch um das Gewinnen geht. Die Athleten sehen sich dem Druck ausgesetzt, die Besten, Stärksten und Schnellsten sein zu müssen. Hier können wir die Parallelen zu unserem eigenen Leben erkennen – auch wir denken oft, wir müssten besser werden, als wir es sind. In der Meditation zwingen wir uns dann dazu, durchzuhalten, und brechen uns fast die Knie, anstatt sanft und freundlich mit uns selbst umzugehen.

Dranbleiben

Jeder, der sich tiefer auf die Achtsamkeitspraxis einlässt, kommt früher oder später an den Punkt, wo die ursprüngliche Motivation verebbt. Wir haben keine Lust mehr, früher aufzustehen, um morgens noch zu sitzen, die Gehmeditation kommt uns forciert und künstlich vor, und der ewige Fokus auf den Atem beginnt uns zu langweilen.

»Wenn es um Disziplin geht, schwanke ich oft zwischen großer Strenge mit mir selbst und Zeiten von erschöpfter Nachlässigkeit. Wie finde ich den Mittelweg?«

Wenn wir uns für die Achtsamkeitspraxis entschieden haben, dann gehen wir damit eine Verpflichtung ein, der wir uns auch stellen sollten. Wenn im Retreat und in einem Achtsamkeitskurs der Gong ertönt, dann setzen wir uns ohne zu zögern und ohne zu argumentieren zum Meditieren hin. Deshalb brauchen wir jedoch nicht hart und unerbittlich zu uns selbst sein. Wir können dies auch in einer Haltung tun, die von Fürsorge und Freundlichkeit für uns selbst getragen ist. Die beiden Pole, die Sie in Ihrer Frage beschreiben, bedingen einander. Weil wir so unnachgiebig mit uns selbst sind, rebellieren wir irgendwann, schalten auf Widerstand und wollen gar nicht mehr. Anschließend gehen wir noch strenger mit uns um, weil wir so »faul« waren.

Klüger ist es daher, einen klaren Entschluss zu fassen und diesen dann mit innerer Freundlichkeit umzusetzen. Wir können uns bei der Sitzmeditation z.B. die Zeit nehmen, wirklich anzukommen, und uns in einer Sitzhaltung einrichten, die angenehm ist und von der wir davon ausgehen können, dass sie uns möglichst schmerzfrei durch die nächste Meditationsphase bringt. Wenn wir während dieser feststellen, dass wir unsere Sitzhaltung verändern müssen, etwa, weil ein Bein eingeschlafen ist oder weil wir Schmerzen bekommen, dann können wir dies tun, wenn auch behutsam. Damit zeigen wir, dass wir dazu in der Lage sind, für uns selbst zu sorgen.

Als ich selbst vor vielen Jahren mit der Meditation begann, war es mir körperlich nicht möglich, auf einem Meditationskissen zu sitzen. Es hat lange gedauert, bis es mir schließlich gelungen ist, und ich habe viele Jahre deswegen mit mir gehadert. Heute weiß ich, dass Meditation eine innere Haltung ist. Und die kann ich auf einem Stuhl ebenso einnehmen wie auf dem Meditationskissen. Menschen, die unter Schmerzen leiden, können diese Haltung auch auf dem Boden liegend einnehmen. Sie sind nichtsdestoweniger präsent. Auch das ist Ausdruck davon, es einfach zu tun.

Einfach immer wieder tun

Struktur und Form der Achtsamkeitspraxis sind so angelegt, dass jeder Mensch die eigene Kraft in sich entdecken kann. Die Anregungen und Inspirationen von Fortgeschrittenen und Lehrern sind jedoch von großem Nutzen. Sie lösen den Wunsch und auch den nötigen Ehrgeiz in uns aus, dorthin zu kommen, wo diese bereits sind. Und wie sind diese Menschen dorthin gekommen? Indem sie es einfach getan haben und immer wieder getan haben. So haben also auch wir keine andere Wahl, als diese Mühe auf uns zu nehmen. Das heißt, aufzustehen, wenn der Wecker läutet, um uns zur Meditation zu rufen. Das bedeutet, neben allen Freuden auch alle Unannehmlichkeiten der Meditationspraxis auf sich zu nehmen. Wir tun es einfach. Wir üben weiter. Und wir lassen die Frage nach dem »Warum« einfach mal beiseite. Wir folgen dem Ruf der Übung. Und tun es einfach!

Wie wunderbar!
Ich spalte Holz, ich trage Wasser.

ZEN-MEISTER ENNO

ÜBUNG: EINFACH WEITERMACHEN

Während der Meditation geschieht es immer wieder, dass uns Zweifel und Fragen überfallen. »Weshalb tue ich das überhaupt? Weshalb sitze ich hier herum?« Auch das Gefühl von Versagen kann entstehen: »Das ist völlig sinnlos, was ich hier mache.« »Ich lerne es doch nie.« Diese Zweifel setzen uns unter Druck. Wir wollen Antworten finden und Lösungen herbeiführen. Wir werden unruhig.
Wenn dies geschieht, dann beobachten Sie, was geschieht. Was sind Ihre Reaktionen? Was löst das Gefühl von Unter-Druck-Stehen bei Ihnen aus? Laden Sie die Zweifel ein. Geben Sie ihnen Raum. Lassen Sie diese sich entfalten. Zweifel wollen gesehen werden. Vielleicht können Sie erkennen, dass Zweifel unter Druck nicht gelöst werden können. Die Achtsamkeitspraxis ist die Einladung, mit dem zu sein, was gerade ist. Das ist bereits die Antwort. Einfach das sein lassen, was gerade ist. Und weiter machen. Es einfach tun. Einatmen und Ausatmen. Und sich dem Augenblick öffnen.

Schlussbetrachtung: Das Wunder des Lebens

Kostbar ist der menschliche Körper.
Schwer zu erhalten.
Einfach zu verlieren.
Jetzt muss ich etwas Sinnvolles tun.
     DIE VIER ERINNERUNGEN

Vor vielen Jahren habe ich diese Zeilen gelesen, die mich tief berührten und mich bis zum heutigen Tag begleiteten. Sie sind Bestandteil eines buddhistischen Lehrwerks, das »Die vier Erinnerungen« genannt wird. Für mich stellen diese Zeilen die Grundlage für Weisheit und Mitgefühl dar. Als ich sie erstmals las, bewegte mich der dritte Vers besonders: »Einfach zu verlieren.« Ich hatte zuvor den Tod meiner beiden Eltern miterlebt. Beide habe ich bei ihrem Sterbeprozess begleitet und durfte miterleben, wie sie friedlich mit einem letzten großen Ausatmen vom Leben in den Tod glitten. Ich selbst erlebte dabei einen Aufruhr an Gefühlen: Schmerz, Traurigkeit, Einsamkeit, Sorge. Zugleich wurde ich von Ehrfurcht vor der Kostbarkeit des Lebens erfüllt. Und ich empfand Dankbarkeit, dass ich meine Eltern auf ihrem letzten Weg hatte begleiten dürfen.

Für viele von uns erhält die Aussage »Kostbar ist der menschliche Körper« eine neue Bedeutung, wenn wir älter oder krank werden. Wir müssen feststellen, dass unser Körper nicht mehr so funktioniert wie früher. Oft gehen wir gedankenlos mit ihm um und setzen es als gegeben voraus, dass er uns nicht im Stich lässt. Wenn wir uns auf den Weg der Achtsamkeit machen, stellen wir fest, dass unsere Wahrnehmung vom Körper als Maschine, die zu funktionieren hat, sich verändert. Wir beginnen zu erkennen, wie kostbar dieser Körper ist. Er ist das Gefäß, das uns gestattet, in dieser Welt zu leben. Mit ihm atmen und lieben wir, sehen, hören, spüren und riechen wir all das, was in dieser Welt existiert. Wir nehmen eine Blume in die Hand, wir sehen ihre Schönheit, riechen ihren Duft, spüren ihre Zartheit und erkennen unvermittelt das Wunder des Lebens, das sich in jedem Augenblick vollzieht.

Es ist ein großartiges Geschenk, leben zu dürfen. Das Leben ist kostbar. Wer dies erkennen kann, betritt einen Raum der Gnade, der gänzlich unabhängig existiert von äußeren Umständen. In ihm müssen wir nichts erreichen und nichts beweisen. Das Leben selbst ist lebensspendend und lebenserhaltend. Diese Erkenntnis führt in der Achtsamkeitspraxis nicht zu einer spirituellen Abgehobenheit, sondern zu einer äußerst praktischen Lebensführung. Die 94-jährige Zen-Lehrerin Charlotte Joko Beck machte dies in einem ihrer letzten Interviews vor ihrem Tod mit der ihr eigenen Bodenständigkeit klar:

»Ich treffe viele Menschen, die jede Menge spirituelle Erfahrungen gemacht haben, aber trotzdem noch unzufrieden sind und mit ihrem Leben nicht klarkommen. Erfahrungen sind nicht alles. Meine Schüler wissen zwischenzeitlich, dass ich an diesen Erfahrungen weit weniger interessiert bin als an ihrem täglichen Leben. Ich sage ihnen: ›Ist in Ordnung, doch halte nicht an diesen Erfahrungen fest. Erzähl mir, wie du zurzeit mit deiner Mutter klarkommst.‹«

Ich begegne vielen Männern und Frauen, die glücklich darüber sind, dass sie zur Achtsamkeitspraxis gefunden haben. Manche sagen, dass ihnen die Achtsamkeitspraxis das Leben gerettet habe. Früher, so sagen sie, sei ihr Leben mit dem Tempo eines Hochgeschwindigkeitszuges an ihnen vorbeigerast. Nun aber gelingt es ihnen, innezuhalten und den Augenblick zu erleben, wie er sich entfaltet. Mit ihm enthüllt sich ihnen das Wunder des Lebens. Sie erfahren:

»So wie es ist, ist es in Ordnung.« Diese Aussage kann mit einem analytischen Geist nicht verstanden werden. Sie kann nur erfahren werden. Und wer die Erfahrung nicht kennt, inmitten eines Sturmes von Gefühlen, Gedanken und Empfindungen ruhig auf dem Meditationsplatz zu sitzen, für den mögen die Worte vielleicht einen Beigeschmack von Resignation haben. Für all jene aber, die Achtsamkeit praktizieren, liegt in diesen Worten eine Weisheit, die sich in ihrem Leben von Tag zu Tag vertieft. So wenig, wie wir die Sonne beeinflussen können, die am Morgen aufgeht und am Abend wieder untergeht, so wenig können wir unser Leben kontrollieren. Wir können aber unseren Platz in der ersten Reihe der Lebensbühne einnehmen und den grandiosen Lauf der Sonne und unseres eigenen Lebens unmittelbar bezeugen. Wir können das Geschenk des Lebens würdigen und wertschätzen und sowohl uns als auch alle anderen Wesen ehren.

Charlotte Joko Becks letzte Worte vor ihrem Tod waren: »Auch das ist ein Wunder!« Ich wünsche Ihnen, dass das Wunder der Achtsamkeit Ihr Leben bereichert und dass Sie auf diesem Weg zu einem erfüllten Dasein finden.

Anhang

Danksagung

Ich empfinde große Dankbarkeit für die ausgezeichneten und zugewandten Lehrer und Lehrerinnen, bei denen ich das Glück hatte, praktizieren und lernen zu dürfen. Wenn ich heute darüber nachdenke, was ihnen allen gemeinsam ist, dann war es ihr Glaube an die Möglichkeit, höchstes Niveau zu erlangen, und dass sie das, was sie zu lehren hatten, nicht unnötig vereinfachten. Sie waren entschlossen, mit jedem ihrer Schüler so lange zu arbeiten, wie es notwendig war, um diesen darin zu unterstützen, weit über das hinauszugehen, was er bis dahin für möglich gehalten hatte.

Mit großer Liebe denke ich an meinen ersten Klavierlehrer, Gino Lombardi, zurück, der mir als Zehnjährige die Begeisterung für die Musik vermittelte und der mich als 16-Jährige – als er einem Autounfall zum Opfer fiel – mit dem ersten schweren Verlust meines Lebens konfrontierte.

Ich verbeuge mich mit tiefem Respekt vor meinem Qi Gong-Lehrer Meister B.P. Chan. Ich werde mich immer an sein wundervolles Lächeln erinnern, mit dem er mich bei unseren langen Stehmeditationen freundlich ansah, während meine Arme vor Erschöpfung unaufhaltsam tiefer und tiefer sanken.

Ich denke mit Dankbarkeit an meine Doktormutter Prof. Dr. Barbara Kirshenblatt-Gimblett zurück, deren Begeisterung selbst die trägsten Studierenden erfassen konnte und die mir bereits vor vielen Jahren zeigte, was es heißt, eine gute Lehrerin zu sein.

Ich danke meinem Zen-Lehrer, Al Fusho Rapaport, Sensei, dem Gründer und Leiter der Open Mind Zen School, von dem ich 2012 die Übertragung als voll autorisierte Zen-Lehrerin erhielt, und seiner Fähigkeit, mich in die Tiefen und Mysterien des Zen einzuweihen und mich zugleich daran zu unterstützen, mit beiden Beinen mitten im Leben zu stehen.

Ich möchte Nico Tydeman, Sensei, dem Leiter des Zen Center Amsterdam danken, der mich stetig ermutigte, den Weg der Achtsamkeit im täglichen Leben zu gehen, und der mich bei meinem Koan-Studium durch schwierige Zeiten der Übung begleitete.

Meinem Kollegen und Freund, Dr. Cornelius von Collande, Zen-Lehrer, Psychotherapeut und MBSR / MBCT-Lehrer, danke ich die Zusammenarbeit und viele anregende Gespräche.

Meinen Dharma-Schwestern Gretha Myoshin Aerts, Sensei, and Irene Kyojo Bakker, Sensei, danke ich, dass sie immer da waren, wenn ich sie brauchte. Den Vipassana- und MBSR-Lehrern Johan Tinge and Frits Koster für die vielen anregenden Gespräche darüber, wie wir Achtsamkeit in das tägliche Leben integrieren und zur gleichen Zeit den Dharma nähren können. Ich danke Johan auch für die Übung zur Rastlosigkeit.

Ein strahlendes Licht in meinem Leben ist

Eva Bilstein, die mich mit ihrer weisen Begleitung und ihrem praktischen Know-how sowohl bei persönlichen als auch beruflichen Schwierigkeiten begleitet.

Meine Dankbarkeit gilt meinen engen Kolleginnen am Institut für Achtsamkeit und Stressbewältigung, Petra Meibert und Karin Krudup, für ihre Freundschaft und ihre berufliche Kompetenz, die mich dabei unterstützen, zu wachsen und zu reifen. Ich danke meiner Kollegin Ulla Franken für die Überarbeitung der Meditation »Freundschaft mit sich selbst schließen« und für viele herzerwärmende Gespräche.

Ich erachte es als ein großes Geschenk, viele wunderbare Schüler und Schülerinnen zu haben. Stellvertretend für alle möchte ich an dieser Stelle besonders die TeilnehmerInnen der Zen- und Achtsamkeitsgruppe (ZAG) erwähnen, die ich auf ihrem Weg begleiten durfte. Ich danke euch für eure Geduld und eure Offenheit für Neues – dies sind die Qualitäten, aus denen die besten Einsichten unseres Lebens reifen können.

Dieses Buch würde nicht existieren ohne die Erfahrung und das kreative Talent von Christa Spannbauer, der ich für ihre Arbeit, für ihre Ermutigung, Inspiration und klaren Worte danke. Ein großer Dank geht ebenfalls an Heike Mayer, meine Lektorin vom Kösel-Verlag, die mich in vielerlei Hinsicht unterstützte, nicht zuletzt dadurch, dass ich vollständiges Vertrauen in ihre Kompetenz habe.

Ich danke den Team-Mitgliedern vom Institut für Achtsamkeit und Stressbewältigung – Silke Kraayvanger, Thomas Schaaff und Susanne Schneider – für ihr unermüdliches Engagement, die Achtsamkeitspraxis allen Menschen zugänglich zu machen.

Und schließlich möchte ich den beiden wichtigsten Menschen meines Lebens danken. Meiner geliebten Tochter Taya für all das, was wir miteinander teilen. Meinem Mann Norbert, der immer für mich da ist. Seine Begeisterung für Kunst, Schönheit und Natur haben mein Leben in einer Art und Weise bereichert, wie ich es mir niemals hätte vorstellen können.

Buch- und CD-Empfehlungen

Wir alle haben Bücher, von denen wir sagen können, dass sie einen großen Einfluss auf unser Leben hatten. Im Bereich von Achtsamkeit und Meditation sind es die folgenden Bücher, die mich besonders beeinflusst haben und die ich für Anfänger wie für Fortgeschrittene gleichermaßen geeignet finde. Ich selbst habe diese Bücher über die Jahre hinweg immer wieder gelesen. Sie dienten mir häufig als Inspiration für Vorträge und Gespräche.

Doch so inspirierend und unterstützend Bücher auch sind: Sie können kein Ersatz für die eigene Praxis sein. Manchmal denken wir, dass wir bereits Achtsamkeit praktizieren, indem wir etwas darüber lesen. Doch das ist nicht der Fall. Über etwas zu lesen ist etwas anderes, als es tatsächlich zu tun. Wenn mich Leute fragen, was das beste Buch sei, sage ich daher oft: »Das Buch deines eigenen Lebens.«

Meine persönlichen Bestseller

BECK, CHARLOTTE JOKO (2011). *Zen im Alltag*. Goldmann. Diese weise, scharfsichtige und unerhört praktische Lehrerin »sagt es, wie es ist«: mit Klarheit und ohne Schnickschnack. Ein Klassiker der modernen Zen-Literatur.

BRACH, TARA (2005). *Mit dem Herzen eines Buddhas. Heilende Wege zu Selbstakzeptanz und Lebensfreude.* Knaur. Warmherzige, kluge Wegweisung für Herz und Geist.

CHÖDRÖN, PEMA (2001). *Wenn alles zusammenbricht. Hilfestellung für schwierige Zeiten.* Arkana. Dies ist das wahrscheinlich hilfreichste Buch, das ich je zum Umgang mit schwierigen Zeiten gelesen habe.

CHÖDRÖN, PEMA (2004.) *Die Weisheit der Ausweglosigkeit.* Arbor. Das erste Buch dieser inspirierenden Lehrerin aus der tibetischen Tradition, das ich gelesen habe. Die Weisheit des Titels selbst hat mich sofort gepackt und die Botschaft des Buches hat mich nie wieder losgelassen.

KABAT-ZINN, JON (2006). *Gesund durch Meditation. Das große Buch der Selbstheilung.* Fischer. Das Buch, das mich zu MBSR gebracht hat und zu der Arbeit, die ein so fruchtbringender Teil meines Lebens geworden ist. Ein wahrer Klassiker, nicht nur inspirierend, auch wunderbar geschrieben.

REMEN, RACHEL NAOMI (2007). *Kitchen Table Wisdom: Geschichten, die heilen.* Goldmann. Bei diesen Geschichten über den Mut von Menschen und das große Herz, mit dem sie mit Krankheit und den gewaltigen Wellen des Lebens umgehen, kommen mir immer wieder Tränen der Dankbarkeit.

SUZUKI, ROSHI (2009). *Zen-Geist, Anfänger-Geist: Unterweisungen in Zen-Meditation.* Herder. Auch nach 50 Jahren noch immer die beste Einführung in Zen. Verkörpert Weisheit und tiefe Liebe zum Leben.

Bücher zur Inspiration und als Wegweisung
Hier eine persönliche Auswahl von ausgezeichneten Büchern zu Achtsamkeit, Zen, MBSR und Achtsamkeitsmeditation. Für Anfänger ebenso wie für Fortgeschrittene geeignet.

BRANTLEY, JEFFREY (2009). *Der Angst den Schrecken nehmen. Achtsamkeit als Weg zur Befreiung von Ängsten.* Arbor. Die Anwendung der Achtsamkeitspraxis insbesondere bei Angst und Panikzuständen. Ein sehr klares und hilfreiches Buch, nicht nur für Menschen mit Angstproblemen.

BAYDA, EZRA (2003). *Zen sein – Zen leben.* Goldmann. Klar und sehr praktisch. Auch alle anderen Bücher dieses Autors sind empfehlenswert.

BARAZ, JAMES (2011). *Freude.* Nymphenburger. Ein wahrlich herzerwärmendes Buch, das sich mit dem Thema beschäftigt, das wir so oft aus den Augen verlieren: die Freude.

BOORSTEIN, SYLVIA (2003). *Achtsam leben. Der buddhistische Weg zu Güte und Mitgefühl.* Arkana. Praktische und warme Worte einer sehr bodenständigen und inspirierenden Lehrerin.

COHEN, DARLENE (2000). *Dein Bewusstsein ist stärker als jeder Schmerz.* Integral. Eine erfahrene und kompetente Begleitung mit vielen praktischen Tipps für Menschen mit chronischen Schmerzen. Auch für Angehörige von Schmerzpatienten sehr hilfreich.

GERMER, CHRISTOPHER (2011). *Der achtsame Weg zur Selbstliebe: Wie man sich von destruktiven Gedanken und Gefühlen befreit.* Arbor. Eine klare und wohlwollende Anleitung mit hilfreichen Hintergrundinformationen zur Überwindung eines Leidens, das in der westlichen Welt sehr dominant ist: der Selbsthass.

GLASSMAN, BERNIE (2010). *Anweisungen für den Koch. Lebensentwurf eines Zen-Meisters.* Edition Steinrich. Meditation und Achtsamkeit auf dem Weg des sozialen Engagements, geschrieben von einem der wichtigsten zeitgenössischen Zen-Meister.

KABAT-ZINN, JON (2006). *Im Alltag Ruhe finden. Meditationen für ein gelassenes Leben.* Herder. Ausgezeichnete Texte zu allen Aspekten der Achtsamkeitsmeditation.

MANNSCHATZ, MARIE (2010). *Lieben und loslassen: Durch Meditation das Herz öffnen.* Theseus. Eine Hinführung zur Liebende Güte-Meditation.

SALZBERG, SHARON (1999). *Ein Herz so weit wie die Welt.* Arbor. Die Bedeutung von Mitgefühl für unser Leben und Anweisungen für die Praxis im Alltag. Auch die anderen Bücher dieser Autorin sind zu empfehlen.

SANTORELLI, SAKI (2009). *Zerbrochen und doch ganz. Die heilende Kraft der Achtsamkeit.* Arbor. Eine eindrückliche Darstellung des inneren Wachstumsprozesses von Menschen während eines achtwöchigen MBSR-Kurses.

CDs

Die beiden CDs von Jon Kabat-Zinn enthalten Meditationen aus dem MBSR-Programm. Die Sitzmeditation, wie sie hier im Buch vorgestellt wird, basiert auf dem im MBSR unterrichteten Format und ist auf der ersten CD enthalten. Es gibt weitere sehr gute CDs von Kabat-Zinn, ich möchte aber empfehlen, mit diesen beiden zu beginnen.

KABAT-ZINN, JON (1999). *Stressbewältigung durch die Praxis der Achtsamkeit.* Arbor.

KABAT-ZINN, JON, KESPER-GROSSMAN, ULRIKE (2009). *Die heilende Kraft der Achtsamkeit.* Arbor.

KORNFIELD, JACK (2007). *Meditation für Anfänger.* Arkana.

Materialien von Linda Lehrhaupt

Bücher

LEHRHAUPT, LINDA (2007). *Stille in Bewegung. Tai Chi und Qi Gong: Übungen für Körper und Geist.* Theseus. Nicht nur für Tai Chi- und Qi Gong-Übende. Mit vielen Geschichten und praktischen Übungen für Anfänger wie für Erfahrene.

LEHRHAUPT, LINDA UND MEIBERT, PETRA (2010). *Stress bewältigen mit Achtsamkeit: Zu innerer Ruhe kommen durch MBSR (Mindfulness-Based Stress Reduction).* Kösel. Mit ausführlicher Hintergrundinformation und vielen Übungen.

Meditationen und Übungen auf www.Linda-Lehrhaupt.com

Sie finden dort das Video der Qi Gong-Übung »Der Lotus und der Kranich« und die folgenden begleiteten Audio-Mediationen:
- Ein Bodyscan, wie er in MBSR unterrichtet wird
- Zwei Meditationen zur Achtsamkeit auf den Atem (10 und 20 Minuten)
- Eine Sitzmeditation, wie sie in MBSR unterrichtet wird (40 Minuten)

Wenn Sie Anfänger sind, dann üben Sie bitte schrittweise mit den Meditationen, wie ich es hier im Buch vorgeschlagen habe, und beginnen Sie zuerst für mehrere Wochen oder Monate mit der Achtsamkeit auf den Atem. Wenn Ihre 20-minütige Praxis der Achtsamkeit auf den Atem stabil ist, können Sie mit der langen Sitzmeditation üben. Bitte hören Sie mehrmals die Einführung für die Sitzmeditation und den Bodyscan. Viele Fragen, die Sie vielleicht haben, werden darin bereits beantwortet.

Indem ich diese Mediationen zur Verfügung stelle, möchte ich Sie beim Entwickeln Ihrer Mediationspraxis unterstützen. Gleichzeitig möchte ich noch einmal die dringende Empfehlung aussprechen, sich eine qualifizierte Lehrerin / einen qualifizierten Lehrer für Achtsamkeitsmeditation oder MBSR zu suchen und an einem entsprechenden Kurs teilzunehmen. Das gilt auch für das Erlernen von Yoga, Tai Chi oder Qi Gong.

Meditationsbedarf

Klang & Stille GmbH
Rosenauweg 22
91346 Wiesenttal-Muggendorf
Tel.: 09196/998040; Fax: -998042
gassho@klang-stille.de
www.klang-stille.de

Bausinger GmbH
Gottlieb-Daimler-Str. 2
72479 Straßberg
Tel.: 07434/600 und /607
Fax: 07434/604
info@bausinger.de
www.bausinger.de

Yoga, Tai Chi und Qi Gong

Bitte kontaktieren Sie einen der folgenden Berufsverbände, um eine qualifizierte Lehrerin oder einen qualifizierten Lehrer zu finden:

Berufsverband der Yogalehrenden in Deutschland e.V., www.yoga.de

Medizinische Gesellschaft für Qigong-Yangsheng e.V., www.qigong-yangsheng.de

Taijiquan & Qigong Netzwerk Deutschand e.V., www.taijiquan-qigong.de

MBSR: Qualifizierte Lehrer/innen in Ihrer Nähe

MBSR-Kurse werden deutschlandweit, in Österreich, der Schweiz und vielen anderen europäischen Ländern angeboten. Die KursleiterInnen, die auf den Internetseiten der folgenden Verbände gelistet sind, haben dort ihre Qualifikationen eingereicht und sind als Mitglied aufgenommen worden. Bitte beachten: Es gibt qualifizierte MBSR-LehrerInnen, die nicht Mitglied in einem dieser Verbände sind.

MBSR/MBCT-Verband
Muthesiusstraße 6
12163 Berlin
Tel.: 030/79701104
kontakt@mbsr-verband.org
www.mbsr-verband.org

MBSR-Verband Schweiz
6000 Luzern
info@mbsr-verband.ch
www.mbsr-verband.ch

MBSR-MBCT Österreich
Promenadeweg 5/2/16
1230 Wien
kontakt@mbsr-verband.at
www.mbsr-verband.at

MBSR-LehrerInnen ausgebildet vom Institut für Achtsamkeit und Stressbewältigung
www.institut-fuer-achtsamkeit.de

Auf dieser Internetseite finden Sie eine nach Postleitzahlen geordnete Liste derjenigen, die unsere MBSR-Kursleiter-Ausbildung absolviert und mit einem Zertifikat abgeschlossen haben.

Meditationszentren

Die unten genannten Zentren bieten Kurse und Retreats an, die Achtsamkeitsmeditation ebenso wie Einführungen in Kontemplation, Vipassana, Zen und andere meditative Traditionen enthalten können. Lehrende in diesen Zentren verfügen üblicherweise über jahrelange Erfahrung.

Wenn Sie einen Meditationskurs an der Volkshochschule oder einer ähnlichen Einrichtung besuchen, versichern Sie sich bitte, dass der Lehrer oder die Lehrerin über eine Lehrbefugnis innerhalb seiner/ihrer Tradition verfügt. Es ist sinnvoll nach der Qualifikation zu fragen, die jemand zum Unterrichten von Meditation vorweisen kann. Wenn Sie keine klare, nachprüfbare Antwort erhalten, sollten Sie sich anderswo umsehen.

Deutschland
Benediktushof
Klosterstraße 10
97292 Holzkirchen / Unterfranken
Tel.: 09369/9838-00; Fax: -38
info@benediktushof-holzkirchen.de
www.benediktushof-holzkirchen.de

Haus der Stille
Mühlenweg 20, 21514 Roseburg
Tel. & Fax: 04158/214
info@hausderstille.org
www.hausderstille.org

Seminarhaus Engl
Engl 1, 84339 Unterdietfurt
Tel.: 08728/616; Fax: /412
info@seminarhaus-engl.de
www.seminarhaus-engl.de

Waldhaus am Laacher See
Heimschule 1, 56645 Nickenich
Tel.: 02636/3344; Fax: /2259
budwest@t-online.de
www.buddhismus-deutschland.de

Schweiz
Felsentor
Romiti / Rigi, 6354 Vitznau
Tel.: 41 (0)397/1776; Fax: /1778
info@felsentor.ch
www.felsentor.ch

Lassalle-Haus
Bad Schönbrunn
6313 Edlibach/Zug
Tel.: 41 (0)41/757-14 14; Fax: -14 13
info@lassalle-haus.org
www.lassalle-haus.org

Meditationszentrum Beatenberg
Waldegg, 3803 Beatenberg
Tel.: 41 (0)33841 2131
info@karuna.ch
www.karuna.ch

Österreich
Buddhistisches Zentrum Scheibbs
Ginselberg 12, 3270 Scheibbs/Neustift
Tel.: 43 (0)7482 424 12
scheibbs@gmx.at
www.bzs.at

Puregg, Haus der Stille
Berg 12
5652 Dienten (Salzburg)
info@puregg.at
www.puregg.at

Das Institut für Achtsamkeit und Stressbewältigung – IAS

Das im Jahre 2001 von mir gegründete Institut für Achtsamkeit und Stressbewältigung (IAS) ist ein Fort- und Weiterbildungsinstitut. Es bietet u.a. folgende Veranstaltungen an:
- Weiterbildung zum Kursleiter/zur Kursleiterin für Stressbewältigung durch Achtsamkeit (Mindfulness-Based Stress Reduction MBSR) und für Achtsamkeitsbasierte Kognitive Therapie (Mindfulness-Based Cognitive Therapy MBCT)
- Retreats zur Vertiefung der Achtsamkeitsmeditation für Anfänger und Fortgeschrittene
- Verschiedene Weiterbildungsangebote für ausgebildete MBSR- und MBCT-LehrerInnen
- Fortbildung zur Integration der Achtsamkeitsmeditation in Psychotherapie, Psychiatrie und Psychosomatik

Achtsamkeitstraining
Ein besonders gerne in Anspruch genommenes Angebot des IAS ist unser Achtsamkeitstraining. Für alle, die Achtsamkeitsmeditation mit einer festen Gruppe üben und in ihren Alltag integrieren möchten, bietet das IAS ein mehrmonatiges Achtsamkeitstraining an. Dieses Training erstreckt sich über ca. neun Monate und beinhaltet vier Wochenendseminare sowie ein fünftägiges Achtsamkeitsmeditations-Retreat. Es eignet sich für Einsteiger ebenso wie für alle, die ihre Praxis auffrischen wollen. Sie erlernen die Hauptübungen des MBSR-Kurses und erhalten eine vertiefte Anleitung zu den Hintergründen und Anwendungsmöglichkeiten der Achtsamkeitspraxis sowohl in Ihrem privaten als auch im beruflichen Alltag. Weitere Informationen sowie aktuelle Daten und Veranstaltungsorte in Deutschland, Österreich und der Schweiz finden Sie unter
www.institut-fuer-achtsamkeit.de/amt.html

Institut für Achtsamkeit und Stressbewältigung
Kirchstr. 37, 50181 Bedburg
Tel.: 0172/2186681
Fax: 0212/52083/99
info@institut-fuer-achtsamkeit.de
www.institut-fuer-achtsamkeit.de

Kurse und Retreats mit Linda Lehrhaupt

Ich leite Retreats und andere Kurse in Achtsamkeitsmeditation und MBSR in verschiedenen Zentren im deutschsprachigen Raum. Aktuelle Informationen dazu auf meiner Webseite. Wenn Sie sich für das Erlernen oder Praktizieren von Zen-Meditation interessieren, finden Sie auch dort einen Link zu aktuellen Zen-Kursen und -Retreats.
www.linda-lehrhaupt.com

Die Autorin

Linda Lehrhaupt, geboren 1949 in New York, Dr. phil., ist Gründerin und Leiterin des Instituts für Achtsamkeit und Stressbewältigung (IAS), an dem sie auch als Dozentin und Supervisorin tätig ist. Sie absolvierte verschiedene Fortbildungen am Center for Mindfulness in den USA und in Europa, u.a. bei Jon Kabat-Zinn und Saki Santorelli, und unterrichtet seit 1993 Stressbewältigung durch Achtsamkeit (MBSR). Sie leitet europaweit Fortbildungen und Ausbildungen.

Dr. Lehrhaupt praktiziert Zen seit 1979 und ist autorisierte Zen-Lehrerin (Sensei) in der Open Mind Zen-Schule unter der Leitung von Al Fusho Rapaport, Sensei. Viele Jahre studierte und praktizierte sie Zen mit Genpo Merzel, Roshi, und Nico Tydemann, Sensei. Sie ist die Gründerin und Lehrerin von Zen-Herz e.V. (i.G.) in Deutschland. Sie leitet europaweit Retreats in Zen-Meditation und in Achtsamkeitsmeditation.

Zwischen 1982–2001 war sie zudem als Lehrerin und Ausbilderin für Tai Chi und Qi Gong tätig. Sie integriert meditative Körperarbeit in ihre Zen- und Achtsamkeitsmeditation-Retreats.

Seit 1971 ist sie als Pädagogin und Ausbilderin in der Erwachsenenbildung tätig, seit 1983 lebt sie in Deutschland. Sie ist verheiratet mit dem Landschaftsarchitekten und Künstler Norbert Wehner. Sie hat eine erwachsende Tochter, Taya. Autorin der Bücher *Stille in Bewegung* sowie *Stress bewältigen mit Achtsamkeit: Zu innerer Ruhe kommen durch MBSR* (gemeinsam mit Petra Meibert). www.linda-lehrhaupt.com

Die Herausgeberin

Christa Spannbauer (M.A. phil.) lebt als freie Journalistin, Autorin und Herausgeberin in Berlin. In ihren Publikationen und Vorträgen beschäftigt sie sich mit zeitgemäßen Weisheitswegen aus Ost und West und deren Verbindung mit neuen Wissenschaftserkenntnissen. Sie verfügt über jahrelange Zen- und Achtsamkeitspraxis. www.christa-spannbauer.de